我的青芽歲月

鍾玲

目錄

第二輯　由幸運的扶桑童年說起

第三輯　由左營的海軍小學說起

第四輯　由高雄女中女兒國說起

第五輯　中部的東海和北部的台大

各界推薦

人間的故事繼續發展——推薦鍾玲《我的青芽歲月》

陳義芝，詩人、作家

四十年前，林海音著有《剪影話文壇》，以照片述說作家圈的交遊；四十年後，鍾玲《我的青芽歲月》同樣以照片作豐碑證物，書寫上一世紀她的家庭、時代、成長蛻變。

將門虎女的教育、經歷有常人難及之處，其眼界、心思也非一般可比，這本書不只是個人的生命觀照，更有由她這一棵花樹所照映的一大片花海森林。那像萬花筒般的人生回望，呈現許多人倫思索，包括外祖母的自盡、小舅舅的叛逆、母親剛烈追求的愛、斷臂女傭的傷殘，以及大學時期一位男生的苦戀壓抑……，這些情節凸顯了令人眼熱的人性與緣命。書中還有不少知識世界的對照，例如鍾玲舉述的詩人梅士菲爾德，舞蹈家鄧肯，黑澤明的電影，日本Canon相機。

鍾玲出生在一個波濤洶湧的大時代，記憶自然少不了家國滄桑、國際局勢、父母輩身歷戰爭的史實。第二十三章描述一九四九年江陰要塞失守，國軍艦艇多艘在諜影幢幢、局勢危疑中，如何從南京衝往上海長江口，逼真而有張力。一九五〇年代初期國共的金門攻防、浙江海域的激戰、一江山島殉國的國軍官兵事蹟，不因時間久遠而忘卻，讀來格外令人悲慨。

筆觸真誠使得若干小細節也都搶眼，例如祖母看見兩個兒媳婦挺著一樣的大肚子，到底要照顧哪一個？或是祖母把一粒白米飯黏在一歲大的鍾玲手肘，小鍾玲努力試圖用嘴巴去吃那粒米，等祖母半小時後回來，她還在吃那粒吃不到的米……

就讀中學時，鍾玲在校內擔任過五齣舞台劇的導演兼編劇，可以說從小就展露創作與表演才情。書中有一句話很有意境，「人間的故事繼續發展」，是的，童年經驗既培養她求學處事的信心，也賦予了她寫作的能力。選刊的一百多張老照片則提供她在數十年後的今天，仍能將兒時情景喚醒，重建無法忘懷的神話儀式。

如何閱讀《我的青芽歲月》？如果有人問我，且針對的是文學表現，我會建議不可忽視鍾玲提示的潛意識夢境、靈魂感應、心理分析，也不妨細細體會她那縷述現實而受節制的筆法：

躺在草原的一片高地上，春夏交接時分牧草長得茁壯而密實，如果有人由水平面看過來，仰天平躺的我，消失在叢叢青草中。藍天超過一百八十度地由四面八方圍住我，我是藍色巨碗蓋住的一粒灰塵……

似這等篇章段落，意象鮮活，足以當優美的散文誦讀。

甘耀明，作家

回眸迢迢長路

鍾玲老師擅長小說，而小說家的終極挑戰，不是爬過一座書寫高峰，是面臨散文的直球對決，把自我靈魂的內裡翻出來書寫。終於，《我的青芽歲月》便是精彩的自我直球寫照。

《我的青芽歲月》是鍾玲老師精挑的生命之旅，有幾分雜揉國族寓意、歷史煙硝、文壇巨擘的迢迢長路，是個人生命情懷與國史的交融，尤其開頭數篇從神州說起，歷史塵浪滾滾俱下，乍讀之下有齊邦媛名著《巨流河》的剪影。《我的青芽歲月》襯托的歷史背景絕不牽強，鍾玲老師的父親鍾漢波任職中華民國駐日大使館的武官，曾將東京上野公園當戰利品展示的靖遠號軍艦鐵錨索還，也身任永定艦艦長打過一江山戰役。幼年的鍾玲老師家客廳，賓客酬酢，是海軍的人事縮影，她有足夠的觀瞻、企圖或資產，呈現時代巨輪下的鍾家瑣事。

《我的青芽歲月》前幾章寫盡父輩的「大我」歷史，旋即切入「小我」的生活軌跡，其中騷動才是作者諦視的內核，從短暫日本生活、台灣眷村生活、文學啟蒙的舅舅，到中學的文學少女之心，細膩的情感調動與真實背景，足見鍾玲老師寫作企圖，她自謙記憶不好，借用大量舊照片、再訪，以及利用LINE和故舊的追索，校正小我歷史的精準度，極為可觀。這本書亦承繼鍾玲老師的小說語言特色，情感用度，重按輕移，拿捏分寸，沒有給人當今某種派系的累重拖磨。即便我聽過她講東海大學時期，某位同學對她暗戀數年，情深款款，往事如今化為〈弘明對我的衝擊〉章節，我讀之仍感到一種筆法隱忍，看似大風大雨過後的樹木輕晃，更令人不忍。

《我的青芽歲月》融合了自傳與散文，沒有自傳的繁瑣，增添散文主題書寫的溫潤，乾淨透明，不黏不膩。紀實性寫作是挖礦般的危險工作，要挖得夠，不要把自己挖毀，且又要填飽狡獪讀者的脾胃，這需要技術考量，《我的青芽歲月》是美好示範。另外鍾玲老師在文壇結交廣，帶來了不少齊邦媛、聶華苓、林文月的新訊息，不論是對余光中在陳映真事件中的辯解，或是對楊牧在葉珊時期的觀視，饒有可觀之處，奏響了台灣文學史的弦外之音。

青芽是茶葉的嫩尖，摘採、揉捻、烘焙而成為茶葉，注入熱水，化為一盅鮮醇韻厚的茶水，《我的青芽歲月》是鍾玲老師咀嚼往昔的結晶，文字吟詠，歲月光痕晃漾，予人品嘗後的回甘。但是我讀完這本書後，多了揣想，這是鍾玲老師自我書寫的初步，此書之後，想必她著手（或計畫）寫其他階段回顧，再次燒水煨茶，這絕對是讀者的幸福。

青芽初露，嘉木成蔭——序《我的青芽歲月》

黃秀蓮，香港散文作家

《我的青芽歲月》固然是女性的自傳，自家庭、眷村、校園出發，卻又把中國風雲變色的剎那勾畫，讀之猶如翻開歷史依稀的章節——由抗戰末期到一九四九年後的發展，從重慶到高雄，兩岸濤聲拍岸。時代激盪，於是昵昵兒女語與熊熊愛國心交融，琅琅書聲與澎湃巨浪共鳴。筆法剛健之中依然婀娜，冷靜之中偶爾高昂，自強不息的意志瀰漫全書。

作者能詩能文更擅小說，這些長處在自傳中從容舒展，且聽她娓娓然說其動人故事，個人成長、師友交會，花花葉葉，莫不關情。與之前作品比較，此書有兩點很值得留意。一是流露出作者有意把歷史鑄刻其中，滄桑且厚重的感覺風雨般逼人而來。二是作者不斷探索、分析自己，於大腦活動及心理反應皆反躬自問追究到底，顯然是要用力繪畫多張深刻的自畫像，好留下重重疊疊的影子。

全書最動人之處是她父親以海軍參謀長身分接收日本賠償的八艘軍艦，還有，日本把甲午之戰的艦錨當作勝利品展覽於上野公園，父親以外交途徑凜凜然索回，不容軍國主義囂張。母親知道女兒同學午餐僅吃蘿蔔乾配白飯，擔心小女孩不夠營養，便把肉、青菜塞滿飯盒，著女兒分贈，達四年之久。

父母是孩子的根，根深則葉茂，青芽初露，嘉木成蔭。

須文蔚，詩人、國立台灣師範大學文學院副院長

抒情寫家史與國史

大疫之年，困頓蟄伏，承簡靜惠老師邀約，和一幫文友南行，到恆春海邊走踏，第一次貼近鍾玲，她熱心帶眾人至千佛山般若寺禮佛，虔敬中透露出大智慧。有趣的

是，行旅中在海濱、草莽、歌謠和老城區之間，她處處新奇，每事問，又質樸如一個天真的女孩，不免讓我困惑。

回想初次見到鍾玲應當在香港中文大學，一場台灣與香港寫作教學的研討會上，時任香港浸會大學文學院院長與協理副校長，更是在香江推動創意書寫，辦理紅樓夢小說獎的重要推手，蒞臨開幕式，沉穩地分享理念，一派女強人模樣。如我這般小讀者，中學時就沉迷她的短篇小說《輪迴》，在大學任職後，總是捧讀《現代中國繆司：台灣女詩人作品析論》與《史耐德與中國文化》，讚嘆作者學問淵博，之餘，實在有太多問題想請益，但現場一群香港學者環繞著她，我也只能遠遠張望與惆悵。

如此說來，鍾玲有著那麼多面向，箇中反差之大，我的困惑也不足為奇？初夏時分有機會先睹為快，細讀《我的青芽歲月》，才發現原來鍾玲在抗戰勝利前出生，父親鍾漢波在日本大使館任武官，在無數人倉皇渡海的一九四九年間，小女孩在父母寵愛的環境下長成，還神奇地保有一百多張珍貴的兒時寫真，無一不甜美。無一不彰顯出父母灌注的安全感，難怪鍾玲能一直保有「小公主」的氣質。

《我的青芽歲月》迷人之處更在於是家史更是國史，鍾漢波將軍曾經領航戰敗國日本第一批八艘賠償的軍艦，從東京灣到上海黃浦江岸，真是何等威風！鍾漢波任外交官時，機智地索回鎮遠號、靖遠號軍艦鐵錨，洗刷國恥的故事，更是可以拍成電影。鍾玲在父親開明的教育下，也模仿將軍指揮若定的從容，也鋪設出女性學者優遊於研究和行政的康莊大道。

鍾玲在鋪寫大時代時，總是從個人與家人的心理描摹，將故事回溯到戰爭帶來的苦難，或是微物與小舉動造成她生涯的影響，更增添全書動人與深刻的抒情氣息。尤其是寫文壇掌故，無論是在東海開啟與楊牧的情誼，一生與余光中與余師母相濡以沫亦師亦友，或是在台、美、港文壇的點點滴滴，絕對是精彩的文學史料。

讓人格外激動的，莫過於為余光中先生澄清〈狼來了〉一文始末，台灣讀者其實很少注意到，余光中先生於一九七四年至一九八五年間，曾在香港中文大學任教。赴港後，即遭《盤古》雜誌發起的〈余光中是愛國詩人嗎？〉的批判，以及來自各方的攻擊，余光中說過：「來後不久，我的右言不悅左耳，一陣排炮自左轟來，作者站在暗處，多用筆名，顯得人多勢眾的樣子，老實說，那樣的炮聲並不震耳，我笑一笑，且當歡迎的禮炮聽吧。」可見在左翼的攻擊下，余光中的處境很艱難，寫出〈狼來了〉一文表達憂心，也是感時憂國，我過去寫過論文討論此事，但比不上鍾玲耙梳了論戰前後余先生遭到左翼攻擊的種種重擔，相信在未來台灣文學史重寫的歷程中，應當還余光中一個公道。

在恆春之行的夜晚，鄉居寧謐，同行起鬨，仿《十日談》講故事，每人分享一個愛的故事，鍾玲甜蜜回憶了與胡金銓熱戀的往事，可惜《我的青芽歲月》中沒有寫下，期待青芽萌發後，鍾玲老師繼續敘寫更多故事。

外柔內剛對群眾有致命吸引力的作者

鍾堅，教授、國立清華大學國防學士班總導師

身為作者的弟弟，如果最多僅能以四個字來形容姐姐，近身觀察她超過七十年的我，會選用「外柔內剛」。這四個字，也是我閱讀本書原稿的心得；姐姐的「外柔」源自慈母的基因，「內剛」則得自嚴父的真傳。有關「外柔」，只要看本書她十八歲以後照片裡嬌柔的形象就可以證實。至於「內剛」，可以看姐姐在〈身為海軍的女兒〉一章中，詳述她遺傳到父親的軍人血液，如何迅速而果決地化解危機。

不論就學、就業一路走來，姐姐都在背後不時對我關切叮嚀。記得先嚴過世七年後的父親節那天，姐姐得知我從學校借調政府服務，就從香港趕回來探視我。我陪她走訪總統府各樓層並詳加導覽解說，下班時我專送她赴宴。我本欲下車撐傘送姐姐進餐廳，她搖搖頭嚴肅地叮嚀我：「你別管我，快趕回辦公室！我從未見過雨水像瀑布般傾瀉而下，你是總統身邊的核心幕僚，雨這樣下一定會出大亂！」姐姐果然有天

眼，她說完後不久，我就奉命進駐一級開設的中央災害應變中心，面對莫拉克颱風的蹂躪。

能未卜先知、苦民所苦僅為姐姐特有靈性之一。怪不得〈親人血緣和生死剎那〉一章中，她能感應到我們舅舅的病痛。外柔內剛的作者晚近還親切地叮嚀我：「疫情正蔓延哪兒都去不了，你就深居簡出伏案筆耕吧，趁記憶猶在，忠實記錄下自己的趣味人生。」那時候她正日夜振筆疾書《我的青芽歲月》五十個人生故事。

我的大學同窗能與作者結緣的並不多，除本書提到的香港城市大學郭位校長，還有我的鐵哥兒葉偉文。葉在台電公司核能部門服務善於雄辯，閒暇時人如其名擅長科普譯著，先後出版近五十冊，都是華人圈青少年最暢銷的益智課外讀物，惜長年受肝癌折磨早逝。葉偉文這些年來以文會友，與姐姐有數面之緣，他在病榻前曾對我說：「女人的外在顏值與內在氣質，是兩大吸引力。外在的顏值是天生的，顏值成分愈高，老後褪色就愈慢。內在的氣質是後天德智體群美等知能孕育出來的，五種知能孕育累積得愈多，氣質就愈典雅。耗費巨資也許能整型補強顏值，唯花再多的錢也買不到內在的氣質。令姐是我見過同時具有非凡的顏值與出眾的氣質之現代女性，對周遭群眾有致命的吸引力。」

我忠實地記錄下鐵哥兒對姐姐的描述。姐姐在本書的五十章中流露對人的體貼、謙遜、自省，這些形成她優美內在氣質的部分。

如果能用更多字來形容姐姐，那她肯定是位外柔內剛對群眾有致命吸引力的作者。

——二〇二二年四月二十六日

開場白

你會問，《我的青芽歲月》是自傳嗎？但讀起來不像自傳嘛，而是一篇篇散文。自傳體應該是由小到大，按時序寫的人生傳記：何時出生，一歲家裡發生什麼事，六歲讀小學表現如何……按照時序寫童年、少年、青年、中年、老年。但這是我們熟悉的傳統寫法，寫歷史、傳記的編年概念，《春秋》、《左傳》、《資治通鑑》為這個概念、為我們的時空觀打了底。但是人生真的是這樣嗎？

我想，我們生命中發生的每一件事，無論大事小事，都有來龍去脈，都有前因後果。編年的寫法會忽略了跨越時間一系列事件的前後關聯性，也會忽略隱藏在事件後的深層脈絡。所以我試著以一事件、一位人物的出現、或一張照片為出發點，探索其來龍去脈，其時代場景，其在我生命中不同面向的意義。這樣能串聯我不同種類的活動，也為今天的我，探求源頭。因此我依據照片，選擇生命中的點，它們在我生命中拉出一條或長、或短的線。生命線便是由無數條長的、短的線條組成。但是這本自傳仍然具有編年的成分。大致按生命中有緣分人出場之先後來安排，所以依舊有用到編年順序。

你看過、感覺過一棵榕樹的群根嗎？除了伸延地面上的根，又有樹枝上垂掛下來的氣根，還有地底下蔓生糾結深扎的盤根。我們生命中一件多少具有意義的事就是那一條榕樹樹枝上垂掛下來的氣根，樹枝的汁液是它的來龍，落地生根的願望是它的去脈。榕樹垂下的無數鬚根，就是我們生命中拉出的那些無數條或長、或短的線。那棵槎枒挺立、根鬚茂盛的榕樹，就是生活中的你我，地底下蔓生糾結的榕樹盤根，就是你我生命中那些在視線以外、在潛意識層裡複雜交織的情感、欲望、夢想、妄想。

我稱這本書為自述罷。你會問，這本自述到底要呈現什麼？我的回答是，探索人的內在是如何形成的。像是榕樹的種子，沒有土壤的養分、雨水的滋潤、適當的溫度、太陽的光和熱，是不會成長為樹。所以我會側重描寫親人、師長、朋友的給予，會側重描寫周遭大環境、小環境、人生際遇、甚至歷史事件，對我的影響。我們的內在有很大成分是因各種影響交織而形成。希望這本自述能呈現成長的歷程。

其實我是個比較低調、隱祕的人，不大向朋友談私人的事情，也很少在作品中談私人的事情。我個人的經歷有時出現在小說中，但是經過小心的轉化、變形，我盡力隱藏自己的、親人的和朋友的私密。怎麼竟然寫起自述來呢？這都是因為游紫玲的鼓勵，或曰鼓動。游紫玲是我學術著作《文本深層：跨文化融合與性別探索》（台大出版中心，二〇一八）的責任編輯。二〇一九年三月二十三日我們漫步在台大思源街校區林子裡，她說：「鍾玲，妳可以寫自傳。」

我非常抗拒這種想法，說：「我自己的事情，不想公開，而且沒有什麼值得寫的。」紫玲說：「哪裡，值得寫。妳可以想一想，用不同的方式來寫。」

回到南部，考慮紫玲的話，忽然想到我童年時期，父親為家人拍了許多照片，因為攝影是他三十多歲時的嗜好。於是以照片為中心的自述遂成形。

近二十年來常常反思自我中心的毛病，自我中心會蒙蔽我們的清明理性，令我們自大盲目、令我們更加任性，罔顧他人的感受。寫自述不是挖個陷阱給自己跳？令我更加自戀？所以這本自述寫得步步為營，修改稿子的時候，會檢查有沒有自我膨脹，有沒有臉上貼金，有沒有設身處地寫別人。另外一個問自己的問題是，對讀者要坦白到什麼程度？什麼算是不能公開的隱私？我想定個原則罷，以不傷害親人、朋友、自己為原則。這就要考慮詳盡、思維細緻了。但是在不傷害人這尺度下寫出來的人生，少了隱私、少了祕事、少了壞心眼、少了鬥狠，不是太平淡了嗎？希望我的筆捕捉得到動人心弦的事、捕捉得到生活的踏踏實實，但願動人和踏實的事，不會平淡。

《我的青芽歲月》的五十篇描寫我生命裡五十個起點，以及它發展出來的緣分、事件、它結的果。這些緣分、這些果，可以發展十年，或二十年，甚至發展到今天。這五十個起點由一九四五年我在重慶出生，排到一九六七年二十三歲離開台灣到美國留學。五十篇分成五輯：「由懵懂的神州稚齡說起」、「由幸運的扶桑童年說起」、「由左營的海軍小學說起」、「由高雄女中女兒國說起」、「中部的東海和北部的台大」。

這本書由二〇一九年四月開始，先寫一篇篇散文，發表於《中國時報》、《自由時報》、《人間福報》等副刊，還有《文訊》雜誌、香港的《明報月刊》。二〇二一年秋開始把單篇連起來，重寫內容，把它深化。我進入寫作狂狀態，早上一爬起來，沖一壺阿里山珠露茶接著寫，吃完早餐接著寫，一直寫到腦子不再靈光熠熠。吃完午飯睡兩個小時起來再寫兩三個小時。有時吃飯吃到一半，腦中蹦出捕捉到感覺的詞句，放下筷子就到電腦前，加這一句。能夠過這種忘我的創作時光，活得異常充實，覺得自己在發光。拍紀錄片《大俠胡金銓》的林靖傑導演跟我聊天時說，他很羨慕這種寫作狂狀態，所以我現在描寫一下這種幸福狀態。林導演拍片時就不能享受到創作狂狀態，因為拍片涉及安排各種煩心的人和事，不像單純的寫作那麼容易集中心神。

這本書能寫成，要深深感謝父親鍾漢波和弟弟鍾堅。父親八十歲起出的三本自傳是《我的青芽歲月》的頂梁柱：即《駐外武官的使命：一位海軍軍官的回憶》（麥田，一九九八）、《四海同心話黃埔：海軍軍官抗日箚記》（麥田，一九九九）、《海峽動盪的年代：一位海軍軍官服勤筆記》（麥田，二〇〇〇）。父親自傳中寫的經歷和細節撐起我筆下的童年和少年。父親寫三本自傳都是受到弟弟的鼓勵和協助。此外，弟弟常給我提供拼圖的最後一塊零片，因為他對軍區、眷區歷史的熟悉，因為他對歷來海軍軍艦的研究，所以我筆下童年和少年的軍區生活才完整。這本書能出版，當然要謝謝任重道遠的九歌出版社。希望我這些對生活經歷的理解和感悟，讀者你會喜歡。

鍾玲　二〇二二年五月十日於高雄

第一輯　由懵懂的神州稚齡說起

1・童年相片和記憶

有人天生記憶力超強，能清楚記得兩歲時的事；有人天生記憶力弱，連小學一年級最要好同學的名字都不記得。我屬於後者。我稚幼童年時期的回憶應該非常珍貴，應該充滿異國情調，兩歲半到五歲八個月，即一九四七年十一月到一九五一年一月，有三年多住在日本東京，因為家父鍾漢波（一九一七—二〇〇二）任職中華民國駐日大使館的武官。我們一家三口住的是外交官宿舍，地上鋪了榻榻米，家裡有因父親職務而由公家配置的日本女傭，我上的是大使館和當地華僑辦的幼稚園。所以在東京小小的我通三語：跟父母說粵語，跟日本女傭說日語，在幼稚園說國語。

但是這些榻榻米宿舍、公家配置的日本女傭、華人幼稚園、通三語的回憶，不是真正的回憶，大多是用照片建構的往事。是泛黃的、霉斑點點的照片，加上在我成長歲月中父母作了補充，還有父親自傳著作裡的敘述，這些故事才補齊。湊巧父親在日本期間迷上了拍照，所以留下很多我童年的照片。過了多年，什麼是自己的記憶，什麼是根據照片的推測，什麼是大人補足的？有時混為一體很難分。父親就有超強的記憶力，他七十多歲開始寫回憶錄，連六、七歲讀私塾的細節都記得清清楚楚，他記得私塾位於廣州小南門、萬福橋長興街，為楊氏家塾，啟蒙禮時他向紙質卷軸的孔子像跪拜，向塾師行三鞠躬禮。（《四海同心話黃埔》，十一頁）可惜我沒有遺傳到父親的記憶力，但是應該遺傳到父親清晰的思想理路，還有不知由哪裡遺傳來的聯想力、想像力，謝謝天，所以才能從事文學創作。

照相簿有不少我坐在客廳地上玩耍時拍的照片，背後是一塊塊打橫長方形的、明亮的木框玻璃窗，我坐在硬中帶軟、燈心草編的榻榻米上。這生活空間對我產生莫大影響，影響在四十年後出現，左右了我的起居習慣和空間規畫，我在本書第十七章會詳述。

說到日本女傭，現在我還馬上呼叫得出她的名字，用拼音法她叫 Chiyoko。母親後來告訴我，我發音沒有錯，她名字的漢字是千代子，全名內藤千代子。可見雖然我記憶力不好，童年成天叫喚的名字不會忘記。模糊記得我跟她用日語交談。母親證實我在日本跟千代子學會流利的日語，但回到台灣，住在海軍眷村，沒有說日語的機會，就全忘了。根據父親寫的回憶錄，有關中華民國駐日代表團的眷舍，「公家撥給免費每戶分配日籍女傭一人」。（《駐外武官的使命》，一〇五頁）

有一張在東京的公園裡，千代子抱著我坐在草地上的照片，她年輕而樸素，整齊的套裝，像位老師，不像女傭，父母帶我出遊公園也帶著她，我媽媽待人非常寬厚。依稀記得樸實的千代子很疼愛我，她的杏仁臉和粗直齊肩的黑髮浮現。大概因為她教我日語，三、四歲的小孩很快就學會，她一定很高興鍾長官主人家有一個小

1950年和內藤千代子在東京的公園。

人兒能流利地用她的母語跟她聊天。她跟我之間沒有隔閡，不像父母跟她之間和諧的背後有千絲萬縷的糾葛：主人與僕人、戰勝國與戰敗國、被侵略者與侵略者的怨仇。

父親對千代子也特別信任和倚賴。一九五〇年九月弟弟在東京的美軍醫院出生後，中華民國代表處加派一名日籍看護女傭，由日本政府付薪水，父親說：「這位看護格調太高，事事指揮原有日籍女傭內藤千代子，她們彼此並不和諧，我夫婦遂將女看護辭退，專用千代子一人，亦能一樣照料我們全家四口的日常生活，勝任愉快。」（《駐外武官的使命》，一〇七頁）我想日籍看護大概認為自己屬專業人士，比普通女傭地位高很多，所以指使千代子。殊不知千代子已經任職兩年，不但熟悉工作、熟悉我們的生活習慣，而且跟我父母有默契、有感情。我們在東京的最後三個月。只千代子一個人做，還加了嬰兒弟弟，工作忙得不可開交，但家務細節一切由她決定、由她執行，一定做得開心。也可見我父母不在乎陣仗，以和睦為上。

還有一張照片拍華人幼稚園老師帶著小朋友到日本神社遠足，確定是神社，因為照片中遠處樹立鳥居。小朋友蜿蜒地排長隊，前面穿淺色衣服的就是我。至少我現在認得出來，那六位打扮齊楚的女士不是我的老師，我的老師高而瘦，容長臉，當然不是我記憶好，是因為我保有老師帶我們在草地上野餐的照片。這六位女士都是「跟隊媽媽」。為什麼不見我媽媽呢？因為她正在替大家拍照。透過媽媽拍的其他照片，我知道跟著老師我們爬上一座小石山，我們在林間草地上野餐，坐在帶來的墊子上，大吃鬆軟的麵包。你看，這次遠足的回憶完全是老舊照片建構的。

那麼這些七十多年前的照片如何保存了下來呢？父母親有貼照片簿的習慣，想像在我還未出生時，他們一結婚就貼照片簿，蒐集了他們青年時期出遊的、拍拖的照片、結婚照，那時，

1949年東京華人幼稚園遠足，背後是神社的鳥居。

一九三〇年代，沖洗的照片非常小張，只長五公分、寬四公分，當然全是黑白照。我出生以後在重慶、南京，幾次到照相館去拍全家福、母女照。這本照片簿由南京帶到日本東京，然後一本分兩本新照片簿，有些照片父親會沖印兩張，其中一張貼在我的那一本，我擁有自己專屬的照片簿。一九五一年我們一家由東京回台灣，這幾本照片簿也海運跟著運來，所以在兵荒馬亂的時代，這些照片沒有遺失。我同代遷台的外省小孩很少那麼幸運。

這一本由東京帶回來專屬於我的照片簿在二〇二一年的今天，還放在南台灣我家客廳大茶几底下的小櫃裡，雖然黑色硬紙皮的封面、封底仍然存在，但是邊緣磨得脫皮露出米黃色夾層紙，封面跟冊頁也一半脫離，而裡面的照片情況更嚴重，褪色、發黃、發霉了。這本六歲前的照片簿，跟貼我小學和初中照片的淺灰色相簿，高中、大學照片的松綠色相簿，命運一樣，都風塵僕僕，一九七八年我帶它們去了香港，一九八九年又跟我搬回高雄，二〇〇三年隨我去香港，二〇一二年這三本老舊相簿跟另外五本新相簿，終於一同遷回高雄現在我退休的住所，而且派上用場，成為這本書每一章的門面。三本老相簿的照片被時光嚴重侵蝕。為了寫這本書我學會用軟體來修照片，用掃描器增加畫素，我這麼大年紀還自學電腦技術，真有那麼一點得意。

2．我在抗戰末期出生

這張三人全家福照片一九四五年六月攝於重慶，我一個多月大。還要兩個月，八月十五日，才抗戰勝利，那時抗日戰爭打到末期，物資匱乏，母親范永貞（一九一八—一九九五）營養不良瘦巴巴的，還要餵我奶，那個年代的嬰兒都吸母奶，沒有牛奶喝，現代科學證明，人奶對嬰兒來說最營養，所以當時生活雖然乏匱，我們這一代身體的底子反而結實。父親鍾漢波任重慶國民政府軍令部（等於現在的國防部）第二廳第二處的海軍參謀，那個單位負責派遣駐歐美大使館的武官及處理相關外交事務。身為海軍的父親怎麼會在處理外交人事的中央軍事委員會單位呢？我出生前後住在重慶南溫泉一座庭院深深的大別墅中，何以這般好運？

因為父母跨越社會階層、跨越時空的戀愛，才會有我的存在。他們相識是因為兩人都就讀廣州中山大學附屬中學，父親比母親高一屆，在那個年代自由戀愛很前衛，尤其母親出身富貴家庭，外祖父范方甫任廣州市稅捐處處長；我祖父鍾友德在廣州市市政府做小職員。自一九三八年，抗戰爆發第二年，之後長達四年，二十歲出頭的父母，分隔在西南大後方和南方廣東，靠的是書信來往和長相思。

一九三九年父親由遷至廣西的黃埔海軍學校畢業，被派到大後方四川萬縣的青島海軍學校任教育組副官。抗戰期間的海軍很尷尬，因為國軍三軍都在內陸，日軍控制了大陸沿岸和長江下游，我海軍沒有海上作戰的實力，年輕的海軍軍官都沒有軍艦可派任，一九三七年抗戰開始各海軍學校就不再招考新生了。一九四一年底日軍占領香港，在香港工作的母親避亂回到廣東山區的故鄉大埔，她是客家人。那個年代因為戰亂父母跟萬千國人一樣，茫茫然奔走四方。

到一九四二年父親由萬縣轉去重慶軍政部城塞局任職，生活稍穩定，就去信請母親來相聚，又因為自己可能調職，所以叫她先到貴陽，並請朋友替母親安排暫時在貴州省貴陽紅十字總會工作。母親在戰亂中隻身穿越廣東、廣西、貴州三省，跋涉千里到大後方投奔愛人，她愛得勇敢而堅定。那時父親又調到雲南昆明，任巫家壩的空軍軍官學校教官，教海軍艦艇圖像識別、天文航行等課程。母親在貴陽紅十字總會工作三個多月，一九四三年三月由貴陽來到昆明，兩人因為戰爭阻隔四年，終於團聚了，他們攜手同遊昆明勝景：英國花園、黑龍潭、金殿、昆明湖大觀樓。

母親在昆明如魚得水，因為許多她中山大學附中的女同學都在昆明，她就住進初中同學陳麗芳的女生宿舍房間，麗芳姨正在讀西南聯大化工系三年級。還有兩位要好同學莫惠蘭、許紹芬，已經由中山大學醫學院畢業，在昆明的昆華醫院

與父母親攝於重慶1945年六月，我一個多月大。

1943年母親千里尋男友到大後方，在雲南兩人攝於空軍官校的軍機上。

父母親1943年六月在昆明結婚。

當住院醫生，好同學吳素馨在中國銀行任職。母親忙著敘舊，還跟同學們一起籌備兩個多月後的婚禮。（《四海同心話黃埔》，一四八頁）

一九四三年六月二十八日兩人在昆明市舉行婚禮，父親二十六歲，母親二十五歲。因為雙方家長都被戰火阻隔在廣東，所以由父親一位黃埔海軍學校高三班的番禺同鄉學長，代表雙方家長主婚，就是遷台後曾任海軍總司令的馮啟聰伯伯。證婚人是黎尚武少將。婚禮和婚宴在冠生園舉行，筵席開六桌，抗戰時期民生窮困，一位基層軍官的婚宴能開六桌，場面算盛大。女方的客人有母親中山大學附中初中、高中同學十多人，父親的客人包

括在昆明任職的黃埔海軍學校同學二十多位，還有空軍官校的同事和朋友。

新郎、新娘的心中別有滋味，因為這是他們父母和親人不在場的婚禮，有情人終成眷屬的喜悅中摻雜絲絲遺憾和思念，以及戰火中對親人安危的牽掛。抗戰八年多少人跟雙親分隔兩地，婚嫁和生老病死大事都會有這種遺憾，一九四九年之後三十八年間，來台的外省人也有這種深層的遺憾。記得一九九二年我在高雄中山大學任教，父母身體都出了狀況，父親完全不能控制四肢和舌頭，原來是腦微血管慢性出血；同時母親的糖尿病惡化。《聯合報》副刊主編痖弦因為稿件的事來電話，我向他訴說心中的擔憂，他說：「我倒是羨慕妳，我跟妳像兩代人，有不同的感受。」

他說，他的父母活生生隔絕在對岸，父母步入風燭殘年，不能陪伴；父母面臨死亡，不能一同抵擋；連他們什麼時候過世，病因為何，也是很久以後才知悉。我們承平時代的人應該感謝上天，不需要承受他這種懸空的思念、焦慮、煎熬。結果我父親的微血管出血雖然多，但是在高雄榮總動腦部開刀手術，排出積血以後，完全復原；母親血糖控制成功，不需要截肢了，我陪伴父母一同度過難關。

父母在昆明照相館拍了一張彌足珍貴的結婚照，是結婚當天拍的，是母親中山大學附中女同學安排的流程。父親說：「蒙黎尚武將軍讓予其專用轎車使用一日……前往西南聯大女生宿舍迎接新娘，共赴照相館拍婚紗照，及時抵冠生園舉行婚禮。」（《四海同心話黃埔》，一四九頁）婚照中母親的眉梢嘴角透露幸福，父親表情有一絲凝重，應該是一家之主在展望、規畫未來的各種可能性。

由父親的自傳《四海同心話黃埔》知道，一九四四年夏母親懷了我以後，當時身為海軍上尉的父親覺得為了下一代，不能再在空軍官校待下去，自己應該回海軍發展。一九四五年二月底，我出生前兩個月，他向空軍官校請假三週由雲南飛到重慶謀職，因為他在空軍任職，訂軍機的位子很方便，還可以帶妻子同行。父親最嚮往的出路有二：一是參加接艦委員會的考試，通過考試可以加入軍官團隊去美國接收戰艦；二是參加駐外武官訓練班。不巧錯過了赴美接艦軍官團的考期，武官訓練班又已於七個多月前停辦了。還好父親人緣好、朋友多，他去探訪軍令部第二廳第二處的朋友孫承祖上尉。孫上尉告訴父親，第二處好幾個科都缺人。一九四五年四月六日，我出生前二十天，父親由第二處處長曾慶吉將軍面試，通過後派任軍令部的海軍參謀，他才有機會由昆明的空軍官校調到陪都重慶的中央單位，才有機會抗戰勝利後被派到東京任大使館武官。

好運也真的會從天而降。父親在重慶謀職期間，一九四五年三月中旬，一天走在路上遇到黃埔海軍學校低一班的學弟溫煦棠，這純粹是天上掉下來的好運。溫學弟任二十六兵工廠駐渝辦事處主任，他的上司劉東來廠長在重慶南溫泉後山擁有一座私人別墅，溫叔叔帶著妻子、兒子就住在別墅裡幫上司看房子，別墅很大，房間很多，溫叔叔知道鍾嫂子臨盆在即，就邀請我父母免費同住別墅。父母和祖母及小叔鍾漢琪在我出生前一個月遷入別墅。南溫泉區在長江南岸，重慶郊區，山勢起伏，林木蔥鬱，許多要人、富豪擁有此區的別墅。日本軍機也沒來轟炸，因為房屋都給樹木掩遮住。另外一件幸運的事是，一九四五年三月父親帶著待產的母親遷入南溫泉的時候，日本空軍已經停止轟炸重慶了。一九三八年到一九四三年的重慶大轟炸，中國人死傷幾萬人，好可怕！最後一次日軍轟炸重慶附近的梁山、萬縣、開縣三個地區是在一九四四年十二月，那時懷著我的母親還在昆明。我出生的時候，國軍已經有美援的飛機四百架，以及善戰的中美聯軍飛虎隊，日本空軍不敢來犯，而且他們的空軍在太平洋戰爭已經打到捉襟見肘。

一九四五年四月二十六日我出生在重慶一家醫院，出生後就在南溫泉山上這座別墅中住了九個月，才一家人還都南京。我運氣實在太好了，一出生就住在有長工打理內外的大別墅中，出生前二十天，好像老天巧安排，讓父親到陪都重慶進入大好前程的工作單位。其實父母為了下一代，為了孩子的未來，會努力改變自己的命運。真是天下父母心！到如今我沒有探訪過我的出生地重慶，距離最近一次，是二〇〇五年去成都的四川大學開比較文學學術會議。大概因為對重慶沒有記憶，所以沒有探望的衝動。

3・母親十六歲掌廣州的家

母親范永貞是客家人，故鄉在廣東省東北部，臨界福建省的大埔縣。你看她三十歲在照相館拍的這張獨照，多麼貴氣。旗袍領子下的三個盤扣很精緻，蓬起的髮型顯得雍容華美；隆鼻鳳眼，豐唇貝齒；看得出來自富裕家庭。這張獨照應是一九四七年秋攝於南京，十一月帶我坐船出發去日本之前。

一九三三年母親在中山大學附屬中學讀初二，家住廣州城近珠江岸的一棟三層大洋樓房。就在那一年十月我外祖母過世，母親身為家中長女，十六歲就掌家，主管家族七、八十人的家務。大小姐放學回家，回到那座三層的大洋樓房，就拎著一大串鑰匙，對家僕發號施令。那年我外祖母才三十七歲，是什麼原因故去？原因令人驚歎。外祖母的事蹟，少女時聽母親和小舅舅范傑陸陸續續對我說，拼湊而成。

1947年母親於南京，照相館攝。

我外祖父范方甫青年時參加推翻滿清和其後民國初年的國民革命，他跟隨大埔的同鄉兄長輩鄒魯（一八八五—一九五四）；鄒魯是孫中山的左右手之一，鄒曾任廣東省財政廳長及中山大學首任校長。在一九一四年左右外祖父跟外祖母江佩蘭戀愛結婚，要知道在那個年代戀愛結婚是革命性行為。婚後外祖父母定居廣州，因為外祖父事業有成，范氏家族很多親戚都由大埔鄉下來廣州，依他工作、生活，群居在珠江岸邊這棟三層大洋樓房。一九三〇年代初，外祖父任國民政府廣州市稅捐處處長，並擁有多家戲院等事業、產業。一九四七年抗戰勝利後母親帶兩歲的我回娘家，到過這棟三層大洋樓房，巨大到像中學的教學大樓，但是沒有那種教室外的騎樓，大片外牆只有片片雙扇玻璃窗。我曾在范家大洋樓空蕩蕩的院子跟大人一起照相，也跟小朋友在大洋樓天台上照相。

1947年母親（蹲左三）帶我（蹲左二）回廣州娘家，背後應是范家的大洋樓。

因為外祖父跟隨大埔的客家同鄉鄒魯，引起我對鄒魯這位革命家的興趣。鄒魯就讀廣東法政學堂，他的確是孫中山的左右手，一九一一年緊接著武昌起義，鄒魯和其他同志發動廣州起義。一九一四年孫中山令鄒魯辦《民國雜誌》，以聲討袁世凱，可見鄒魯文筆甚健，是孫的文膽之一。一九二二年鄒魯曾任廣東省官錢局總辦，整頓財政，可見其還擅長管理政府財務，一九二三年孫中山返廣東後，鄒魯被任命為財政廳長。想是這期間他提攜同鄉老弟范方甫進入廣東省公職系統，我外祖父必然非常能幹，於是在廣東公職系統做下去。一九二四年孫中山在北京逝世，鄒魯是國父遺囑九位簽名的見證人之一，其他人包括孫科、宋子文、孔祥熙、戴季陶等。

此外，鄒魯還是位了不起的教育家，為了開啟民智，他在故鄉大埔辦樂群中學，而且親自授課。一九二四年孫中山計畫將國立廣東高等師範學校、廣東法政大學、廣東農業專門學校合併為國立廣東大學，即後來的中山大學，命鄒魯籌辦。兩年後中山大學於一九二六年成立，四十二歲的鄒魯出任第一任校長。父母親和我三人，跟鄒魯創辦的中山大學都有緣分。父母親先後在一九三一、一九三二年考取中山大學附屬中學初中部。我則在中山大學成立六十年後，於一九八六年到在台灣高雄復校的中山大學任教。我很榮幸有鄒魯這樣一位的爺爺輩母系同鄉。記得一九八六年暑假我由香港飛回高雄，父親跟我一同到位於西子灣的中山大學校園逛，我們穿過紅磚迴廊，年近七十的父親禁不住輕聲唱中山大學的校歌：「白雲山高珠江水長，吾校矗立蔚為國光……」這歌詞就是鄒魯撰寫的。

外祖母江佩蘭是懸梁自盡的，因為外祖父外面有女人。雖然一九三三年已經進入民國時期二十二年，民法規定一夫一妻，但娶妾非常普遍，是社會各個階層都理所當然繼續進行的事，幾千年的傳統根深蒂固，根本廢不了娶妾的習俗。外祖母為什麼竟然放著正室大太太不做，選擇以死抗議呢？小舅范傑告訴我，外祖父母兩人當年都是革命青年，結婚時相約一夫一妻，相愛到老。外祖母連四個兒女都拋下，包括襁褓中才一歲的小舅，選擇十月十日國慶日早上自盡。可見她氣憤到極點。我想外祖母是氣丈夫被富貴腐化，見色忘義，違背誓言；也因為這個國慶日，是他們熱血青年為理想以生命爭取來的，而今理想消失了。哇，我的外祖母這麼剛烈！如果她活在二十世紀末的台灣，必然會馬上離婚、取得財產、帶走四個子女。

外祖父心中應該後悔、自責，他幫外祖母舉辦盛大的喪禮，對外宣稱夫人急病身亡。十七歲的父親已經是母親的小男友，參加了外祖母的出殯。父親的自傳《四海同心話黃埔》中，這樣記錄：「范家訂購了棺材，在家中大殮，棺木是拆開運上三樓；大殮後棺材太大無法從樓梯搬下，只得將三樓之鐵窗鋸開，另搭棚架緩降抵達馬路……出殯之日，前來執紼者甚眾。」（三十頁）後來外祖父斷絕了那外遇的歡場女人。為了有人照顧我小舅范傑，娶的續弦是良家婦女。

外祖母的剛烈個性有沒有遺傳給她的子女呢？我想遺傳給她的長女，就是我母親，母親以不同的方式呈現剛烈。像母親這種家世，一早就訂了門當戶對的婚事，未婚夫是故鄉大埔一位富家少爺。母親在初中一年級認識同校高她一班的父親，一九三二年三月她讀初一下學期，兩人不約而同報名參加中大附中辦的旅行活動，到廣州西北清遠風景區郊遊，少男少女墜入情網。母親立刻向親戚打聽故鄉定親男子的品行，得知他吃喝嫖全來，就向外祖父、外祖母報告未婚夫的不堪，他們遂跟對方解除婚約。可見母親的機警和果決。

母親還向父母稟告自己看中一位高班同學鍾漢波。開明的外祖父母要她把男友帶回家考察。我初中的時候，聽父母說起十六歲的父親第一次拜訪女友父母的場面，母親說：「阿玲，要知道你爸踏進我家大門，走向廳堂，走廊兩邊的房間門縫、窗縫都微微打開，家人、親戚都趴在那兒偷窺你父親。大家都覺得他英俊端正。」

我問爸當時有什麼感覺，父親故作一本正經對我說：「我挺胸前行，目不斜視。」我想當時他一定相當緊張。父親通過外祖父母這一關，還深獲我外祖母喜愛，她除了常留他吃飯，還特地叫廚子做他愛吃的菜，父親享受她去世之前的疼愛達半年。因為日本侵華，父親像當時許多青年一樣，精忠報國。一九三四年他報考黃埔海軍學校獲錄取。一九三七年全面抗戰爆發，次年六月戰情緊急，父母見面商議未來，母親剛剛高中畢業，父親說因為他還在讀黃埔海軍學校，不能帶她逃難，廣州情況危急，母親最好去香港避難和就業，她就聽從男友去了香港。（《四海同心話黃埔》，九十—九十一頁）一九三八年十月日軍攻占廣州，之前海軍學校已經遷校到廣西，父母遂分隔在大後方和香港。

母親於一九四二年隻身由廣東冒險旅行到貴陽。一個弱女子走這段中日戰爭期間的旅程，需要多大的決心和勇氣！她應該由家鄉廣東省東北邊的大埔縣城，一路坐公路局車西行，沿廣東的北部，走的路線要仔細規畫，小心跟司機、公路站員工打聽，必須是日本軍隊沒有占據的地區，必須是預計中日雙方軍隊不會交戰的地區。她去到廣西柳州，再坐公路局車沿西南公路最後到達貴陽。母親在婚前是職業婦女，她畢業於中山大學附屬高中，在一九三〇年代和一九四〇年代初女子由著名的高級中學畢業，屬高學歷。她曾在廣東省營工業管理處任職，在香港的馮強樹膠廠寫字樓任職員，也曾任職貴陽的紅十字總會。但是她在昆明結婚後，全心全意做心愛人的妻子。

母親終其一生堅愛父親。她的愛由十五歲開始發光發熱六十二年。我清楚記得有一次母親晚年時望著父親的眼神。一九九四年我已經在高雄中山大學專任五年了，住在離眷村老家很近的大廈裡。十二月底，那時母親虛歲七十七，她感冒了，我回老家看望她。她坐在最喜歡的扇形藤椅上，銀白如絲的頭髮，人看來更瘦、更虛弱了。父親坐在旁邊另外一張扇形藤椅上，滿頭微帶淺黃的白髮，額頭一小片白斑。

我看見母親用愛戀而憐惜的眼光凝望父親，說：「你也老了。」好像她眼中出現兩個他，老態的他，和十六歲讀中大附中的他，她依舊愛著時光中無數的他。母親說「你也老了」那種惋惜時光留不住、意味深長的留戀口氣，令我有一絲不祥的感覺。幾天後母親忽然昏迷，進了高雄榮總，肺已積水，再也沒有醒來。母親於一九九五年一月三日過世。

我們一般人的情感是會起變化的，再濃烈的情感也會在時光中變淡薄，人性使然，只有少數人一生對某人的情感堅守不移，濃度不變。我想母親這種堅貞應是遺傳自外祖母的剛烈。

4・父親一九三〇年代是學霸

一看這張父親鍾漢波攝於東京櫻花樹下的照片就知道，他年輕的時候很英俊，端正的五官，自信的微笑，攝於一九四八年初春，他三十一歲，在大使館任海軍武官。假日他穿西裝、帶著母親和三歲的我，在東京一條開滿櫻花的路上拍照，這張父親獨照是母親拍的。我長得比較像父親，遺傳了他的大眼睛、小山鼻。可惜沒有遺傳到母親豐隆的鼻子，那是相學上的富貴之徵。我天然曲捲的蓬鬆頭髮，則不知遺傳自什麼親人？廣州自唐朝開始就是對外國的通商港口，一定有些外國人跟漢人女子生了孩子，留下曲捲頭髮的基因。讀高雄女中的時候，新來的教官會叫我去責問，為什麼燙頭髮？冤枉啊！

1948年父親在東京的櫻花樹下。

幸虧父親寫了自傳《四海同心話黃埔》，我才略知祖上家世。鍾家耕讀為生，世居番禺，住在廣州城南的尚明里。我曾祖父同治年間被選拔貢，但沒有考上舉人。鍾家幾代下來，田莊縮小，家道中衰。祖父鍾友德在廣東省政府祕書處任職員。一九四九年渡海來台的大陸人多多少少有煙霧迷濛的過去，余光中老師的詩〈心血來潮〉，意象鮮明地形容台灣海峽，是「無情的一把水藍刀」（《紫荊賦》，洪範，一九八六，一四二頁）。

這一生，就被美麗的海峽
這無情的一把水藍刀
永遠切成兩半了嗎？
前一半在北滸，後一半在南岸

大詩人就具有鑄造新詞的才華，在形象和色彩上「水藍刀」多麼有創意。這把水藍刀不但切斷了親人的聯繫，也切斷了各種過去的記憶。舉例說，如果某來台軍士自己是小老婆所生，廣東白話說小老婆用很古雅的詞「妾侍」，這位軍士到台灣後結婚，就不大會跟在台灣出生的子女說他自己父母輩的事。又如果在大陸家裡有人投共，有人左傾，為了安全，他在台灣一輩子也不會提大陸這些親人、親戚的任何事情，就是提也壓低嗓門，連小孩子聽到都知道是不能跟外人提的祕密，如同我母親的大弟永謙舅舅的事。

有一件事引起我竇疑，父母親在我少年時提過，父親祖母的娘家，即我曾祖母的娘家，擁有許多田地，佃農付不出地租，就交出女兒抵租金，其實是賣女兒之舉。曾祖母曾把這個抵租金的佃農女兒遺贈給我大伯，即父親的哥哥，做童養媳。這是一九二〇年代末的事，貧苦人家的女兒，地位卑下，當作貨品。我查看《四海同心話黃埔》，父親的祖母凌氏，就是我的曾祖母，為順德龍江鎮人。書中只說凌家世代務農，並沒有說他們是地主。還有，凌家應該把抵債的女孩給自己凌家的子孫，為什麼贈給鍾家的孫子？這在父系社會不甚合理。但原因無從查證。當然受民國新式教育的大伯沒有接受這份饋贈。

父親童年體弱多病，六歲到八歲都在家養病，只到家附近的私塾讀過兩年書，一直到九歲才插班入廣州市立第四十四小學二年級，所以他入學晚兩年，進了學校身體漸漸好了。沒想到一年後他就成為學霸，小學畢業時為榜首。一九三一年考初中，廣州三間最好的中學都錄取他：中山大學附中、市立一中、市立二中。祖父決定讓他讀中山大學附中，因為附中師資強、程度高，學生初中畢業有其他中學高中畢業的水準。一九三四年父親初中畢業，因名列前茅，直升中大附中高中部。但是像當時許多愛國青年一樣，悲憤日本侵占東北國土，十七歲的他立志從軍報國，參加抗日，放棄讀名校中山大學附中高中，改投考黃埔海軍學校，一千三百人報考，錄取三十名，父親名列其中。難怪他生的一女一子，也很會讀書，很會考試。

一九五一到一九五五年我就讀左營海軍子弟小學，那時要受童子軍訓練，對喜好文學藝術的我來說，一點興趣也沒有。但是在一九二〇、一九三〇年代，只有拔尖的學生才能加入小學童軍隊。父親小學五年級就被挑選加入全校只有八個名額的童軍隊，那時童子軍紀律嚴明，個個精通露營、架橋、急救、追蹤等技能。父親小學畢業時獲得童子軍中級結業證書。進了中山大學附中後，又通過童子軍最高級別的檢定考試。這非常重要，否則沒有緣分結識我母親。全附中初中二年級只有兩名男生通過高級檢定考試，其中一位就是父親。當一九三二年九月附中的兩百五十名初中一年級新生成立童子軍隊時，學校的童軍總教練許書徽老師任命二年級具有最高童軍檢定資格的的父親，為一年級新生童軍隊的總隊長。父親已經十五歲了，比那年進來的新生大兩三歲，所以母親很仰慕高她一班、指揮若定、帥氣的鍾總隊長。

他們相識那年父親十五歲，母親十四歲。你會說初中就談戀愛未免太早了罷，許多現代男女讀大學才正式交異性朋友。根據中國兩千多年的傳統，女孩滿十五足歲，即及笄之年，就可以嫁人了；明朝、清朝政府規定，男十六而娶，女十四而嫁。我父母相識時，由滿清進入民國才二十年，在那個舊習俗依舊盛行的時代，如果兩人當時結婚也不希奇，而他們初中就自由戀愛倒是走在時代前端。他們如何談戀愛呢？跟現代一樣，相偕遊山玩水。兩人在廣州拍拖五年，父親這樣描寫他們的出遊：「我倆曾經爬登廣州城內觀音山頂，仰視銀河繁星，等待流星曳光，爭先許願。俯瞰羊城一片燈海，像是讚頌家家幸福團圓。我倆也曾倘佯城外沿河堤岸，欣賞珠江夜月，月光隨人而動，形影不離。」（《四海同心話黃埔》，一四一頁）一九九〇年代後期父親撰寫《四海同心話黃埔》時，母親已經過世，距離兩人在廣州拍拖已經六十多年，父親把兩人的同遊寫得那麼甜美、那麼詩情畫意，可見感情多麼純、多麼深。因為感情這麼堅穩才有十年後在昆明的結合、才有我的胎孕和出生。

父親通過中學童子軍最高檢定，除了贏得母親稚嫩的芳心，還獲得兼職的機會。總教練許老師提拔父親去代他的課，做廣州市立第四十七小學的童軍教

1937年尚為男女朋友的父母親，舒慧指出這是1935年完工的廣州市政府合署。

練。呵，我父親十五歲讀初中二年級就到小學去教童子軍的課程！一直教到他初中畢業。父親不但頭腦出色、技能和領導力也在初中就受過培訓。我想祖父任市政府小職員，家境並不富裕，父親能自己賺錢，不無小補。

我在少女時代就見識過父親超強的數理頭腦。在高雄女中讀初中時他教我攝影，如何調光圈和秒數，我勉強學會了；高中的時候在家做作業，幾何和代數習題還得心應手，但是三角習題常難倒我。救星就是父親，他只要一看題目，不假思索就演算出答案。讀大學的時候，父親教我打彈子，他脫口就用幾何學教我精確地打球哪個部位，球就會朝那個方向飛滾入洞，我聽是聽懂了，一下子又忘了用原理來計算擊球點，所以始終沒有學好打彈子。

一九三九年二十三歲的父親被派到遷至四川萬縣的青島海軍學校，在教育組任位階最低的少尉教育副官，那時教輪機班「應用力學」課的老師剛剛辭職，找不到人教，教官的職缺為少校。父親受以前師長李鳳台少校的推薦，臨危受命教這門課，教得頭頭是道，博得海軍才子之名。（《四海同心話黃埔》，一一一到一一二頁）可見父親的數理天分多高！這天分遺傳給了弟弟和我兩個姪兒。我想如果父親成長在太平歲月，會成為一流大學的數學或物理學教授。父親在海軍服役的最後兩個職位也和教育有關：少將海軍專科學校校長（一九六六年十二月—一九七〇年十二月）和少將海軍官校副校長（一九七一年一月—一九七一年四月）。

5．疼愛我的祖母

一九四九年以後在台灣整整有一代外省人，在成長的生活中沒有祖輩陪伴。那年一百三十萬軍民隨蔣介石渡海南遷台灣，包括六十萬現役軍人，以及七十萬公務員和百姓。大多數是單身男性，少數是任職軍官和公務員的父母帶著未成年的子女來。能渡海到台灣來的祖輩很少，記得余光中老師的父親和余太太范我存的母親都來到台灣，而兩位長輩是靠自己的人脈關係。他們都有自己的社會地位，余老師的父親余超英先生在馬來西亞辦了多間華語學校，曾任福建永春縣縣長。范我存的母親孫靜華女士是蠶絲製作專家。

高雄左營我們各眷村的家庭成員，大都是父親服役於海軍，太太、孩子跟著來到台灣，有的就是一家搭坐父親服役任長官的軍艦逃難過來，祖輩都留守大陸家鄉。還有無數軍隊裡的軍士單身來台，他們在台灣娶妻生子，孩子長大期間都沒有見過祖父、祖母，更別說陪伴了。我卻是被祖母疼愛過，由出生到兩歲，整整疼愛了兩年。

1946年底於南京，右起父親、祖母、一歲半的我、母親、小叔。

這張祖母、父母親、小叔和我五個人的合家照，應該拍於南京，什麼時候拍的呢？如果我們細看父親鍾漢波海軍制服袖口上的軍徽，兩粗槓一細槓，為少校軍階，父親於一九四六年八月一日升少校，一九四七年三月六日坐船赴東京任中華民國大使館武官。所以這張合家照是我一歲半左右拍的。母親燙了勝利後又開伸展的流行髮式，左邊少年是我小叔鍾漢琪。祖母灰白的頭髮光潔地梳在耳後，著深色的緞面夾襖。六十歲的祖母鵝蛋臉，五官清麗，雙唇薄薄的，微翹如一葉舟，年輕時必是位美人。祖母雙手交叉，緊摟住我的肚子，護衛周全。我穿得那麼厚，應該是一九四六年底冬天。

祖母廖建鄉，廣東新會人，生了兩個兒子，大伯鍾漢威沒有出現在五人合照中，大伯他們一家三口那時也住在南京。說到小叔鍾漢琪，他卻不是祖母生的。祖父雖然是位基層的公務員，卻也娶了妾，我這位庶祖母是我曾祖母凌氏的婢女，我不是說曾祖母凌氏娘家家境富裕嗎？此一證也。庶祖母生了一兒一女，所以父親有異母的弟弟鍾漢琪和妹妹鍾寶珍。這位庶祖母卻在嫁祖父五年後，一九三八年初生病去世。一九四六年還都南京的五人合家照片為什麼會出現祖母的庶子鍾漢琪？這故事要由一九三七年日本全面侵華開始講。

一九三七年七月七日發生盧溝橋事變時，父親即將升黃埔海軍學校四年級，母親就要升中山大學附中高中三年級。七月二十九日北平、天津淪陷，八月開始三個月的淞滬會戰以及日本軍機轟炸南京，而在京滬上空我空軍戰機跟日本戰機激戰。九月上旬日本空軍大舉轟炸廣州時，父親已經開學了。黃埔海軍學校位於廣州市中部地區，珠江江心的長洲島西端，黃埔陸軍官校則位於長洲島北部。父親說：「日機轟炸廣州，往返均經黃埔上空，使我等同學不得不攜槍彈上山疏散。」他們跑了兩個星期的空襲警報，課都沒上。九月十五日，日機來轟炸停泊在黃埔海軍學校附近我海軍肇和艦，父親在山崗上親見：「日機落彈似乎未曾命中過肇和軍艦，而肇和軍艦的高射炮也打得滿天黑煙，使日機不敢俯衝轟炸……在山崗上亦覺震耳欲聾，同時亦感覺到空氣因爆炸而震盪。」（《四海同心話黃埔》，八十五頁）

一九三七年九月十五日日本軍機轟炸肇和艦當天晚上，黃埔海軍學校校長李慶文下令全校一百五十名師生連夜打包，上校船溯珠江撤退，學校西遷去廣東省鬱南縣的連灘鎮。一九三八年五月日本攻下了廈門、合肥、徐州。父親還在連灘讀四年級，黃埔海軍學校收初中畢業生，學制讀五年，畢業後為少尉軍官，所以他還要讀一年才畢業。一九三八年夏天，父親請假由連灘回廣州探望家人和女友范永貞，他到家的前三天我祖母已經跟著大伯鍾漢威和大嫂，帶著小叔鍾漢琪，一行四人隨國軍離開廣州，撤去廣西柳州，因為大伯任空軍飛機修護場少尉機械員，可以攜眷同行。小叔跟著走，我可以理解，在日軍隨時會攻打廣州的情況下，雖然他才四歲，保全家中男丁要緊，他生母已經過世，就跟著正室母親和他大哥鍾漢威撤走。至於祖母已經五十多歲，要知道，在一九三〇年代，五十歲就算歲數不小了，為什麼情願顛沛流離，離開她丈夫，依靠兒子，即我大伯，卻甚費解。當年十月十四日廣州淪陷時，我祖父跟小姑鍾寶珍留在廣州，母親那時已經在香港工作，暫時安全。

抗戰後期祖母隨大伯住在重慶南邊的土橋鎮，那時大伯軍階為上尉，任城塞局汽車大隊修理站的站長。祖母能夠帶著不是親生的庶子鍾漢琪，在大後方把他養大，可見祖母的大度和仁慈。因為母親懷我之前，曾流產過一次，為安全起見，父母商量好去請祖母照顧臨盆的母親。一九四五年二月底，我出生之前兩個月，身為教官的父親向位於昆明的空軍官校請假三星期去中央所在的重慶，好為他自己的未來職務和即將臨盆的妻子做安排。

父母坐軍機抵達重慶，下機先直奔土橋鎮去拜見我祖母。那是母親第一次拜見婆婆，她內心必然很篤定，因為自己懷了孩子，雖然不知是男是女，總算為鍾家立了功。但是挺著肚子的媳婦不只一位，原來大伯母也懷孕了。祖母看見兩個兒媳婦都挺著一樣大的大肚子，到底要照顧哪一個，想來也難以取捨。但是當父親找到南溫泉的別墅借住，房子寬大，風景優美，還有長工挑大家日用的井水、打掃內外、修剪樹木。祖母就帶著小叔，跟我父母一同搬進別墅。所以母親臨盆、坐月子都受到祖母的照料，我也由出生那天就被祖母抱在懷裡。

我常常聽父母說，祖母非常疼愛我，大伯母生的是男孩，祖母疼我遠勝於他，完全沒有重男輕女這回事。如果孫兒孫女都在眼前，她成天只抱我一個。祖母叫我堂哥「摩羅叉」，因為他皮膚黑黑的像印度人。她叫我「糯米糍」，因為白白嫩嫩的像糯米飯團。雖然我在醫院出生，但是祖母覺得好像是她接生的，自然特別疼愛我。祖母和小叔一直跟著我們住南溫泉別墅。國民政府國防部的軍官分批坐船去首都南京，父親為基層軍官，又攜眷同行，所以勝利後排班還都南京，足足排了半年，一九四六年初我們一家五口搬出別墅，住在重慶長江邊租的屋子候船。一九四六年三月坐輪船順長江而下，四月我們一家到南京下了船，入住南京市中心珠江路，聚東旅館的一個大房間，此旅館為政府徵收的眷舍。

根據父母親，我是個好帶的嬰兒，很少哭。當祖母有家務事要忙，就會把我放在床上，把一粒白米飯黏在我手肘外沿近臂彎處，我會非常努力用嘴巴去吃那粒米。等祖母半小時後回來，我還在努力吃那粒吃不到的米。說好聽我很有毅力，說難聽我欠靈敏，不會用另一隻手取米粒來吃。父親說有一次他單獨帶一歲多的我坐公共汽車去南京名勝出遊三小時。我乖乖地讓他抱著我，不嚷著要嬤嬤，不嚷著要媽媽，只張著骨碌碌的大眼睛，好奇地東張西望足足三小時！

一九四七年三月六日父親乘輪船去日本工作，父親在東京一申請到眷屬宿舍，我們母女就要赴日本，所以母親急著把她婆婆我祖母送回廣州，我想母親心中更急著探望五年沒見的父親范方甫和她的三個同母弟弟妹妹。在三月中旬母親帶著我，護送祖母、小叔、大伯、大伯母、堂哥摩羅叉坐輪船由南京回廣州。我還在故鄉廣州住了近一個月，住在祖父母家，想母親要照料對外大小事務，我一定都是祖母帶。我還跟著母親回她廣州娘家的大洋樓房。在廣州照的幾張照片應該都是母親回娘家跟親人或跟中山附中同學拍的合照。照片中的故鄉廣州，觸目是三、四層樓高的舊式大洋樓，或是郊外矮樹稀疏的珠江支流岸邊，詭異的灰色樓房城市、看不見一棵大樹的城市。之後母親帶我坐輪船，離開廣州回南京，自此便與祖母永遠別過。我才兩歲，完全不記得祖母，但是她在我重構的童年生活中很鮮活。

1947年四月祖母跟兩歲的我攝於廣州老家。

6‧在上海黃浦江的拖船上

這張我跟父母親在上海黃浦江上的照片是一九四七年七月六日拍攝的。我兩歲零兩個多月，手裡獻寶似地拿著美國Wrigley箭牌口香糖，那是父親由日本帶回來送我的小禮物。父母親的穿著非常正式，父親著白色海軍軍服，正式到穗帶、資歷章都配在軍服胸前。母親戴了珍珠項鍊和白色手套。一家三口站在上海黃埔江的一艘拖船上。盛裝的父母怎麼會在簡陋的拖船上？其實這次父親由日本公務到上海來，是負有歷史性的重要任務。

1947年七月和父母在黃浦江的拖船上。

幸虧父親的自傳《駐外武官的使命》中記錄了始末。原來父親負責帶領戰敗國日本賠償給中華民國的軍艦回上海。父親鍾漢波一九四七年三月赴東京，任大使館的海軍武官，他也是我國軍事代表團的成員，隨團參加美、英、中、蘇盟軍總部會議，會議的一件要務就是議定如何分配日本賠償的軍艦，我國分得三十四艘軍艦，為日本軍艦總數的四分之一。日本在二次大戰太平洋戰爭中被美國空軍海軍猛烈攻擊後，也還剩下一百三十六艘軍艦。父親六月就接到命令，七月一日他帶領第一批八艘日本賠償軍艦，由日本東京灣佐世保港口出發去上海黃浦江岸，以移交我國海軍。

想當年父親意氣風發。這次移交賠償軍艦的航行任務，由中美日三國各出一位軍官，共同督導執行，他們都坐在護送艦若鷹號上，包括身為海軍少校的父親，一位美國海軍上尉，還有一位日本海軍軍官。為什麼戰敗國的軍人會參加此任務的執行？因為這九艘軍艦都由日本海軍船員駕駛到上海，每艘艦二十多名日本船員。到交接儀式完畢，這三位三國的長官和兩百多名日本船員，就搭護送艦若鷹號回日本。

這次移交的八艘賠償軍艦包括三艘驅逐艦、五艘海防艦，在護送艦帶領下，於一九四七年七月三日下午到達上海，駛入黃浦江，在高昌廟、江南造船廠前八艘排開拋錨停泊。第二天上海《新聞報》報導：「該批軍艦經過外灘時，萬千市民皆駐足而觀，面上多帶愉快之笑容……各艦於入港前，均升起（我國）海軍第一基地司令部預定之編號旗，及麥帥總部規定懸掛之紅藍兩色之俘虜旗……（記者）登護送艦與美方代表蓋蘇上尉及我國領隊鍾漢波少校敘談。」（《駐外武官的使命》，八十七—八十八頁）想來抗戰八年，國民受盡苦難，損失慘重，觀看日本送來賠償的軍艦當然開心，一舒鬱悶之氣。

尤其是上海人感受一定很深。對那些一九四七年七月在黃浦江岸圍觀八艘日本賠償軍艦的上海人而言，他們會記起十年前一九三七年八月十三日開打的淞滬會戰，那是他們親身經歷的慘痛戰爭，淞滬會戰是抗戰第一場大型戰爭，中日雙方共投入一百二十萬兵力，足足打了三個月。戰事就在上海周圍和上海租借區以外的市區進行。生活在炮火、槍林彈雨中，市民多麼驚恐。淪陷後近八年他們要艱辛地當日本人的亡國奴，要委屈地當偽政府的順民，多麼鬱抑。親眼看見日本賠償的軍艦，自然大快人心。

1947年上海高昌廟碼頭旁的日本軍艦交接典禮，母親在前排（女士左三）。

那麼我母親參加日本軍艦交接典禮，坐在貴賓席第一排，有什麼感受呢？八年抗戰期間我們一家三口之中，父親和我都安然在後方，只有母親在淪陷區住過，甚至差一點陷入日本人的「魔掌」。父親在一九三八年十月廣州淪陷前，已經隨黃埔海軍學校撤退後方，海校畢業後一直在大後方工作。我則於抗戰尾聲出生在陪都重慶。母親在廣州淪陷前，已經去了香港，在馮強樹膠廠寫字樓任職員，此樹膠廠是南洋華僑馮強一九二五年在香港島東北岸筲箕灣創建的國際知名大工廠，以出產膠鞋為主，暢銷全亞洲。母親在馮強樹膠廠寫字樓工作三年，寫字樓可能位於港島的中環。粵語「寫字樓」指公司辦公室。

日軍於一九四一年十二月七日偷襲珍珠港，幾小時後進攻香港。十二月八日早上，母親大概像張愛玲〈傾城之戀〉裡住在香港島的白流蘇那樣，被炮聲驚嚇了：「炮聲響了，一炮一炮之間，冬晨的銀霧漸漸散開，山巔、山窪子裡，全島上的居民都向海面上望去，說『開仗了，開仗了。』……屋頂上架著高射炮，流彈不停的飛過來……那一聲聲的『吱呦呃呃呃呃……』撕裂了空氣，撕毀了神經。」（《傾城之戀——張愛玲短篇小說集之一》，皇冠，一九九六，二三三頁）英軍只打了十七天仗，在聖誕節那天投降。我想打仗那十七天，母親一定沒有出門，躲在住處考慮未來何去何從？

在一九四一年底，日本只占領廣州和珠江三角洲一帶，還有部分西江流域，但是廣東的山區並沒有淪陷。我外祖父范方甫和家人已經回到老家大埔縣城避難，大埔位於還在國軍控制下的廣東東北部山區，所以母親計畫離開香港回家鄉。淪陷後幾天，她在香港島出門辦事，拐過一個街角，迎面來幾個日本軍人，他們站定望望她，為首的揮手示意她過去，母親再一看，軍人身後有一列八、九個年輕女子，雙手被一根長麻繩一串綁著。一個日本兵用那根繩子尾端綁住母親雙手，她排最後一位。走的是去日本軍營的方向，母親心底知道被帶去就完了。那時路邊店面前都有無蓋的陽溝，日本軍人押著十個愁眉苦臉的中國女子，沿著陽溝走，母親靈機一動，故意用力摔倒進水溝裡，她穿的是長裙，膝蓋和小腿都刮傷流血，長裙還沾了一大片溝裡惡臭的汙水。日本兵對她的興致被打消，把她放了。母親發揮了她的果敢和機智。其他女子的下落呢？可憐啊！

現在我們回頭看一九四七年七月在黃埔江邊的日本賠償軍艦的交接典禮。母親和我與有榮焉，海軍總司令部安排我們由南京坐火車來上海，住入海軍聯誼社招待所。日本軍艦的交接典禮在高昌廟廣場舉行，因為場地不大，只有政府來賓、海軍官兵和軍樂隊出席，一般民眾站在圍欄外的江邊，多達數千人。母親和我則有榮幸坐在來賓席上，母親還坐在第一排，因為她是我國償還艦隊領隊軍官的夫人，照片中她很容易辨識，只有她戴著白色手套。我應該在第三排貴賓子女小童座，因為才兩歲多，太矮小，給擋在大人身後。我後面白晃晃一大片都是穿海軍制服的眾官兵，廣場最後面盡頭就是碼頭區，照片中看得見停泊的兩艘日本賠償軍艦。

典禮由我海軍上海基地司令方瑩少將主持，照片中看得見方司令簽署交接證書的時候，父親在他旁邊觀禮。之後在廣場邊的黃浦江碼頭上，八艘軍艦同時降下俘虜旗和日本國旗，日本船員下船。接著我海軍官兵登艦，青天白日滿地紅國旗在軍艦主桅和船尾杆上升起，廣場上揚起海軍軍樂隊奏的國歌。我想這是動人心弦的時刻，可惜我才兩歲多，參與歷史性的重要時刻，卻不懂得感受，甚至連記憶都沒有。幸虧留下了照片和父親的文字記載。母親應該感受心底突然湧出的激盪，五年多前在香港島面臨生死關頭的戰慄，跳下陽溝前的壓頂恐懼，對強暴、死亡、淫穢的恐懼，這股黑色的恐懼暗流湧上心頭滾動剎那，因為此刻的光明榮耀，又再潛入她意識的底層。

1947年七月六日舉行日本賠償軍艦交接典禮，方瑩司令簽證書，左一為鍾漢波少校，左二為蓋蘇上尉。

父親這次接艦，入國門不到七十二小時。他應該在七月三日黃昏時分抵上海上岸，七月六日上午舉辦交接典禮，當日傍晚就回航日本。那時父親離開南京去日本任職已經四個月了，四個月中辦了不少重要外交任務。這次返國一家三口相聚的時間何其短。中間兩天，七月四日和五日，父親除了接洽公務、跟駐上海的黃埔海軍學校同學聚會，其他時間就帶著我們母女遊上海。

父親在黃浦江上乘拖船去登若鷹號軍艦，我們母女隨行相送，這張一家三口在拖船上的照片就是那時拍的。父母盛裝打扮，是因為當天上午參加隆重的典禮。之後拖船駛到若鷹號船舷下，父親攀軟梯登艦，母女則坐拖船回岸上。為什麼我們母女還要等四個月才赴日本呢？因為盟軍總部的美、英、中、蘇各國外交官同一時間抵達東京，眷舍不夠分配。父親終於在一九四七年十月申請到外交官眷舍，我們母女跟父親分居中日兩地八個月後，才在十一月坐船抵日本跟父親在東京定居。

第二輯　由幸運的扶桑童年說起

7・身為海軍的女兒

我兩、三歲就三次乘巨船，遨遊四海，先是一九四七年三月由上海乘客輪到廣州，回我的故鄉廣州市城南的番禺。弟弟說這艘客輪中途還停泊過台灣高雄港，所以我兩歲就來過六歲以後定居的高雄；同年四月又乘客輪由廣州回上海，再坐火車回南京的眷舍。那年十一月，母親帶著我乘一艘美國軍差船由上海抵達橫須賀，到日本定居。什麼叫軍差船呢？我弟弟考證出來，他由那天拍的一系列照片判斷，包括船上的設備、救生圈上印的字，這是一艘美國海軍徵用的商船，運客用。父親則跟一位朋友由東京開車南下，上船來接我們母女。

你看，照片中兩歲七個月大的我，在船上曲一腿而立，像不像經驗老到的神氣水手？這是我剛剛抵達日本那天，站在橫須賀軍港那艘美國軍差船上，父親拍攝的。是，我是海軍的女兒。父親任職中華民國海軍，我六歲起住高雄內惟的海軍眷村，畢業於海軍子弟小學。我有一個天生能耐足以擔當「海軍的女兒」這個稱呼：不暈船。一九六三年東海大學大一升大二，九月初大學的谷音話劇社到澎湖勞軍，演出話劇《父母親大人》，

1947年底兩歲半，一副老水手的樣子。

我們由左營港出發，坐三一三號軍艦到澎湖。海上風大，巨浪左右搖晃著軍艦，全話劇團的人都暈船、嘔吐。只有我沒事，連噁心的感覺也沒有。

但是我對於大海和軍艦，一向沒有興趣，這跟童年經驗有關。三歲時，父母帶我去東京灣的海灘玩。記得初次面對浩瀚大海，面對蠻荒大自然，我的感覺是恐懼。尤其是父親要我以大海為背景拍獨照，那是個寒冷的大風天，一個人站在張牙舞爪的鐵灰大海前，害怕到要哭了。這經驗沉入潛意識層，所以一生難生嚮往大海之心。可見童年經驗真的會影響人一生。相反的，我愛上大山。應該是對中國古典詩歌和山水畫裡的高山和雲霧著迷。我的小說〈山之盟〉中，女主角花雲嬰兒時，她母親常抱著她觀看掛在家裡廚房旁邊牆上北宋郭熙〈早春圖〉的複製品：「雲裡霧裡，高峰之外還有高峰，以嬰兒的好奇和吸收力，她已經能感受到那些老樹的槎椏、層層瀑布的水勢……母女二人一同觀賞早春水氣瀰漫的山景，觀賞宇宙的再生。」（《深山一口井》，九歌，二〇一九，一〇八頁）這當然是我虛構的，不是我嬰兒時的親身經驗。多年來一直在思索是什麼時刻開始愛上高山？小說〈山之盟〉呈現了對這個問題的反思。

生活在父權社會中，當然男女有別，各有派定的角色。從我一歲多起，父母給我的玩具大都是洋娃娃，自然對軍艦無從產生興趣。弟弟就不一樣了，對軍艦自幼嚮往。父親在一九五二年六月到一九五三年年底任太湖艦副艦長；一九五三年年底到一九五五年年初，任永定艦艦長。弟弟童年時期，兩歲到五歲多，不少次登上泊在左營軍港的太湖艦、永定艦，他大概把軍艦和父親畫上等號，自然會愛上軍艦。

而且軍艦是弟弟的大玩具。我家眷舍前有一條類似溪道的大水溝，疏導壽山上的雨水，每逢颼風下大雨，溝中水漲，滔滔洶湧，弟弟八歲開始，就用木頭自製軍艦在水溝啟航。他有點石成金的能耐：「將眷舍內剩餘的木板鋸下來當船體，竹筷子當桅桿，大頭釘插在橡皮擦上當射控雷達，火柴盒當駕駛台，全都黏好了我就擁有了護航艦。」（鍾堅，《驚濤駭浪中備戰航行：海軍艦艇誌》，麥田，二〇〇三，一二八頁）讀初中時，對他而言最賞心悅目的事，就是騎單車到左營港看軍艦。他對軍艦和大海的熱愛終生不渝。

我反思作為軍人子女對我的個性會起什麼影響，我們成長在軍人家庭、參加軍區的活動，自然視戰爭為必然、視紀律為必然、視父親在前線作戰為必然，戰鬥為生活一部分。例如一九五二到一九五五年，父親大部分時間不在家，讀小學的我就了解他是在海上或打戰、或巡弋，保衛國家，理所當然。我們眷村的孩子進入社會後，行事有奮勇向前的風格，對上司的態度是服從自持。看似溫和內向的我，其實戰鬥力強，一件突發的事件令我認識自己的軍人血液，就是一九七五年我三十歲在美國大學任教時的「中國研究學士課程保衛戰」。

一九七二年我獲得威士康辛大學比較文學博士，到紐約州立大學艾伯尼校區的比較文學系任助理教授。除了在系上授課，還在語言中心教中文。學校賦予我另外一個使命，創設中國研究學士課程（Chinese Studies BA Program）。那時大陸的文化大革命尚未結束，美國超前部署，甚至州立大學也謀奪先機。我聯合本校分散在各系、其授課與中國研究相關的教授，包括歷史系的Larry Fields、哲學系的Robert Garvin、經濟系的陳觀一、社會系的林南，林南教授後來成為中央研究院院士，還有在語言中心教中文的兩位老師：作家於梨華和張惠。加上我，組成七人團隊，寫計畫書，蒙學校通過成立「中國研究學士課程」。我到職的第二年秋兼任中國研究學士課程主任，開始招收主修學生。

到一九七五年暮秋，辦了兩年的中國研究學士課程風生水起，已經有二十個主修學生，他們大半是白種人，小半是原先中文一個字也不識的華裔美國青年。我們開外系學生也可以上的選修課程，如中國文學（用英文翻譯本授課）、中國歷史，每年各有一百個學生選修。忽然我收到學校公文，說因為州政府削減預算，將裁撤規模小的、學生人數少的系和學士課程，裁撤名單內有中國研究學士課程。記得收到文件那天我正患感冒，流鼻涕，咳嗽。我想也沒想就知道該怎麼做。

第一步，給發文單位撥了個電話，說我要向負責裁撤的單位陳情，那是校董事會代表、校長、紐約州政府官員代表等組成的州立大學規畫委員會，會見約在第三天。第二步，跟二十名主修學生開會，學生一致通過陪我去陳情。第三步，跟另外七位此課程的教授和老師開會，除了上述的六位，一九七五年九月剛聘了一位研究中國語文的語言學家Ronald Walton。我擬定陳情書內容，那天早上沒課的老師會一起去陳情。二十四小時內部署完畢。

第三天師生一行二十多人浩浩蕩蕩進入紐約州首府艾伯尼城的州政府大樓一間會議室，有三位州立大學規畫委員會的代表聆聽我們的陳情。我報告說：未來中國國際地位會更加重要，中國

1974年紐約州立大學的新春晚會，我指導主修中文的學生改編《西廂記》，中文演出，笑果十足，謝幕照。

研究是全美國一流大學都正在增建中的課程，何以我校反而裁撤？說我們辦得欣欣向榮，受學生歡迎，有統計數字為據，為何裁撤？說這是跨科系整合、全校經費最省的學位課程，每年經費只若干，為何裁撤？陳情完回程時，渾然不覺什麼時候感冒已痊癒。陳情後第三天就收到公文告知我們課程不在裁撤之列。你看，我當機立斷、謀略周詳、領軍有方、攻城掠地，是不是有軍人的血液？

8・任外交官的父親洗刷國恥

父親鍾漢波索回日本政府在東京上野公園當戰利品展示的鎮遠號、靖遠號軍艦鐵錨，是他一生的驕傲，作為女兒當然要好好描寫這段事蹟。幸虧父親在自傳《駐外武官的使命》留下紀錄，才有依有據。這是七十多年前我兩歲時發生的事。

一九四七年父親三十歲，在南京的國防部第二廳第四處任職。二月奉派出任中華民國駐日代表團海軍少校參謀，並任大使館武官。駐日代表團的責任是跟美、英、蘇三國共同處理日本投降的後續事宜。三月三日，即他坐船出發去日本之前三天，海軍總司令桂永清派車接他去總部。

駐日大使館武官鍾漢波少校。

桂總司令對他說：「甲午戰後，鎮遠艦被日本擄去，鎮遠、靖遠兩艦艦錨、錨鏈和炮彈被陳列在日本東京的上野公園，是我國國恥。」桂總下令父親抵達日本後，立刻進行索還艦錨的任務。洗刷海軍之恥，父親責無旁貸，心中必然充滿義憤，一口答應了。

我們先瞭解這兩艘軍艦血淚斑斑的歷史。自一八四二年的鴉片戰爭戰敗後，清廷積極建設海軍，即北洋水師。一八八〇年代水師擁有二十五艘軍艦，算是海軍軍艦實力強的國家，國際上名列第四。鎮遠艦為德國建造，一八八五年加入北洋水師服役，是主力艦；靖遠艦英國建造，一八八七年服役。鎮遠艦在一八九四年九月十七日甲午戰爭的黃海初戰中曾經揚威，發炮擊中日本旗艦松島，重創之。但是鎮遠艦時運不濟，甲午之戰打得如火如荼之際，一八九四年十一月十四日在進旅順港時不慎觸礁受創，不幸旅順船塢已被日軍攻占，故無處修理，不可能出海作戰，艦長林泰曾第二天引咎自盡，算有責任感，慘烈地以命抵罪。日本在一八九五年二月把鎮遠艦擄走，編入日本艦隊，到一九一二年退役解體。

甲午戰爭最後一役，日軍已經占領旅順和威海衛，水陸夾擊北洋水師剩餘的軍艦，一八九五年二月九日水師提督丁汝昌（一八三六—一八九五）由沉毀的定遠艦移師到靖遠艦，以之為旗艦繼續作戰，擊傷了兩艘日本軍艦，靖遠艦則中彈受重創，丁汝昌下令炸沉它，以免資敵。船沉時他欲與艦同沉，被部下死命救上小船。在劉公島上作戰三天後，二月十二日丁汝昌在劉公島上拒絕日軍的招降，吞鴉片自殺殉國。敗軍之將亦可言勇也！

至此北洋水師近三十艘軍艦全軍覆沒，清朝認為戰敗之因是丁汝昌指揮不當，光緒皇帝下旨沒收其家產，給丁汝昌遺體穿上黑色囚衣，棺材漆成黑色，外加三道銅箍捆綁，昭示棺主有罪，用磚把棺材封在其原籍村頭，不許埋葬，對以前的中國人而言此為極大的懲罰和羞辱。日本人對丁汝昌卻很尊敬，甲午海戰時，其他北洋水師官員大多不戰而逃，丁汝昌每一場海上戰役都親自指揮作戰，最後三天也指揮死守劉公島，最後的自殺完全符合他們日本傳統的武士道精神，日本聯合艦隊司令長伊東佑亨用商船將丁汝昌遺體送回中國，以示尊敬。

固然甲午戰敗跟丁汝昌指揮不當有關係，但是戰敗卻有許多其他因素。丁汝昌根本非水師科班出身，是李鴻章提拔這位陸戰戰功彪炳的將領去建立北洋水師，他缺乏基本訓練，如何指揮海上作戰？丁汝昌在一八八〇年代中期建立北洋水師，到一八九一年他奏請清廷添購軍艦，不獲准許，清廷卻同時花巨額為慈禧太后修頤和園。到一八九四年開戰時，中方的軍艦整體老舊，艦齡十多二十年，噸位和火炮數量均不如積極增建海軍的日方，而且缺少速射炮，戰力已經落後日本許多。清廷到一九一〇年才平反丁汝昌，在他殉國十七年後，一九一二年終於入土為安。

日軍應該是撈起劉公島近海沉水底的靖遠艦艦錨，擄回日本，等到一九一二年鎮遠艦除役解體以後，一九一五年把鎮遠、靖遠兩艦的艦錨、錨鏈等放在東京的上野公園展示，那是因為鎮遠艦乃主力艦，而靖遠艦曾是水師提督丁汝昌的旗艦，作為日本帝國的戰利品，特別威風。要等三十二年後一九四七年，父親才令它們免於公開羞辱，接送回故土。

甲午戰敗後兩個月一八九五年四月十七日，李鴻章代表清廷簽定馬關條約，割讓台灣，台灣成為日本的殖民地，牽累台灣人民受日本統治五十年。其實清廷積弱已久，由一八四〇年鴉片戰爭開始，西方列強加上俄國、日本，多次興兵擊敗清軍，列強遂蠶食、瓜分中國，大片國土淪為次殖民地。到二十世紀日本更想獨吞全中國為其殖民地，所以發動侵華戰爭，我一半國土陷在腥風血雨中。中華民族受外族入侵的苦難，到一九四五年抗戰勝利才結束，我們一百零五年的巨大屈辱才告終止。父親屬於少數揚眉吐氣，乘勝追擊侵略者的人。

一九四七年三月九日父親抵東京入住中華民國代表團宿舍。八年抗戰下來，中國人多麼鬱卒、面對破碎的家園和面對國共內戰，多麼艱困，只有少數人像父親，代表戰勝國，向日本人追討欠債。第二天他到代表團軍事組報到，見組長王丕承少將時，請教索回鎮遠、靖遠兩艦鐵錨事宜。王少將說最近已有兩批人去索取過，卻都失敗了，盟軍總部駁回此案不受理，這兩批人包括代表團第三組經濟組，和海軍總司令部一位中校特使。父親迎頭給潑了冷水。代表團軍事組共十八人，但海軍軍官只有兩位，鍾少校和劉上尉，父親只有靠自己了。父親有沒有去上野公園察看鎮遠、靖遠兩艦艦錨呢？去了也不會寫下來，對身為海軍的他來說，太屈辱、太傷感了。

父親的分析力強，他先去瞭解索取失敗的原因，再尋找致勝的有利條件。中華民國是戰勝國，但不能直接跟日本政府索賠，因為盟軍總部規定各盟國凡涉及日本的問題，一定要透過盟總辦理。其實盟總的主導者就是美國。父親瞭解前人失敗的原因是盟總這項規定：向日本索賠之物，限於大戰期間為日軍搶掠的資產；盟總認為鐵錨是日本十九世紀搶掠的，故不在索回之列。父親又去請教代表團的顧問龍佐良和第一組學法律的魏先生，瞭解到盟總的宗旨是徹底剷除日本的軍國主義，包括銷毀武器為廢鐵、禁止日本成軍、防範其軍國思想復蘇。

於是父親找到理據了。他擬定自己的英文說辭，三月二十八日約見盟總第二組組長柏斯上校。柏斯一聽父親開口談索錨，面現不悅，直接說礙於規定不能受理。父親跟他慢慢講道理，說索回艦錨案符合盟軍的大政策，鎮遠、靖遠兩艦艦錨在公園展覽會煽動日本人的軍國主義，歸還中國有助於掃除軍國思想。柏斯聽得興起，約父親下週再來談。等父親第二次赴約，此案已經批准，辦公室值日官交給父親批文副本，上面注明歸還中華民國的物件，並將於五月一日在東京芝浦碼頭舉行交還簽字儀式。父親在抵達東京一個月內完成桂總司令交付的索錨使命。四月底父親還去上野公園察看，艦錨等物都已移走，地也整平，心頭大石才放下來。

我真拜服父親直中要害的分析能力、謀定而後動的沉穩風格。還有，不知道什麼時候他把英文練到可以說服美國人的程度。父親讀黃埔海軍學校時，所有科目都用英文原文教科書，所以英文閱讀能力好；父親讀中山大學附屬中學的師資優秀，應該是那時打下英文口語基礎。最重要的是，父親必然事先擬定詳盡的英文講稿，預先練習過。

一九四七年五月一日早上在東京市港區的芝浦碼頭舉行交接儀式，參加者有中國代表團軍事組的父親鍾漢波少校和劉上尉，經濟組劉豫生來作見證，美國海軍米勒第上尉代表盟軍總部，另有幾位美軍軍官和日本政府代表。父親簽收時必然滿懷激動，中華民族一百多年的艱辛在心中波濤起伏，他也必然感謝上蒼能完成使命。歸還的物件包括鎮遠、靖遠艦錨各一個、錨鏈二十尋、炮彈彈頭十顆。他安排兩錨於一九四七年十月由我國輪船隆順號運上海，再轉運到青島海軍官校校園陳列。雖然父親在二〇〇二年離開人世，在天之靈必然掛念鎮遠、靖遠艦錨的下落。我上網查覓，得知一九五九年起鎮遠艦錨平鋪陳列在北京的軍事博物館內，錨重四噸，長四．一五公尺。是大家參觀的熱點。一九四九年青島海軍官校已經遷到台灣左營，靖遠艦錨不知在何處。

1947年五月一日在東京芝浦碼頭艦錨交接簽字儀式後，鍾漢波立於錨後。

9・為什麼那麼多童年相片？

我的童年照片數量很多，如果是二〇一〇年代的小孩，完全不足為奇，他的父母親會用手機為孩子大量拍照，留下童年的快樂時光。但我那些照片攝於一九四七到一九五〇年，對，就是超過七十年前兵荒馬亂的時代，中共軍隊攻占大陸，烽煙遍地，國民政府軍民撤退台灣，能夠逃出一條命已經不容易了，哪有閒暇替小朋友拍照？就是有童年照也不會隨身攜帶，逃命的時候大多帶金飾、金條、珠寶或美鈔。我們一家何其幸運，那三年安然住在日本東京。我父母天天擔心內地的時局和戰事、擔心他們在廣東家人的安危，我一個三、四歲小孩，根本不知憂愁為何物。

我們家能留下那麼多照片到今天，還有另外幾個理由，父親在一九四七年三月赴東京擔任大使館武官後，發展出攝影嗜好，又買到新型的日本相機來實現夢想。一九四七年年底母親和我坐船抵達日本後，開始當起父親拍照的模特兒。我們母女坐美國軍差船抵達橫須賀港，父親跟朋友由東京開車來接，在軍差船上我們一家三口就足足拍了一捲三十六張照片的菲林。另一個理由是我弟弟是科學家，有整理建檔的習慣，二十世紀末他把我們一家四口的舊照片全部建電子檔，那時照片已歷經四十多年的時光，損毀還不算太大。所以現在我可以用算是清晰的、七十年前的老照片做切入點，來寫故事。

身為軍人和外交官的父親，為什麼會迷上攝影呢？這跟父親精確的數學頭腦和工程天分有關。一定是相機這種精密儀器大大吸引了他，早期用膠捲的手動相機，當然還沒有自動測光儀器，需要先目測光度，自己再設定光圈和秒數，這正合父親的心意。每拍一張照片，都可以樂在其中地計算什麼是最適合的光圈和秒數。我檢視眾多的童年照片，才發現父親真的有藝術天分，框架和結構完整，更特別善於捕捉光影的效果。

像是有一張一家三口站在大窗前的合照，都穿著大衣，顯然是寒意陣陣的冬天，大窗外面射入斜光投下黑影，襯托出母親優雅的側面和父親帥氣的臉，父母都望著童稚的我，背景的黑色與溫暖的親情形成對比，照片表面許多發霉的灰點掩不住父親對光影的匠心獨運。那張母親站在櫻花樹下的照片，凸顯了她旗袍上的花影，有如幾筆淡淡的水墨畫。一九四八年父親還為四歲的我在東京花道展上拍了一張照片，他採用的拍攝角度，令那盤插花猶如我背上長出來的花葉翅膀。很多張精彩的藝術照。

父親明明是照片中人，他又沒有分身術，那張窗下

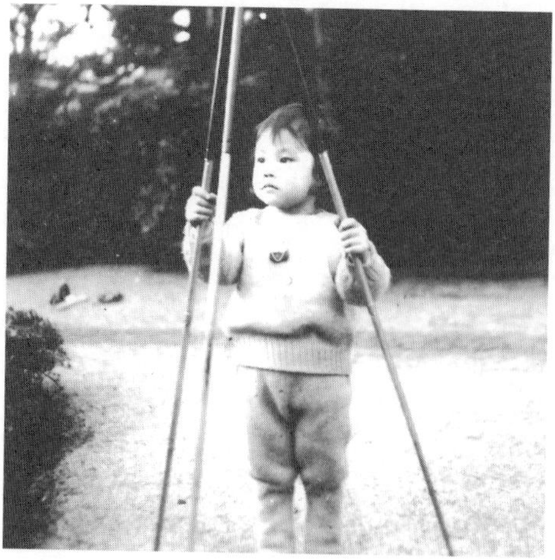

1948年初在日本公園攝於父親的三腳架下。

1948父親拍母親在東京櫻花樹下。

的三人全家福怎麼是他拍的？難道七十年前的相機已有自動啟動快門的功能？也就是拍攝者按下具有自動功能的快門後，過多少秒鐘快門才開關。童年照片中有一系列父親、母親和我，晚上在臥室的大床上，穿著睡衣，蓋著大棉被的單人照、雙人照、三人照，不同的組合、擺不同的姿勢，有望著鏡頭的，有三人仰望床頭燈的。可以肯定父親用了自動拍攝功能的相機，我記得那是個扁形小相機，不是箱型相機，因為後來帶來台灣我常常使用。

二〇二一年二月老朋友楊國銘揭開了謎底，他是古董相機收藏家。他說一九四七年已經有自拍器，是一種附屬器材。在相機上有一個螺絲孔，可以把這個自拍器的線路連接上，用這自拍器來延遲開快門的時刻。所以七十多年前父親應該先把相機固定在三腳架上，開啟附屬自拍器，然後走回母女身邊的位置，一面指揮我們的姿勢和表情，三人凝神地等待那一聲咔嚓。

我在網上查到，日本Canon公司一九四七年的產品Canon S-II在全球的美國軍中販賣部（Post Exchange）銷售，供美國官兵購買。在日本的中華民國外交使團成員也可以到美國軍中販賣部購物，因為同屬同盟國、戰勝國，所以有此優惠。父母就在這家店買到物美價廉的電器、日用品、我的娃娃玩具、英文兒童故事書、漫畫書。父親應該也在此店買到他鍾愛的相機Canon S-II。一九五一年我們回台灣以後，父親全神專注於海軍的公務，又上船任副艦長、艦長，無暇發展他的攝影才華。接著那十年這架相機為我家發揮記錄的功能。我小學時期，它為家人和親友造像、為家庭出遊留下歡樂時光、還留下我們姐弟在學校活動中的身影。我中學時期這相機變成我的專屬品，拍下許多高雄女中同學同樂的照片。真的，不是這架相機，就沒有這麼多照片留下來，也沒有我這本相片自述書了。

我有那麼一點圖像藝術的細胞，你看我小說裡描寫的畫面，形象清晰、顏色分明，這是在我的極短篇小說〈山中出事以後〉中描寫的山景：「香港島其實是大海海面上突起的一座大山峰，又散成無數個小山峰。馮月站在一個高高的小山峰上俯瞰，夕陽把十幾個山頭染上淡金。這應該就是金碧色……」（《深山一口井》，二十三頁）這一段呈現的畫面是否鮮明？一九八〇年代我還跟范我存一同拜風景攝影專家王慶華為師，學習攝影。這三年我常在臉書上發表我的風景攝影，也獲得一些讚許，二〇二一年六月十五日我貼上臉書一張嘉義縣梅山鄉山上拍的重山谿谷照，曾任香港商務印書館總編輯的作家張倩儀回應這張照片說：「這一張實在好。有一種看似不特別的特別美，如詩，絢麗而又能淡雅。」

原來我的圖像藝術細胞遺傳自父親。我兩歲半到五歲半在日本三年的照片，足足貼滿一本相簿，有一百八十多張照片，其中百分之八十是我的獨照，可見父親對我的寵愛。原來這些照片就是父親遺傳給我的豐厚財富。有這些照片和他三本自傳作為我書寫往事的後盾，心理上才踏實。如果父親有知，我晚年的寫作這麼依賴他，應該感到欣慰。

10・親切的動物

好像我從小就具有跟動物交朋友的能力，尤其是跟狗。你會說跟狗玩還不容易嗎？其實怕狗的人很多，他們多半是童年時被狗追趕過，甚至咬傷，所以不是每個人都敢跟狗來往。我有兩個要好的女性朋友都怕狗。范我存堅強而有主見，因為小時候被狗追過，見到狗就躲，不過我在一九九〇年代養的斑點狗深通人意，范我存勉強跟牠交了朋友。另一位山友李孟娟樂觀外向，幾年前被猛犬咬過，心有餘悸，現在學習跟小型狗溝通，以治好自己的恐狗症。

照相簿裡有一張我三歲的照片，騎在一隻巨大的、混有狼犬血統的雜種狗身上，我開心地微笑，大狗看來不嫌我重，老神在在。你不要替那隻大狗擔心，如果牠覺得重、覺得被欺負，就會把人甩下來。牠不會甩我，因為我們交情深厚。另外一張四歲拍的照片中，那隻大狗老友、小朋友和我三個一字排開，你有沒有注意到，大狗正關注地望著穿白色衣裙的我。父母常帶我去日本東京住家附近的一座公園玩，照片是父親拍的，狗是公園管理處養的。在公園我最親的玩伴就是這隻大狗，而不是公園裡常見的華人小朋友。在我的極短篇小說〈傷害〉（《深山一口井》，二二三—二二六頁）裡，那位知己狗狗角色的原型，就是這隻東京的大狗玩伴。狗比人重情意，你對牠的愛意，牠感覺得到，一旦接受你，付出的會遠比你多，我和東京的大狗玩伴就有這種交情。

在〈傷害〉中，我把這隻大狗描繪得威風凜凜：「在他們三個小孩眼中，這隻狼狗是龐然巨獸，他們只敢伸出手指碰碰牠背上棕色的毛。」但是牠一嗅到小女孩紅紅的味道，就拋下三個男孩跑到公園門口去接紅紅，人狗的互動親密：「紅紅……摟住狗的脖子」；牠則親吻她：「狗伸出舌頭，她立即伸出臉頰給狗舔，因為媽媽說過，嘴不可以給狗舔，不衛生的。」跟這隻日本公園大狗的親密關係一甲子以後化為創作的泉源。我母親真的教過我，三、四歲的我，不可以給狗舔嘴巴，這個教誨我一直遵守到現在。一九七〇年代在美國，養過一隻狼犬和雪橇狗的混種，一九八八到二〇〇〇年養過一隻純種的大麥町斑點狗，我都不給牠們舔嘴，舔其他地方可以。

在兒童的知覺世界，現實與夢境的界限、人與魂魄的界限，是模糊的。小說〈傷害〉裡，紅紅出入都是由父母帶，即使很想念狼犬，也沒法去公園找牠，牠就進入她的夢來相會：「忽然大狼狗由窗戶跳進來，舔舔她的臉說：『明天你來看我，我有好東西給你看。』」這

1948三歲在日本的公園騎在一隻巨大的大狗身上。

大狗正關注地望著穿白衣裙的我。

小說的情節有兩條線，一是人狗情，二是綳緊的父母關係，姑且此處不論第二條線。五天後父母帶紅紅去公園，紅紅找到狼犬：「狗側身躺著，一共有六隻肉乎乎、毛絨絨的可愛小狗正在吸奶。」原來狼狗要獻給紅紅看的寶，是牠剛生下的寶寶。狼狗生育這部分是小說的虛構。

我們人有思想、有感受，那狗有嗎？當然有。狗有些思想、有些感受一定是人類所不及的，不能測度的。我有一篇小說〈遇狗記〉（《深山一口井》，一三一—一三四頁），就試著寫一隻拉不拉多犬的感受和思想。拉不拉多犬智商高，天性溫和，對人的注意力和反應力都很強。樂樂的初中同學吉兒的家裡就養了一隻黑色的拉不拉多，叫米米。樂樂被狗咬過，一進吉兒家的門就膽戰心驚。米米一見樂樂就感受到樂樂很怕狗類，牠思考：「不要嚇到她，一定有辦法讓她不再怕狗類。」

吉兒和樂樂交談的時候，米米只動也不動，頭伏在小女主人的腳上，雙眼默默地、溫和地望著樂樂，以減輕她的恐懼。等到樂樂隨吉兒上二樓時，米米找到解除樂樂恐懼的機會了，樂樂因為怕狗緊張到摔倒那一剎那，牠竄到她大腿下面承接她的身體：「樂樂踢到台階，身子往前撲倒，雙手撐住平台的地板，感到大腿……落在軟墊一樣的東西上，一點也不痛。她忽然意識到竄到她大腿下的是黑狗米米。是牠要救她嗎？」你說狗那麼聰明？竟會行醫？解除人的心理恐懼症？我認為不只如此。我那隻斑點狗本來就聰明，加上有聰明主人的調教，自然計智百出。

一九九一年我在高雄中山大學任教，帶著弟弟、弟媳、兩個姪兒、斑點狗，到余光中老師家過中秋節，余府位於柴山山腰大學教授樓的四樓。大家到五樓之上的天台看月亮，我提議玩捉迷藏，被蒙住雙眼的就是斑點狗！我把參加玩遊戲的余幼珊、余季珊、弟弟、弟媳、兩個姪兒叫到斑點狗前，我對狗說：「聞清楚他們的味道，等一下你去找出他們。」

我用雙手蒙住斑點狗的雙眼，由一數到十，六個人分別躲藏到天台的凹凸角落。我放開手，斑點狗箭一樣衝出去，兩分鐘內把六個人一一找出來。而這個遊戲牠才第一次玩。你真意測不到狗會聰明到什麼程度！

至於我為什麼會抱住一隻鵝照相呢？讀小學四年級的時候，住在高雄內惟的眷村，房子前後有很大的院落，母親養了一窩雞，生生不息，小雞生了好幾代。火雞也養過，叫聲一串串地像唱英文歌。我家還養過鵝，為什麼？第一、因為鵝屎防蛇，鵝屎的氣味強烈會驅走蛇類，而我們家位於壽山山腳，常有蛇、蜈蚣到院子裡逛蕩。第二、因為鵝會看家，牠會張翅驅逐陌生人，會咬小孩的屁股、咬大人的大腿。我家這隻鵝凶得很，母親、我和弟弟別說撫摸牠，碰牠都不可以，牠會作啄人狀。三個人決定由我抓牠拍照，我先用左手扣住牠的長喙，右手再緊抱牠的身子，成功了！我把家裡最狠的一員制服了。於是三個人大笑。

除了騎狗，我還騎馬。東海大學四年級上學期，美國新聞處選拔我為台灣的學生代表，參加美國國務院辦的「多地區學生領袖教育旅行計畫」，旅美四十五日。其中一個環節在一九六五年十一月安排我到美國南部亞利桑那州鳳凰城外一座牧牛農莊住三天，第二天男女主人MacMahon先生夫人，加上讀小

1954年母親、弟弟大笑，因為我把凶巴巴的家鵝抱住照相，左手抱牠身子，右手抓牠腳。

學的兒子和女兒，帶我騎馬參觀農場。那真是一匹高頭大馬，我拍拍牠的臉，他們把我扶上馬，我們五人騎五匹大馬小跑步，巡視農場騎了四十分鐘！這是生平第一次騎馬。下了馬我一雙大腿痠痛了三天。然而不是每個人都敢騎馬，何況是農場的大馬。馬也不那麼容易聽一個陌生人的指揮。可見動物以親切回報我的親切。

我是三歲就開始參觀動物園，一九四八年遊東京動物園，十一歲讀台北大龍峒小學時遊圓山動物園，在美國初任教職時，參觀過以再創棲息地著名的美國聖地牙哥動物園，但都只是好奇地走走，跟動物園裡面的動物完全沒有交流，唯一留下的印象是，牠們眼中流露囚禁者的失神和無奈、被人類眼睛長久圍觀下的漠然。

帶給我驚喜的是一九八五年的高雄市動物園，那時正在興建壽山上的動物園，所以原有的小小動物園位於西子灣海邊，就在中山大學校園內，常常一早進外文研究所自己的研究室，耳邊傳來獅子連聲大吼，驚是因為嚇到了，喜是因為獅子和我在同一園區，好像我也是動物園裡的動物。帶給我更大驚喜的是一九九〇年夏坐小飛機去蘭嶼，由機窗往下望，居然看見左前方的藍色大海上兩隻黑色大鯨魚升出來噴水柱，大鯨魚同是我們哺乳類，覺得好親切。牠的大腦比我們人類大腦體積大很多，一定比我們聰明，智慧一定比我們高，只是我們用人類的觀點，無從測知。

1965年十一月住在美國南部MacMahon家的農莊，跟他們一家人騎馬巡視農場。

11·我在日本女童祭典上跳舞

我在東京期間，唯一擁有的日本娃娃。

左邊那張模糊的、黑白照片中的日本人形女偶，是我童年住東京時，唯一擁有過的日本娃娃。娃娃穿著長袖低垂的和服，肩上撐一把絹傘，姿態優美地回眸。娃娃立在我前面的桌子上，我的雙手好像拿著根長蠟燭，捲一張紙在玩。

雖然我記性不好，有一樁四歲時發生的事，一直記得相當清楚，長大後也跟父母印證過，他們說的確帶我去過那裡，我的確在那裡跳過舞。大約是一九四九年，我四歲，在一個夜晚母親幫我穿上我那件白底彩色團花的和服，父母親帶著我走上東京街頭，有片大空地上蓋了一座巨型的木構螺旋塔，塔的周圍擠滿了人，塔的螺旋斜坡上面有兩排日本女童，都穿著和服，都是我的年齡，一排盤旋向上走，一排往下走回平地，不，她們不是走，是跳舞。樂隊不知藏在何處，不停地奏著一首節奏分明的日本曲子。

父親用粵語說：「阿玲，你上去跟她們跳。」母親也說：「去跳，好好玩的。」我真的加入日本女童的舞蹈隊伍，毫不猶疑。我從小不怕生，敢在眾人面前表演，都是父母鼓勵出來的，當然活潑的我也本來就愛表現。

現在我居然還記得那舞步，很簡單，往左邊雙腳一個墊步，雙臂往左上方擺，然後往右邊一個墊步，雙臂往右上方擺，我一路跟著前面的小朋友，隨著音樂的節拍，在木板螺旋斜坡舞上去。想來我會記憶深刻，是因為熱鬧而奇異的場景夠刺激，因為我的身體記得這舞步和節拍，還是因為六、七十個女童的舞蹈觸動了潛意識層集體儀式的遠古回憶嗎？在踏著舞步舞上螺旋大梯的時候，感覺這好像是通天梯。是那殘存到二十世紀中葉女巫師們的通神舞蹈嗎？我應該一直舞到塔頂又舞回平地。至於塔旋多少層？我就不記得了，但是模糊記得跳到高層，螺旋塔外只有遠處的燈光，不見地面上的人群，前後和旁邊都是日本女孩在跳舞，我完全不惶恐，只覺得一種融入、覺得陌生而奇妙。

這件事、這個場面，沒有照片留下來，大概因為夜間太暗了，父親沒打算拍照。我童年經歷的事大部分都遺忘了，為什麼會深深記得這次在女童祭典上跳舞呢？為什麼會存留在記憶的過濾網上，沒有給篩掉？一定是它的組成很特別、很深遠。一定是它強烈地觸動我的知覺才會有不滅的記憶。以這次在女童祭典上跳舞為例，它是由各種神祕美妙的因素組成，包括夢幻的螺旋梯建築、充滿律動音波的黑夜、滲入我細胞的舞蹈動作、許多人偶般的日本女童魔術般地由螺旋梯轉出來、我幻化為其中一個人偶。這組合經驗鮮明到無法忘記，它引起我很大的情緒波動。我進入神祕的群體儀式，感覺個人在時光中擴大，上通遠古；感覺個人在空間縮小，變成宇宙的一粒微塵。

我向記憶裡搜尋還有沒有類似的、無法忘懷的神話儀式經驗？孤獨面對宇宙、情緒巨大波動的經驗？我憶起一九七〇年二十五歲時在美國威士康辛州大草原上的一件往事。那時正在讀博士，美國男友開車帶我去農村鄉下看看，威士康辛州屬美國最重要的牛奶產地，到處是奶牛牧場，就是無邊無際的牧草地。男友要去附近某鎮辦事，我說想在大草原上溜達，他在牧草地路邊放下我，約好一小時以後來接我。在美國中西部牧場草原上女子單獨一個人沒有什麼危險，因為草原大到一天見不到一個人，連牛也不一定會出現。

躺在草原的一片高地上，春夏交接時分牧草長得茁壯而密實，如果有人由水平面看過來，仰天平躺的我，消失在叢叢青草中。藍天超過一百八十度地由四面八方圍住我，我是給藍色巨碗蓋住的一粒灰塵，又覺得自己是埋在土裡的一個小泥人。忽然在遠遠天邊，出現一塊豆腐干大小淺灰色的雲，向我移來。它的速度看來慢，因為雲總是慢慢地飄；它的速度看來又快，因為它在擴張、在伸展。很迅速地它占據了天空的四分之一，接著二分之一，天啊！它是一塊巨大的白雲。十分鐘就遮蓋整個天空，只在八方的地平線之上，留下一線藍天，它像是一個巨大無比的白色椅墊鑲了藍色的花邊，頃刻之間下午化為黯淡的黃昏。

莊子〈逍遙遊〉中的大鵬鳥閃入我腦中：「北冥有魚，其名為鯤。鯤之大，不知其幾千里也。化而為鳥，其名為鵬。鵬之背，不知其幾千里也；怒而飛，其翼若垂天之雲。」但我旋即揚棄典故，大雲就是大雲，無可比擬。我像是被魔法定住，一直平躺草地上。地面拂微風，天上颳大風，龐然白雲的速度加快，十分鐘後由我的天空消失。這一次跟一片飛翔巨雲的邂逅，令我整個心打開，進入無我無憂的境界，孤獨的我感到跟天地合一了。

讓我們回過頭來探索一九四九年東京的女童祭典是怎麼回事？多年來我曾經問過認識的日本

文學華人學者，也問過日本朋友，這到底是日本什麼節慶，那螺旋塔是年年都搭建嗎？奇怪，他們的答案全都是「不知道」。六十多年以後二〇一三年春，我在香港嶺南大學中文系客座一學期，教一門文學課時，用黑澤明的電影《夢》（一九九〇）作為教材，用的是八段短片中的第二段「桃園」。這段電影的背景應該描寫一九二〇、一九三〇年代日本富裕階層的生活，因為家中十歲左右的女兒和她的小女客全穿著精美的和服，她們正在過女兒節，小女主人的弟弟，大約七歲，端點心到小客廳來給姐姐們吃。

弟弟看見小客廳的一面牆特地為女兒節布置了四層階梯，階梯鋪了紅絨布，上面排著十多個穿著日本宮廷服飾的玩偶，玩偶服飾華麗精緻。隔壁無人的大廳中，大花瓶裡插的桃花忽然化身為十歲左右的女孩，她把弟弟引到後院山林中的台階地，台階地上原來種的桃林都被砍掉。弟弟以前最愛這片美麗的桃林。忽然桃樹的魂魄出現了，原來他們都是花仙，打扮很像小客廳裡姐姐那十幾個宮廷玩偶。花仙們為弟弟跳了一場非常優雅的古代宮廷舞蹈。女兒節、跳舞，我靈機一動，一查之下才知道日本從十七世紀後葉開始流行女兒節，節日是農曆三月三日，即中國的上巳日。這一天日本富貴人家的父母，送娃娃給小女兒，那些娃娃穿古代皇族、大臣、宮女、樂隊的服飾，十幾個娃娃，有男有女，在家裡一層層排著展示。是不是在一九四〇年代後期過農曆三月三日女兒節，慶典之一就是，小女童在一層層的螺旋塔上扮演活娃娃人偶呢？

12・恐懼藏在童年

書桌上堆了高高五疊多本厚書，我的頭幾乎埋在圍成半圓的書牆裡，連檯燈都只能透過書牆的隙縫擠進絲絲黃光。心裡很著急，考試快到了，怎麼讀得完這麼多書呢？沒有準備完怎麼應考？我的額頭沁出汗珠，肌肉開始緊繃……然後醒來，原來是作夢，此時我已經五十八歲，由高雄中山大學應聘到香港浸會大學，出任文學院院長才兩週，離生平最後一場重要考試，博士論文畢業口試，已經三十一年。可見升學、考試制度給每一個人都埋下恐懼的種子。不管你年紀多大，生活中面對難以通過的關卡、承受巨大的壓力時，就會作惡夢，焦慮地準備考試的惡夢。

解這個夢不難。我初到浸會大學任全職院長，手頭有幾十個大大小小的難題，急待解決。諸如文學院的教師升等辦法需要規畫細節，如何規畫？院的預算可以多聘一位助理教授，應該分配給哪一系？浸大文學院如何發展特色，令它在香港八間公立大學的文學院之中脫穎而出？文學院如何在國際上建立名聲？吳清輝校長還指令我籌畫浸會大學未來的新單位，視覺藝術院，如何進行？你看面臨那麼多問題，晚上作惡夢是必然的。這種考前惡夢在擔任浸大文學院院長那九年，折磨我多次。

所以說，如果面對未知的黑洞，如果不知道如何解決棘手的難題，就會生焦慮感，焦慮沉入潛意識，會從夢中出來作祟。原來這就是恐懼。不是面對手持利刀的劫匪時，才叫恐懼。童年有一次焦慮經驗發生在日本的公園，父親把我抱到樹幹高處，放我一個人坐在高枝上，要替我拍照，嚇得我哇哇大叫，怕摔下來、怕高度、怕沒有依靠。你是不是覺得那張照片坐在樹叉上哇哇大叫的小女孩太可愛了、太好玩了，但對我而言，卻是太恐怖了！更小的時候，爸爸要我一個人站在海邊拍照，我非常害怕。應該是一九四八年初，一家三口到東京市東南方的東京灣海灘玩。

你看那張海邊獨照，流露我心中充滿恐懼，斜著眼，想回顧又不敢回顧大海的表情！到底害怕什麼？人類是由蠻荒大地走出來的，遠古時期我們心中應該充滿恐懼，群居在山洞中的人類，害怕洞外的世界，森林裡有獵殺我們的虎豹豺狼，夜的昏黑裡有吃人的鬼魅，威力無比的雷神、雨神、雪神，會把我們困死、餓死。我們恐懼蠻荒大自然是必然的。那張沙灘上的獨照照片留下我生平第一次面對蠻荒大海的驚恐。打上灘頭的白浪和泡沫，無邊無際蠢蠢而動的灰暗大海，心

我被父親放在高高的樹幹上拍照，嚇得大叫。

三歲的我面對日本東京灣的大海，非常恐懼。

想這巨獸太大隻了！正撲向我！由背後襲擊我！這是童稚的心面對浩瀚而生恐懼。

這次對大海的恐懼經驗進入我的潛意識層，因此這輩子對海洋抗拒。我讀John Masefield的名詩〈海戀〉（Sea Fever）時，沒有感動，詩中的水手說：「而我只求颳風天，團團白雲飄／只求拋起的浪花、揚起的泡沫、海鷗的啼叫。」（And all I ask is a windy day with the white clouds flying, /And the flung spray and the blown spume, and the sea-gulls crying.）又是「浪花」，又是「泡沫」，這首詩令我不安。現在我不再害怕大海，但是也無法愛上大海。

成年後有沒有什麼大自然經驗引起我的恐懼呢？那次我孤單地面臨突發的自然災難，反應不是恐懼，而是立刻謀求解決之道，付諸行動，到底成熟些了。二〇一七年八月我任澳門大學鄭裕彤書院院長第三年，八月二十三日早上澳門面對半個世紀來最強的颱風：天鴿。對，有一段錄影傳遍全球：一個大箱型冷氣機在大廈外的高空中，像斷線風箏一樣被颱風颳得上上下下飄揚！天鴿在澳門造成十人死亡，很多面海的豪華高樓玻璃窗破碎，海邊街道深淹在雨水中，許多大廈地下停車場，連同停那裡的轎車，全被淹沒。

我住的院長宿舍在書院大樓頂樓，頂樓只有院長一戶，下面四層樓為方型四合院，中間是庭院，開學期間四合院的四層樓，住五百個學生，以及副院長和兩位導師。雖然八月還在放暑假，書院已經住進兩百個學生，包括參加新生營的一年級生和二十個任輔導員的高班生。澳門氣象台在上午九點公告八號風球，所以不必上班上課。我跟住一樓的副院長用手機通了話，要他去督導警衛，嚴禁學生離開書院，怕他們發生意外，因為年輕人會冒險出去體驗颱風，有可能被亂飛的物件砸傷。我就留在院長宿舍，完全不知道颱風會突襲孤獨的、毫無掩遮的頂樓院長宿舍。

九點多我用膠紙把宿舍所有的玻璃窗都貼上一個大叉。十點多風勢轉為強烈，我坐在客廳的大沙發上看書，所有窗子哐當哐當地搖晃，搖了三十分鐘。這時風球已經由八號升到十號了。突然哄一聲，再喀喀兩聲，一瞧，大客廳裡遠遠面對沙發的大門，像橋一般地拱向我！這大門很寬，是由三片木板組成：左邊的長條木板上下入牆固定，右邊是兩扇大門板中間裝了彈簧鎖。兩扇大門板被強風吹不時向室內拱一次，因為颱風正對大門方向衝來，每半分鐘衝一次，拱的幅度越來越大，門鎖很勉強地繫住兩扇門，透過門鎖隙縫大風猛灌進來。一想不對，如果門鎖斷裂，狂風會把大門吹開，風雨全灌進客廳！

連大力士都無法用雙手按住拱起的門，何況年高力衰的我？眼掃客廳的家具，看見紅木的橢圓餐桌，靈機一動，可以用實心硬木餐桌頂住門。於是我用力把餐桌推到大門前，頂住門鎖的部位，把變成拱形的兩扇門頂回平面。你會問，樓下李副院長、鄧導師都是男士，還有一百個男學生，怎麼不打手機叫他們上來幫忙？要知道，第一，上來非常危險，由五樓出電梯要走一小段走廊才到院長宿舍大門，剛好經過颱風風口，有可能被吹越天台跌下四層樓。第二，我身為院長應該保護全院，而且副院長和導師的職責是保護學生，怎麼可以本末倒置讓他們來保護我！

哪裡知道大餐桌頂不住颱風，它把餐桌推開，大門又拱成橋狀。我趕忙用力頂住門鎖的位置把餐桌推回。就這麼我跟颱

2017年天鴿颱風襲擊澳門，樹倒了，書院停電，學生聚集到中庭。

風大力士角力，每隔半分鐘，颱風要推門進來，我使盡力氣把餐桌抵住門鎖，不讓它衝進來。我也不知道自己哪裡來的力氣，跟颱風角力了四十分鐘。等到我精疲力竭，颱風的攻勢也緩下來。

下午天鴿北上廣東，我下樓巡視，好在書院災情不重，只有中庭倒了一棵樹，大樓破了幾片窗玻璃，幾片天花板掉下地面。因為停電，驚魂甫定的同學走出房間到中庭坐著。我先處理書院的災情，那棵中庭的樹扶正以後，到今天還枝葉茂盛。兩天後才叫辦公室報修我的宿舍大門，校方很快換了扇不鏽鋼大門。這次我面臨危難，沒有麻煩別人，自己把它處理了，所以說成熟了些。

其實天鴿肆虐澳門，有朋友比我的狀況嚴重，他任澳門大學董事會的董事，家住在海岸邊緣面海的豪華大廈高層，平日應該是海景風光無限，他說：「我們家面對海景是兩片大玻璃趟門，趟門外是陽台。颱風來襲的方向對準玻璃趟門，吹到兩片大玻璃向室內拱，我和太太四隻手頂住兩片玻璃中間那豎的金屬門框，但是颱風的力量太大，兩片大玻璃忽然全部破碎，我和太太身上沾了不少玻璃小碎片，風和雨水猛灌進客廳，擺設和小家具在空間亂飛，我們兩人躲到廁所裡面一直到風小了。」在意想不到的時刻，風光反而變成風險。

13・舞蹈天成

照片中這個小女孩在東京郊外一座大橋的圓墩上跳舞，沒有音樂，只有大河的波浪聲，她父親拍下這張照片。我從三歲開始，聽到音樂就會跳舞。撰寫本書的時候，忽然記起在東京童稚的我，看過彩色舞蹈片《紅菱豔》（*Red Shoes*，一九四八），應該是一九四九年初我快四歲時，跟著母親去東京美軍的Earner Pyle電影院看的。《紅菱豔》電影跟我小時候聞樂起舞有關嗎？於是我上網去重溫這部一九四八年出品的英國片，女主角扮演一位芭蕾舞者，被舞團團長發掘成為舞台明星，卻與作曲家相戀，她面臨愛情和事業的抉擇，不到四歲的我，這麼複雜的感情糾葛根本不會入腦。

但是《紅菱豔》令四歲的女孩魂牽夢縈的是其戲中戲，一場沒有一句對白的舞蹈，足足十六分鐘的芭蕾舞劇*Red Shoes*，直譯為《紅舞鞋》。*Red Shoes*也是這部電影的片名，一九五〇年代英譯中的電影片名常常很典雅而吸睛，《紅菱豔》就是一例，菱的一種古代典雅形容詞為淩波韈（襪），可以引申作芭蕾舞

三歲隨父母去東京城外郊遊，在橋墩上擺出舞蹈姿勢給父親拍照。

鞋。一九五二年另一部轟動的美國電影片名為*Scaramouche*，是講十七世紀法國宮廷劍俠和美人的故事。scaramouche則是歐洲宮廷戴面具表演的諧角之稱呼，台灣上片時片名翻譯為《美人如玉劍如虹》，既具氣魄又典雅。

戲中戲《紅舞鞋》場景和編舞在今天看來，還是繽紛而有創意。戲中戲的故事如下：巫師鞋匠對一雙紅舞鞋下了咒，穿上這雙舞鞋的女舞者會跳舞一直跳到死，他引誘一位美麗的舞者穿上鞋，她妙曼地起舞，由舞場跳到大街、跳到到貧民窟、到墓園、曠野、魔界、鬼界、皇宮，最後在教堂外，神父替疲憊垂死的她脫下舞鞋，舞者倒地而亡。女主角美妙的舞姿，著魔式地跳舞，必然影響我。我是三歲就聞樂起舞了，所以四歲看《紅菱豔》助長了我對舞蹈的著迷，也由其中學到舞姿。林懷民說他五歲半看《紅菱豔》，這部片子是他舞蹈的啟蒙。

五歲零八個月隨父母由日本回到台灣，父親負責海軍總司令部對外的公關和接待事宜，他還負責安排位於左營的海軍軍官俱樂部「四海一家」各種正式活動。那時常有貴賓來訪，如美軍顧問團的高級官員，父親就會在四海一家安排桂永清總司令主持的餐會兼舞會。對父親來說，最方便安排的節目，便是六歲女兒的獨舞演出。

通常播放小約翰．史特勞斯的華爾滋圓舞曲，我頭上紮粉紅色大蝴蝶結，穿及膝的大圓裙，自然地隨著音樂的韻律，無師自通地起舞，全身各部位隨音樂的節奏、起伏而舞動。小女孩可愛，自然贏得掌聲。有一次我旋轉太多次，結果跌了一大跤。周圍衣冠楚楚的賓客瞪著眼，生怕我哭起來，我卻從地上爬起來，若無其事地接著跳下去。這種聞樂而起舞，這種像著魔一樣禁不住跳舞，由三歲開始，到七歲戛然而止。詩人渡也在臉書上看見這張橋墩小舞者照片，戲稱我是

「好奇怪的小孩」。

到我小學二年級時，母親送我去高雄一個芭蕾舞班，卻是跳了一次，再也不肯去了。因為班上都是四、五歲的小女孩，七歲的我高她們一截，手和腿都長她們一截，覺得自己笨手笨腳。之後的舞蹈經驗要跨越時間到二十多歲，一九六九年我在威士康辛大學讀博士學位時，一位朋友邀我一同去「旁聽」舞蹈系的「現代舞」（Modern Dance）課，旁聽就是加入他們的練舞。我還跟得上，而且跳得很自在。也在念碩士博士期間多次到愛荷華城聶華苓老師家玩，那時二十多歲的林懷民修愛荷華大學舞蹈系現代舞的課，他在舞台上盡情地跳舞，跳完我到舞台前恭喜他美妙的表演，他滿臉滿身大汗淋漓地對著我笑。一九七二年我在紐約州立大學艾伯尼校區的比較文學系任助理教授，又去旁聽我們大學舞蹈系的現代舞課，練舞時還被老師選為一段舞曲群舞的女主角。之後便沒有再這麼跳舞了，舞蹈的我再沒有任何發展。

距今一百二十年前，鄧肯（Isadora Duncan，一八七七—一九二七）是「現代舞」的創始人。我高中的時候，讀到沈佩秋翻譯的《鄧肯自傳》（啟明書局，一九三九）的翻印版本。鄧肯三十歲不到，她的舞蹈表演就風靡歐美，整個交響樂團伴奏她的獨舞，「每一場演出都是人山人海，水泄不通。所有的沙龍、酒會和文學藝術中心，都在熱火朝天地討論一個話題：鄧肯的舞蹈。」現在我思考她的境遇。當母親帶十歲的她去見芭蕾舞老師，老師叫她用腳尖走，鄧肯說：「不，這很醜，我做不來。這不是自然的。」她真的很睿智，而且早熟。當母親帶七歲的我去芭蕾舞班，在同樣的場合，我只會覺得自己笨手笨腳。

四歲的我會依大河波浪聲而起舞。七歲的鄧肯在海邊呼應大海波濤聲而起舞：「鄧肯的手臂、軀體在陽光的召喚和濤聲的指引下，開始了舞動。她仿佛陽光中的一縷，金色的翅膀拍打著雲朵；她仿佛大海中的一滴，融入宇宙的旋律。」她除了能呼應大自然的啟發，自幼貧困、失學的她還是自學的天才。鄧肯由英美詩歌中吸收大量養分，在歐洲各大博物館中透過名畫、雕刻、陶瓷作品，進入歐洲文化的核心：即希臘文明。鄧肯天生對舞蹈有無盡的熱情，有無窮的創新力，有接納各種文化的鎔鑄力，她用她的身體來創作藝術。只可惜身體衰老得很快。

她五十歲死於意外，在法國尼斯，上朋友的汽車時，她脖子上長長的圍巾捲入車輪，車輪滾動起來，竟把她絞死了。雖然是悲劇，卻也是解脫。因為年紀大了，觀眾銳減。她滿腦子不切實際的理想，像進行籌建一座復古的希臘神廟；像努力辦跳舞學校，卻不會理財。她過世時欠了很多債。比起她的艱苦奮鬥，大起大落，我們的生活何其安順。

為什麼鄧肯從小就會自創動人的舞蹈？為什麼我由三歲到七歲著魔一樣聞樂起舞，跳得有模有樣？為什麼莫札特四歲會自己作曲，六歲能跟他姐姐在歐洲各國巡迴演出？現代科學解釋這些人天生就有藝術的遺傳基因。相信輪迴轉世的人，可能認為這是前世帶到今生來的技能。不論如何，我很感恩這輩子我的藝術和文學基因，先後在人生某階段有發揮的機會。由此觀之，你我有很多才具是這輩子只少少開發，或完全沒有開發的。這些才具一直在我們的內心。

14．做回小孩跟小孩玩

小時候我應該屬於孩兒王類型，尤其是在女童玩伴之中。大概是我愛出主意，點子多，而且會指揮人。這張一九四九年兩個小女童在郊外的照片，應該是四歲讀日本東京的華人幼稚園，老師和家長帶我們學童去神社郊遊野餐時拍的；我正經八百地面對著鏡頭擺姿勢。右邊的女童像是繼續央求我什麼，完全不理會拍照，你看她的小手伸向我的圓皮包。到底她要什麼呢？不記得了。也許是我告訴她我帶來的鉛筆筆身上印了戴粉紅蝴蝶結的米妮老鼠，當時最流行的卡通造型，她急切地央求我給她看。可見四歲的我就懂得同儕們最嚮往什麼，懂得什麼東西可以逗得他們心癢。

另外一張三人的黑白照片裡，我跟一位長得像外國人的長臉伯母和她圓滾的，長得像混血兒小女兒合照。的確，這位夫人是英國人，她嫁給我駐日代表團的新任海軍代表夏新上校，所以他們的女兒Teresa是混血兒，我們喊她Terry，胖嘟嘟的臉像洋娃娃。父親那時已經升中校，夏新上校來日本接替父親的職務，即接任代表團的海軍參謀與大使館海軍武官。他們一家一九五〇年九月由台灣抵達東京，夏新跟父親十月到十二月辦交接三個月。因為Terry是獨生女，不到上幼稚園的年齡，沒玩伴，所以夏伯母跟我母親商量，讓我到他們家去跟Terry玩。有一件事，記憶力不好的我卻記得非常清楚，五歲的事居然記得，因為蠻戲劇性的：在一位位階比父親還高的上校軍官家中，做客的我，把他驕縱的小女兒關在廁所裡，她居然肯乖乖受罰。

因為Terry是獨生女，蠻嬌橫的。五歲半的我做事不含糊，看出來她不聽話，就在玩遊戲之前約法三章，玩什麼遊戲完全不記得了，但是記得跟她講好，如果她玩遊戲不遵守遊戲規則，就得關廁所。她答應了我才跟她玩。玩遊戲時，她任性地破壞規矩，我命令她去廁所。她先哇一聲哭出來，接著就不出聲，只抽抽答答地被我押進廁所，關在門裡，大概因為我板著臉頗具威嚴。她給關在廁所裡，也不敢哭出聲，我放她出來時臉上還有淚痕。夏伯母看我制得住Terry，又好氣又好笑。現在回想這件童年插曲，小孩子玩遊戲一定要有人帶頭、作主，才能順利玩下去，但是最好讓每個小朋友都有機會做領導。

一九六六年我考上台灣大學外文研究所第一屆招生，研究所一年級下學期時，英國劍橋大學到所上來客座的張心滄（一九二三—二〇〇四）教授說，要替他兒子找中文老師，就把我找去當家庭教師，原來我

1950年在東京夏家眷舍，和夏夫人、Teresa（左）合照。

1949年在日本我正經地照相，小女伴（右）還在跟我商量。

要教的不是中學生，而是五歲的小男孩，因為他們一家三口剛由英國來，小男孩英文流利、國語能說一些，但不認得中國字。小男孩細細高高的，顯得腦袋大，一雙眼珠烏黑烏黑的。第一次上課教他認漢字，他母親丁念莊教授準備了抽認卡，即flashcard。每一張卡上都印了漢字及其圖像。例如第一張是狗字和狗的圖像，他看到這張抽認卡不必我教，就叫出國語「狗」字。我跟他解釋狗字左邊的部首「犭」，或部首「豸」是動物的意思。隔幾張以後，我拿出猴字，小男孩手指部首說，這是動物的意思，接著他把猴字卡和狗字卡放在一起。

我看他懂得歸類，懂得歸納法，把動物和動物的卡片放一起，家具和家具卡片放一起，樹木和樹木卡片放一起，覺得很有意思，就順著他的思路，除了認字，還討論分類。例如說雞字卡出現了，他問說雞也是動物，為什麼沒有「犭」字邊？我告訴他狗屬於動物的獸類，雞屬於動物的鳥類，部首為「隹」或「鳥」。獸類有四足，直接生小獸，鳥類有羽毛，會飛，生蛋孵小鳥。獸類和鳥類要分開。他學得很開心，常主動問問題，我會用心解答。你看那張我們上課的照片，桌上攤開一大堆兒童書，像在做學術研究。師徒甚為相得。我一週去三天，孩子母親說，我沒去的日子，孩子盼望我天天來上課。半年後我出國去美國讀研究所了，偶爾聽到小男孩的消息，他讀中學、大學都是超前的神童，後來在英國當大學教授。

1967年做張心滄教授兒子的家教，攤開各種兒童書。

我有一個姪孫女，跟我相差六十九歲，她是弟弟大兒子的獨生女，備受寵愛，單眼皮，白白淨淨的，總是很開心地笑，她稱我為「姑奶奶」。每次姪孫女和她父母，即我的姪兒和姪媳，到高雄我家玩的時候，或我到他們位於新北的家探望時，姪孫女都會緊盯我，要我跟她一起玩。去年我們玩的是，幫兩個洋娃娃穿衣服、上廁所、吃早飯。她拿的洋娃娃是艾莎，她分配給我的洋娃娃是安娜，這兩個娃娃是動畫電影《冰雪奇緣》中的雙主角姐妹花。我能夠做回小孩跟姪孫女玩，覺得很有成就感，為什麼？慢慢告訴你。

二〇一七年她三歲的時候，我們一同玩玩具，像是用小鉤竿來釣魚，釣的是上頭有圓孔的球型塑膠小魚，十多條魚放在象徵池塘的圓盤裡。四歲的時候玩開店鋪，她扮老闆娘，我扮顧客，把可以當貨品的玩具，如玩具狗、塑膠水果、洋娃娃等放在她身後，我指著水果說，要買香蕉。我假裝用手給她錢，她用手接過，假裝收了錢。在兒童世界中，事物、行為和情節都可以用想像創造，假即成真。她說附送我其他水果，把蘋果、梨、西瓜，都送給我。完全沒有生意頭腦，但流露大方的個性。五歲的時候玩艾莎和安娜洋娃娃，姪孫女一進我家門就開始布置，把分別放在我臥室與和式屋的兩個無腳沙發靠椅，搬到客廳地上，兩個無腳靠椅這分鐘是小床，下一分鐘變成馬桶。我們兩個幫洋娃娃做上學前的例行公事，姪孫女上幼稚園了。

為什麼她會盯緊我這個祖輩要一起玩呢？為什麼她

2019年喜歡做鬼臉照相的姪孫女，背景為高雄港。

連三個月以前玩什麼中斷了都記得，一進我家門就要銜接著玩？我想是因為我放下自我，把自己化為一張白紙、化為接受器，跟她相處。一般大人會用訓育的口氣灌輸觀念給小孩，或用好聽的話哄小孩令她做大人認為該做的事。我把自我意識盡量減低，試著聽她說話，聽她的指示，讓她的個性在遊戲中得以發展，因此她會覺得跟姑奶奶玩非常盡興。我想在幼兒園裡，每個小朋友都是家裡的寶貝，個個多少會自我中心，不太聽別人的，不願做別人的追隨者。所以姪孫女跟我玩會覺得可以作主。

二〇二〇年十月姪孫女一家人到高雄玩，她剛上小學一年級。一進家門就在我家找到新玩具，我有兩個方形、薄薄的紅色錦料椅子坐墊，一邊有布繩，可以綁在椅背上。她把兩個坐墊拿到客廳放在地上，她坐在一張墊上，叫我坐上另一張。我問：「我們玩什麼？」她乾脆俐落地說：「滑雪橇比賽！」

原來把坐墊的布繩當作哈士奇狗拉雪橇的韁繩，我要學姪孫女，用想像力無中生有眼前那一隊八隻哈士奇狗。要用彎曲腿的力氣，臀部蹭著坐墊在客廳地上前進，表示哈士奇狗拉著雪橇飛速滑行。媽呀，我前天才在牙醫診所拔了一顆牙，兩天來只能喝點粥，姑奶奶的身體很虛弱！但是只好不吭聲跟著她玩，心想姪孫女的想像力跟以前一樣強；還很有領導力，怪不得她當選為班長。客廳一邊當起跑線，她叫開跑。不到三秒她已經超前我一大截，我大聲嚷：「今天姑奶奶沒力氣，妳慢一點！」她回過頭看看我，果然慢下來。

不錯，這孩子有同情心、有照顧他人的心。我則一方面修自己的心，減低自我意識，一方面守護著這孩子的正面成長。

15・在東京幸運的娃娃城

由我坐在地上那張照片中的榻榻米和嵌了橫長方形玻璃的木框大趟窗，就看得出來，我們家在東京住的外交官宿舍是日式的屋子。此外唯一具日本風味的就是我撐的那把日本紙傘。這裡顯然是客廳，父母布置了桌椅。天啊！我周圍環繞的，手上抱的，一共有十二個玩偶！記得六歲以後在台灣高雄住，眷村生活比較清苦，那時只有四個日本帶回來的娃娃。照片中榻榻米上圍成圈的玩偶，包括三個洋娃娃，五個嬰兒娃娃，一個不倒娃娃，還有小鴨、小狗、小貓。為什麼沒有一個日本玩偶呢？因為美國和中華民國在日本都是占領國，我們外交官眷屬可以到美軍軍中販賣部購物，價廉物美。因此我擁有的都是美國玩具。

那時弟弟尚未出生，我享受父母的專寵，連二〇一〇年代小朋友玩的各種遊樂場所我都玩過，像動物園、兒童遊樂園。那張家中地上鋪榻榻米的照片，我穿著拖地蕾絲長裙，裙子鋪成大圓形，像小公主安坐在臣民環繞的小城池中央。這麼安穩、這麼奢華，那是什麼年代呢？一九四九年！那是整個中國極度混亂的一年，共軍攻下一城又一城，受降一城又一城；國軍不斷地戰敗、

1949年東京的外交官宿舍榻榻米上。

南撤，退守台灣。受苦的是人民，戰爭中多少人受傷或喪命、多少人妻離子散、多少人驚恐地逃難，每一個中國人都有驚心動魄的故事。

不少在台灣成名的作家，青少年時期經歷過這場大逃難。詩人管管（一九二九—二〇二一）一九四九年離家的時候未滿二十歲，在山東青島城郊的鄉下種田。傳來國軍要抓兵的消息，父母怕他們被抓去當炮灰，所以年輕人都躲到麥地裡。但管管還是給抓到，他最捨不得的是母親。母親得到消息趕到他們被關押的地方。管管回憶裏小腳的母親，艱辛地爬下梯田來看他：「我母親就一路跌、一路爬、一路哭到了眼前。我對母親說，我跟他們講好了，就是給他們挑東西、挑行李，挑完行李就回家，你放心好了。」（龍應台，《大江大海一九四九》，天地，二〇〇九，一一二頁）為了安慰母親，他說了謊。實際上他替軍隊挑炮彈，挑到青島碼頭，押上船來到基隆。再也沒有見到他母親。

瘂弦（一九三二—）的逃難故事很曲折，他是在滿十六歲時離開家鄉河南南陽。一九四八年五月南陽城外發生激烈的國共戰事，河南省有些地區淪陷，南陽人知道共產黨的土改很殘酷，所以家長們贊成各中學把學校遷到比較安全的湖南。一九四八年十一月南陽十六間中學的校長、老師帶學生五千人（《瘂弦回憶錄》說三千人）徒步去湖南西部的零陵。他們走了三個月到達零陵，一九四九年三月在周家大院安頓下來復課。上了五個月的課，共軍打到湖南，南陽聯合中學準備遷校到西南方的廣西。

瘂弦和幾個同學正在零陵城裡逛著，看見城牆上貼了一張台灣陸軍訓練司令部的告示：「有血性肯吃苦的青年請快參加新軍！」落款是孫立人。他們好奇地去到報名處，一個河南老鄉軍官陳冬雨出來接待，他請他們幾個十六、七歲的小夥子吃四菜一湯，其中竟有紅燒肉。（《瘂弦回憶錄》，洪範書店，二〇二二，一〇四—一〇八頁）瘂弦幾個同學幾個月來很少吃到肉，對這部隊好感陡增，河南軍官又把台灣說得地上無雙，他們就報名加入部隊。一星期後，一九四九年八月部隊開拔到廣州，小兵瘂弦上船來到高雄港。因為對台灣的嚮往、因為幾塊紅燒肉，瘂弦改變了自己的命運。那五千個在湖南零陵的河南南陽學生後來遭遇到什麼？

林彪統領的共軍打下衡陽，一九四九年十月十一日黃杰統領國軍撤退，同一天教育部下令南陽師生五千人也撤退到廣西，師生分兩批走，第一批通過了湖南、廣西交界的黃沙河，當第二批師生到達黃沙河的時候，黃沙河已經淪陷，因此兩千五百名師生脫隊，下落不明。剩下的師生跟著大批難民南行，身後雙方交戰，炮火隆隆，學生有走失的、有坐火車在車頂過山洞時喪命、有整隊師生走散的。後來黃杰部隊護著師生走，後有追兵，邊走邊打，一九四九年十二月到達中越邊境的隘店時，軍隊只剩下三萬人，兩千五百名南陽學生只剩下不到三百人。他們進入越南境內卻被關在集中營裡，一直到三年半以後一九五三年六月才回到台灣，南陽學生剩二百零七人。（龍應台，《大江大海一九四九》，一三五—一四二頁）其中有一位我認識的朱炎教授（《瘂弦回憶錄》，一〇四頁）。我父親由一九四七到一九五〇年任職中華民國駐日大使館，都沒有調職，我才能在大動亂的

軍中詩人 — 創世紀詩社
民國43年(1954年)10月，瘂弦、洛夫與張默創辦的《創世紀詩刊》，就是在明德新村誕生，在臺灣文學史上留下重要的一頁。
1954年瘂弦任職左營軍中電台，與歸亞蕾、洛夫合照，2020年攝於明德新村眷村文化館。

時期安然住在日本，不受波及。每看一則像管管、瘂弦、朱炎的經歷，就感到自己太幸運，很感恩，也覺得自己那麼安逸，對逃難受苦的人，心中有些愧疚。

中華民國駐日代表團於二次大戰後一九四六年成立，負責大使館事務，代表團主要參與盟軍總部事務，處理日本的賠償、戰犯的審判、在華日軍俘虜及日僑之遣返，又研究日本戰後的政治、經濟，以供國民政府中央參考、建立僑校等。代表團一度超過一百人。此團分四組：軍事組、政治外交組、經濟組、文化組。父親鍾漢波在軍事組任海軍參謀，負責海軍事務。政治外交組的組長是吳文藻（一九〇一－一九八五）公使，哥倫比亞大學博士，曾任燕京大學教授，是社會學、人類學專家。公使只比大使低一階。

吳文藻的妻子名氣比他還大，就是作家冰心（一九〇〇－一九九九）。她住日本期間曾在東京大學開中國新文學史的課。吳文藻夫婦對國民政府之腐敗不滿，政治外交組的領導吳文藻明顯親共，經濟組部分人員也已經明顯左傾，一九四九年間，代表團左傾勢力大到有易幟的危險，年底在台的國民政府調走朱世明大使，次年派何世禮（一九〇六－一九九八）中將為大使，穩定了局勢。可見我在東京的安逸歲月只是表相，父親任職的大使館和代表團一樣也是暗潮洶湧。

何世禮將軍，香港人，是位傳奇人物。他的生父和生母都是混血兒，在網上看見他中年照片，像中國人一樣方正的臉，卻有外國人的隆鼻凹眼，年輕時一定很帥。他父親叫何東，也是混血兒，何東之父為猶太裔荷蘭人，其母為香港華人，但是這位荷蘭父親卻拋棄母子由香港回歐洲，消失無蹤。何東由母親帶大，長一張外國臉，削尖的面頰，削尖的鼻子，他卻認為自己是百分之百的，尊崇儒家思想的華人，他白手起家，成為香港首富。何世禮的母親張靜蓉，即蓮覺居士，也是混血兒，何東的妻子為麥秀英，麥無子嗣，所以何東再娶麥的表妹張靜蓉為平妻。我父親說何將軍到東京任大使時，四十多歲，是高大英俊的混血兒。

何世禮是在香港長大的富家子弟，從小嚮往做軍人，他畢業於英國烏烈芝皇家軍事學院和法國方丁布魯炮兵軍事學校。他加入國軍，參與抗日戰爭，隨薛岳將軍在前線指揮炮兵團，戰功顯著，抗戰後期擔任聯繫美國盟軍的重要工作，接著參與國共戰爭。他一九五〇年到東京任大使之前，曾在一九四九年八月任東南補給區司令部中將司令、聯勤副總司令代總司令。他駐漳州、廈門，供應轉進台灣六十萬大軍的糧食和營舍，兼任新成立之基隆港口司令一職。以他的威嚴和帶兵打仗的雷厲風行，一到東京就穩住大使館和代表團的動搖局面。父親說：「何團長管帶部下甚嚴，不久之後，代表團本有易幟換旗不穩之事也就平息了。」（《駐外武官的使命》，一三二頁）

在東京父親擔任何世禮團長屬下近一年，三年以後父親在軍艦上又見到老長官了。一九五三年六月，父親擔任太湖號軍艦副艦長時，太湖艦負責專送何世禮中將到大陳島視察指導，當時何中將任職駐聯合國安理會參謀委員會首席代表。太湖艦褚廉方艦長一定是把艦長室讓出來做貴賓室，給何中將住。父親去探望老長官，何中將居然記得以前的屬下鍾中校參謀喜歡抽外國香菸，到他行李箱裡取出三罐五五五牌英國香菸，送給父親。老一輩的將領愛護屬下，很有人情味。

在太湖號軍艦上兩人還親切地交談。何中將當時任職聯合國安理會首席代表為外交職務，之前的駐日代表團團長及大使也是外交職務，但凡是愛國將領心裡沒有不追求軍職。也許父親聽到風聲，用廣州話問何中將：「聽說團長行將出任聯勤總司令？」

何中將是用香港粵語作答，香港粵語和廣州話發音幾乎相同，他幽默地答：「你派我啊？」老鄉的對話意在言外。我想蔣介石對英、美、歐洲正統外國軍校出身的將領，心存忌憚，何世禮在此之後沒有擔任過帶兵的軍職。他一九六二年五十七歲時已升為陸軍二級上將，是年辭去軍職，回香港繼承他父親何東的龐大事業。

（《海峽動盪的年代》，四十九—五十頁）

吳文藻於一九五〇年辭去大使館、代表團的公使職務，次年吳氏夫婦返回大陸。吳文藻回大陸後在中央民族學院任教授，冰心則出任不少文學組織的領導，如中國文聯副主席等。但是一九五七年吳文藻就被畫分為右派，受到打擊。一九六六年文化大革命開始，如同大陸上所有的著名文學家，重要知識分子，他們夫妻都遭殃，被抄家、批鬥、關進牛棚、勞動。到一九七二年美國總統尼克森訪中國前不久，他們夫妻才調回北京，負責《世界史綱》等的翻譯工作。我在台灣上中學時就讀過冰心的詩作，沒想到幼童時期的我跟她在東京同一時空待過三年。她選擇了一條路，堵塞她寫作才華的路。

一九五一年吳文藻、冰心為他們的理想投奔新中國，順利人生才度過六年，政治打壓就相繼而來，在屈辱和折磨中度過二十五年，志氣消磨了。大部分留在大陸的知識分子遭遇類似。而一九四九年逃難來台灣的人，退到海隅，無處可逃，頭幾年擔心受怕，但是接下來半個世紀卻過得安穩。當初的抉擇導致隨後幾十年天壤之別的命運，誰能預見是這樣的呢？真是福兮禍之所伏，禍兮福之所倚。

何世禮於一九五〇年來東京出任大使，六月二十五日韓戰爆發，何大使親身與盟軍統帥麥克阿瑟進行擬定美軍與國軍的合作事項，何大使一口標準的英式英文，不只出身英國、法國著名軍校，而且由於他過繼給父親何東的正室麥秀英，所以成為香港首富何東的事業繼承人，他的資歷和身家自然可以跟任何國際領袖、國王平起平坐。一九五〇年代初美軍協防台灣，中共攻擊台灣的威脅才迅速解除，這與何世禮跟麥克阿瑟的溝通有直接關係。

父親一九五一年一月初調回台灣，攜眷三人，包括新添的家庭成員，三個月大的弟弟。我們坐民航機由東京飛回台北，再坐火車南下高雄，父親由外交單位調回左營海軍單位。

16．因弟弟的來臨而蛻變

我五歲的時候經歷生命中的第一次蛻變。一直到五歲，我都是家中的小公主，得到父母完整的寵愛。母親常買新衣裙打扮我，還幫我戴上水晶珠項鍊，透亮水晶礦石珠子，每一顆都切割成許多反射閃光的面；我撒嬌故意不吃東西，到五歲父親還常用湯匙餵我吃飯。五歲整的時候，父母的話題變了。他們告訴我，就要做姐姐了，貝貝在媽媽肚子裡。

一九五〇年九月七日，母親在東京美國陸軍第八軍總醫院生下弟弟。體重頗有分量的嬰兒。我的世界改變了，五歲零四個月的我，增加了一個重要的身分：長姐。我常常學大人，努力抱起他，但是因為自己個子小，嬰兒磅數又重，還會亂動、哭啼，有幾張照片證明這個長姐一抱嬰兒弟弟就手忙腳亂。弟弟三個月大，父親調回台灣，我們一家坐中航班機飛到台北松山機場。等到他兩歲，姐弟感情變得密切。我由海軍子弟小學放學回家，弟弟總跟著我。看著他圓圓的臉，圓圓的眼睛，可愛而稚氣，我生出強烈的保護之心。

這張軍艦上的姐弟照攝於一九五四年年初，在父親任艦長的永定號上。照片中我左手護住弟弟的肩頭和脖子，臉上一副「干犯吾弟者絕不輕饒」正義凜然的神情。弟弟前幾天才電郵告訴我，拍這張照片那天永定艦是停泊在高雄旗津海四廠的碼頭，正在大維修。那時才發布父親任艦長沒多久，父親帶我們一家人到船上參觀，三歲多的弟弟已經愛上軍艦了。等船一修好，父親就會把軍艦駛到大陳海域，參加對抗共軍的戰爭。我想一直到二〇二〇年六月的今天，弟弟的初衷不變，他一直熱愛軍艦，而且深入研究。這應該跟他童年由兩歲開始，父親常帶他上軍艦有關。軍艦的生涯和生滅，早就跟他息息相關。

弟弟大學考進清華大學核子工程系，他分數明明可以進台大，卻鐵了心要進可以捍衛國家，跟國防有關的核工系。除了核工學術專業，他幾十年來發展他的興趣，深入研究以下課題：中華民國的海軍歷史和軍艦歷史，台海兩岸的國防、戰略、及核武發展，二十世紀起的台灣航空戰史等等。這些方面的出書包括《台灣航空決戰》（麥田，一九九六）、《驚濤駭浪中備戰航行：海軍艦艇誌》（麥田，二〇〇二）、《爆心零時：兩岸邁向核武歷程》（麥田，二〇〇四）

1950年一家人到東京的公園郊遊，母親肚裡懷著弟弟。

1953年和弟弟攝於泊在高雄旗津的永定號軍艦上，父親任艦長。

等。能夠鑽入志趣所在的領域，樂此不疲，必然是一生都享受。

在二十世紀中葉，中國傳統由男嗣傳宗接代的觀念還牢牢深植人心。弟弟出生了，父母親覺得對得起鍾家及其歷代祖先，也覺得將來有靠。這張溜滑梯的照片可見端倪，在斜斜的滑坡上，為了拍一張姐弟兩人正在往下溜的定格相片，我雙腿用力使勁撐住坡板，雙手拖住弟弟，以避免下滑；母親把手藏在衣服中撐住我另一隻腿。母親望著弟弟的眼神，透露了欣喜和期望，弟弟則一副舒適的樣子。這張溜滑梯照片裡弟弟是主角。

古代傳統中國的女子一出生，就被灌輸女子的世界在家庭裡面，一生的使命就是相夫教子。幸虧我在二十世紀後半葉的台灣長大，女子有受教育的權利，可以一路讀到博士。我們家重男輕女的觀念不算重，我又有學校作為發展的舞台，所以心理健康地成長，也滿懷欣喜地負起長姐的責任，以疼愛的方式，教育弟弟，帶著他做功課。弟弟在他的書《怒海逆風島嶼行：台海戰亂世代的故事》中，說到小時候姐姐管教他，「從不大小聲責罵，總是和顏悅色地說道理。」（燎原，二〇二一，二八四頁）那倒是真的。

弟弟果然得來不易，災星多。他從小就喜歡自己行動，常常會突然之間，抓都抓不住他，就不見蹤影。兩、三歲的時候，有被車撞到的事；有在游泳池水面忽然找不到他的事。但是次次他都安然無恙，連皮肉傷都沒有！弟弟的福大命大。到弟弟讀海青中學初中的時候，非常出色，不但功課優異，身體結實，還是領袖人物。一九六四年第十二屆海軍全軍運動會上，讀海青中學初二的弟弟，領導幾百個學生表演海軍子弟中、小學的聯合團體操。司令台上坐滿了觀禮的官員，正中央坐的是海軍副總司令劉廣凱中將。操演完畢，劉副總司令還親自跟弟弟握手。今天翻出這

1964年海軍全軍運動會上，弟弟帶領海軍子弟學校同學的團體操。

溜滑梯，溜到一半的定格照，右為母親。

幾張運動會的照片，覺得既有趣、又驕傲。

想來我五歲時的蛻變，不只是成為長姐那麼簡單。我由一個只會接受疼愛的小公主，變成有責任感，學習付出的人。對範疇以內的人，會生出強烈的護衛之心，生出一種主持公道的正義感。那是以後我會被票選推為初中班長、高中班長、大學班代表的原因；那是以後在大學任職被同事票選為系主任、院長的原因。那也是從中年開始，追求智慧的源頭。如果一個人在個性上、在啟悟上，起了重要的變化，一定是出現了外來的契機，像是環境的改變、人際關係的改變、自己原來心理平衡上的改變，這些都會激發內在冬眠的潛能，於是開始蛻變、開始成長、開始出現不一樣的面貌。當我們面臨生命中意外的變化，就像五歲的我面臨失去父母專寵的危機，我們要對自己各種沉睡的潛能有信心，相信自己一定會發展得更好。

17．一生看三歲

一九九八年夏天我在高雄的中山大學任教時，買了凹子底地區新建大廈璞園頂樓第八層的單位，朝西的客廳落地窗和旁邊小房間的大窗，這兩扇大窗都面對同一方向的無限佳景，可以遠眺蓮池潭、春秋閣，俯觀原生植物園的林木水池。我把小房間裝修成和式屋，把它跟客廳之間的那面牆打掉，裝上木趟門，拉開趟門，和式屋就連接客廳。於是我第一次擁有自己修建的和式屋。這和式屋沒有鋪榻榻米，因為怕台灣天氣潮濕，不好打理。是木板地，架高二十四公分。在家裡請朋友來吃飯，飯後就到和式屋坐著喝茶，鳥瞰風景。好友楊國銘說，坐在這茶室，有日本大名藩主在城堡上俯瞰領地的感覺。

五年後二〇〇三年應聘到香港浸會大學任文學院院長，人又不在台灣，無法隔海兼顧璞園的單位，不論是出租，還是空著，都麻煩，只好賣掉璞園單位。你會說具有兩面落地窗無敵美景的物業，賣掉太可惜，留著等香港合約結束回來住，不是更好！一切變化難料，你以為和式屋大玻璃窗框住的美景會一直存在？不久翠華路建了通高速公路的高架橋，斜著橫切了畫面，上下高架橋的車輛繁忙而喧囂，美景不再。我們真的不能對美好事物太執著。

二〇〇四年購置香港新界山嶺上華景山莊大廈的小單位。我也把臥室裝修成和式屋。七年後二〇一一年因為次年將由浸會大學退休，決定回我長大的地方高雄過退休生活，幸好那時高雄房

1998年樸園和式屋：左起余光中、王慶華、楊國銘、鄧伯宸、陳義芝、汪啟疆（鍾玲攝）。

價還沒有開始漲。我就在美術館區買了一個大廈單位，而且變本加厲，把臥室和客房兩間都裝修成和式屋。為什麼我會那麼偏愛和式屋？告訴你一個祕密，晚上睡和式屋，可以變戲法把小床變超級大床。和式屋的睡法是鋪薄薄的睡墊，睡覺的時候，你可以滾到旁邊的地板上睡，尤其是暑夏夜晚地板涼涼的，特別舒服。

你說地板那麼硬，脊椎不會睡出毛病嗎？是的，地板硬邦邦，仰面平躺時腰椎拱起，沒有支撐，會出毛病。的確地板不能久睡，要滾身回床墊上。地板上鋪軟床墊的睡法非常健康，這是日本人一千幾百年傳下來的智慧：地板給全身骨架支撐力，床墊給腰椎支撐力。但談了半天睡和式屋，並不是此文的重點。重點是我為什麼對和式屋情有獨鍾？記起在高雄女中讀初中的時候，我們曾到鹽埕區一位本省同學秀娟的舅舅家玩耍過夜，那是冬天，我們五個十三、四歲的女孩，睡在榻榻米房鋪的床墊上，擠著排排睡，共蓋兩床棉被，開心嬉鬧，嘴角含笑入睡。是這次美好的經驗令我愛上和式屋嗎？

這才想起我兩歲半到五歲零八個月都住在日本榻榻米房子裡。因為父親在東京任中華民國大使館武官，我們一家三口先後住過三間分配到的日式宿舍，都鋪了榻榻米。所以榻榻米是在我潛意識深層最熟悉的生活環境。那麼我父母親是不是入鄉隨俗，盤腿坐榻榻米上，晚上睡榻榻米上鋪的床墊呢？沒有。定型的生活習慣很難改變，他們買整套西式家具放在榻榻米上。這張一九四九年的照片中，父親抱著我，坐在榻榻米地上抬著頭，可以看見我們二人身後擺放的茶几、小沙發、書桌椅。另外在我們臥室榻榻米上放了父母親的西式雙人床和我的欄杆床。儘管父母在西式家具上生活，我卻是坐在榻榻米地上玩玩具足足玩了三年，怪不得對和式屋情有獨鍾！我們常常被潛意識左右而不自知。

1949年在日本東京的宿舍，父母在榻榻米上放西式家具。

二十歲以前我是個非常喜歡出風頭的女孩。只要有比賽的機會都參加，小學參加過作文比賽、畫圖比賽，連鋼琴比賽都參加，其實對樂器我沒有什麼天分。我還會不時製造表現、表演的機會。六歲的我無師自通隨唱片播出的華爾滋音樂而起舞，有模有樣，在海軍接待外賓的宴會上獻舞。中學六年我連選連任班長，帶領全班參加清潔比賽、壁報比賽，在歲末晚會上演出過五齣話劇，擔任導演，而且其中兩齣的編劇也自己來。那些年我得了獎，洋洋自得，得到師長的稱讚和疼愛、同學的仰慕和追隨，就心花怒放。對外在的讚許真的很貪心。我是怎麼回事了？我想凡事有過頭的表現，可能是因為心底有什麼缺憾。

看童稚時期的照片就知道自己多麼愛表現：兩歲的時候兩手揪著耳朵，逗媽媽和大舅笑；三歲在相機鏡頭前，公園草地上跳舞給父親拍照。天性喜歡跟人溝通，天性喜歡表現自己。我想愛現更深一層的原因是我們天生需求保護和關愛，自我表現可以吸引人的關注。我們每個人在嬰兒時期都是無助、脆弱的，沒有大人的保護和關愛，連存活的機會都沒有，所以每個嬰兒一出生就缺乏安全感。我非常幸運，出生到五歲做獨生女，得到父母的專寵，由出生到兩歲都是祖母的心肝寶貝，兩歲回故鄉廣州的那一個月，湘姨、謙舅、傑舅爭著抱我。因為精伶愛現，更得大人的疼愛，所以小小的心靈裝滿安全感。

到我五歲，母親的肚子隆起來，而且一舉生男，嬰兒弟弟變成全家保護和關愛的對象，我的安全感開始像鐘漏裡的沙一般流洩。父母親成長一九二〇、一九三〇年代，傳宗接代的觀念根深蒂固。六歲的我一方面得消化傳統重男輕女的觀念，另一方面要學習做長姐。此時我們已經舉家遷回台灣左營軍區，不滿六歲的我插班讀海軍子弟小學一年級下學期，於是我有了比家更寬廣的園地。我想，在小學我處處愛表現，跟轉進新陣地有關：失去了父母的專寵，學校變成我爭取專寵的地方。

那時我非常活潑外向，跟現在的內向低調判若二人。我雖然只是小學生，但卻懂得如何在一個社團出人頭地。以聰慧和優異成績獲得老師們的寵愛。母親又非常好客，叫我把老師請到家裡用餐，有幾位老師變成我家常客，可見我還會善用家裡的資源。母親把我的午餐飯盒填滿肉和青菜，好讓我分給清貧的同學吃，我也遺傳到母親的慷慨，把玩具帶給同學玩，所以我在同學中人緣很好。加上參加各種比賽拿到名次，雖然個子小小，卻大大有名。因此讀小學的日子獲得類似師長專寵的地位、人見人愛的關注，充實了我的自信和安全感。自我表現有其正面結果，但負面是我變成虛榮自戀的孩子。

也許你的稚齡和童年跟我一樣，也經歷求寵、得寵、失寵、爭寵的過程。那主要是因為我們生而無助，由出生到三歲完全需要倚仗別人的呵護。家裡孩子多的，老大受到策勵，么兒受到溺愛，排在中間的老二、老三常在比較缺乏關愛的情況下長大，可能導致一生都缺乏自信。而獨生子女被父母呵護寵愛，一進幼稚園、或一上小學，得不到老師們的專寵、得不到同學的聽從，挫折感會尾隨他很久。人人都有難超越的關卡。我小時候成功轉移陣地，安然度過失寵難關，我之幸也。

18．專業花童

二〇一八年十二月，我帶外地朋友到高雄左營舊城附近的海軍眷村文化館參觀。看見牆上展示一張放大的集團結婚大合照，照片中約有三十人，正中央坐著海軍總司令桂永清上將及夫人，他們旁邊坐著便裝美國夫婦和顧問團美國海軍官員及夫人等，那便裝美國人有可能是美軍顧問團團長柯克備役上將。後面站一排新郎新娘，前排蹲著四個花童，我一眼就認出右邊第一個花童是我，我雖然在地上蹲著，腰幹卻挺得筆直。這張照片我不記得以前看見過。照片下的說明寫著：「攝於一九五一年」。於是我跟六十七年前的自己面對面。

在我三歲到七歲有五年，可以說是出任專業花童，也就是只要生活圈的社團裡舉辦婚禮或儀式上需要女童獻花，幾乎一定找我。三歲到五歲零七個月跟著父母親住東京。我們國家的代表團和大使館有一百多人在東京。只要團裡、館裡有人結婚，甚至日本華僑結婚，都會找我當花童。想是因為攜眷駐日的人員不多，適齡當花童的小女兒更少，我又完全不怯場，所以是搶手的花童。在日本可豪華了，新郎新娘會替我們兩個女

海軍總部1951年在左營辦的集團結婚。前排右一，我。中排左三桂永清總司令。

花童一人訂做一件漂亮的長裙禮服，結婚典禮完畢就送給我們當禮物。

五歲零八個月隨父母回到台灣南部左營的海軍生活圈，一直到七歲，作為花童更搶手了。先瞭解一下我父親在海軍擔任什麼職務。他一九五一年最想出任什麼職務呢？你記得在第二章〈我在抗戰末期出生〉說，一九四五年我出生前兩個月父親由昆明到重慶謀職，他最嚮往的出路是加入軍官團隊去美國接收戰艦，可惜錯過了考期，如果那時父親趕上去接艦，當輪機長之類的職務，說不定到一九五一他已經任太字號大軍艦的艦長了，所以一回台灣身為中校的他，最想出任艦長或副艦長。他十七歲考軍校，報效國家，作夢都夢到帶軍艦打仗，愛國軍人無不如是。沒想到艦少軍官多，都得排隊等派令，父親足足等了一年零八個月才獲派出任太湖艦副艦長。

在這等待的一年零八個月期間，桂永清總司令任命他為總司令辦公室交際科科長一職。一直到今天我都不好意思說當時父親這職務的職稱，或是說完「交際科長」，馬上解釋說「等於是公關主任」，都因為「交際」令人聯想到舞廳、聯想到交際花。父親的交際科長要處理的事務，小到安排高雄市工商界名人求見總司令，大到安排國慶歸國華僑參觀左營海軍基地，人數以萬計，他還管理「四海一家」單位、海軍國劇團單位，此外父親替總司令官邸安排茶會、餐宴。我想桂總司令是想把信任的人放在身旁，一九四七年父親赴日本任武官時，桂總司令命他向日本政府討回鎮遠、靖遠艦艦錨，父親抵日後不到一個月就完成使命，桂總司令一定深慶得人。其實父親一回台灣，還沒當交際科長，就常出入總司令官邸，因為桂總司令的唯一嗜好是打橋牌，剛好父親橋牌段數非常高，美軍顧問團團長柯克備役上將，帶一位屬下來跟桂總打橋牌，桂總就把父親找來參加橋賽。

因為父親負責海軍總司令部的公關事宜，集團結婚也是交際科管，派自己女兒當花童最方便。我第一次出公差，表現得進退有據、精靈般可愛，所以每當找花童自然第一個想到我。海軍總部辦集團結婚找我，黃埔海軍的叔輩結婚找我，連海軍子弟小學組織花童迎賓隊也找我，到高雄火車站，迎接高官、貴賓。有一次小學的安世琪校長帶著我們四個花童迎接宋美齡，四個花童，只有中間兩個各捧一束鮮花，準備獻花，我是其一。

這五年的專業花童經驗對我以後的人生有什麼影響呢？是不是這類經驗令我從少女時期開始就不怯場，敢站在舞台上鎮定自然地表演？敢在眾人面前，侃侃表達自己意見？但這只看到表面。做花童，走在新娘、新郎前面，結婚進行曲揚起之際率先出場，吸引所有人的目光，於是我習慣做眾人矚目的焦點，視出風頭為理所當然。回想自己從小到二十一歲，真的很愛出風頭。凡是比賽都報名；凡是有表演機會一定爭取。常常比賽得到名次、表演獲得讚揚，我就有飽足的成就感。

小花童聽到讚美，「好漂亮啊！」、「撒花

1948年中華民國駐日代表團的軍官在東京結婚，左邊花童是我，右二父親。

1951年左營海軍子弟小學安世琪校長帶花童（右二，我）在高雄火車站等貴賓。

瓣的動作像小仙女！」就陶醉其中，渾然不知道新郎新娘才是主角，不知道這是雙方家族、親友滿心感動的日子，不知道花童女孩只是小配角，當時的我完全不瞭解表面背後的真實。現在反思，在兒童時期，那叫活潑外向，到二十歲還這樣，就是貪求虛榮。直到讀大學三年級，一位同班陳同學患急性肝炎驟然過世，因為他的真情、他的智慧，我才醒過來。

我讀高雄女中那六年，依然愛出風頭，但是參與出風頭的活動時，加入了其他元素，因此產生正面的調整。初中、高中六年都被選為班長，除了初一那年是老師選的，其餘五年都是同學票選的。十二歲初一的我，當了班長，生出強烈的責任心。如果說我天生有強烈的責任感，那是往自己的臉上貼金。我的責任心應該源自父母親的身教，父親全心為公家事務而繁忙、為了國家可以獻出生命，母親有推己及人的心思，熱心照顧父親黃埔同學家的孩子、照顧我的小學同學，有這樣的父母，孩子自然會生出責任心。我見過一位朋友任職教育界，他太太嫌他收入少，這位太太就出身做生意的家庭。我也知道一位女性朋友遭受家暴，她丈夫從小在家裡就常見自己父親打母親。父母的身教會形成我們人格的部分。

我的好強、我的衝勁、我的好名，全轉移到我們高雄女中初中甲班的班務上。我竭力把風頭和榮譽帶給全班，因此我們在各項班際比賽中常拿冠軍。我更興高采烈地畫壁報，寫壁報文章，興高采烈地年年導演話劇。二〇二一年十二月我和五位高雄女中初中同學在台北市徐州路的市長官邸餐廳喝咖啡，我們初中畢業已經六十二年，清英跟我說：「鍾玲，我那時當學藝股長，要負責製作我們班的壁報，我很著急，因為不太會寫文章，都是妳幫忙寫的。」我小小的、自私的虛榮心，因為加入一點無私的責任心，得到人格正面的調整。

第三輯　由左營的海軍小學說起

19．在台灣唯一的親戚舅舅范傑

為什麼我一而再、再而三描繪一九四九年大陸人來台灣前後那段時期的人和事呢？一則因為那些事發生在我六歲以前，記憶朦朧，再不寫就沉入茫茫的遺忘。母親說，我滿兩歲時她帶我回廣州，大舅范永謙和阿姨范永湘都非常疼我，但我一點也不記得，只能在跟永謙舅和永湘姨合照的照片中求證。二則那是大苦難、大隔離的動亂時代，每一段發生的事，對當事人來說，都刻骨銘心，所以能寫多少就寫多少。我的祖輩都留在大陸。父母的兄弟姐妹中只有小舅范傑一人來到台灣，陪著我長大。他主動加入國軍，跟軍隊由廣州來台，是除了父母、弟弟以外，我在台灣唯一的親人。

父親的哥哥和異母弟弟、妹妹都留在廣州。外祖母在我母親十六歲時過世，我母親范永貞長姐如母地照看同母的妹妹范永湘和兩個弟弟，范永謙、范永傑。身在日本時母親一定非常掛念他們三人的安危；她的大弟，即我大舅范永謙，一九四九年應該已經過世了，我童年在內惟眷村家裡聽母親和傑小舅用客家話壓低聲音交談，猜出大舅老早就加入共產黨。那個年代富裕家庭的子女，總有一兩個左傾的，連永湘姨也是共產黨員。大舅在廣東什麼戰役中戰死的？還是被國民黨抓去處決？都不清楚。母親和傑舅用廣東話跟我講的是，大舅中山大學畢業，小提琴拉得很好。依稀聽到母親和傑舅說，永湘姨在解放後還當過官，至於做過國民政府官員的外祖父范方甫，多次受批判，但是沒有受太多折磨，大概因為他的大兒子我永謙舅是共產黨的烈士。外祖父活到九十歲才去世，這是一九八七年開放兩岸探親後才知道的。

一九四七年春，母親帶我這個兩歲小娃回廣州娘家，湘姨跟我們母女蹲在地上的三人照，應該是在母親娘家大洋樓的院子裡拍的，當時十六歲的傑舅在廣州也見過我這個外甥女。我還跟永謙大舅拍了幾張戶外的照片，照片是我母親拍的，沒有三個人的合照，可見現場只有我們三個人，一張在像是在剛完工、無人的辦公大樓外拍的，一張在荒江旁拍的。是已經投共的大舅，冒著生命危險偷偷來會姐姐和外甥女嗎？因為人站得遠，照片模糊就沒有選用這幾張照片。

一九四九年小舅十八歲，應該在廣州讀高中。他加入撤退的國軍，當個小兵，隨軍隊到台灣。這些湮遠的事他沒有跟我講過詳情，我只靠猜：是不是外祖父范方甫一九二〇、一九三〇年代在廣州當過多年國民政府的官，一九三七年全面抗戰他到家鄉大埔附近的廣東龍川縣任捐稅稽徵所主任，直到一九三八年日本占據廣州之後隱居大埔。所以在共軍南下、兵荒馬亂之際，外祖父叫小舅加入國軍，趕快逃；或者是外祖父決定留下，叛逆的小舅就決定跟著國民黨軍隊走。反正小舅知道他姐夫鍾漢波在日本當國民政府外交官，應該會去台灣述職，他可以去找長姐和姐夫。傑舅一歲喪母，童年仰仗的就是我母親，全力護著他的長姐。

母親、永湘姨（左）和我，1947年攝於廣州。

這張舅舅跟我在高雄眷村戶外的兩人合照攝於一九五一年春。我們一家四口在那年一月初由東京飛回台北，二月二十日入住海軍在高雄市區和左營之間的內惟眷村自強新村。那是獨門獨院的宿舍。我蹲在眷村家門口磚砌的、敷了水泥的牆墩上，照片中五歲零十一個月的我，已經插班讀小學一年級下學期，所以比一般人讀小學早一年。舅舅著陸軍軍裝，那年二十歲，他的大手握住我的手腕，是怕我摔下門墩？他臉上展開打從心底歡愉的笑容，那是重逢的快樂。可以想見他隨軍隊來到台灣，已經等待我們一年多，終於見到長姐了，還有個機伶的外甥女，和一歲大活潑的小外甥。

你有沒有注意到照片中傑舅的臉是在樹木的陰影中。為了寫這篇文章，我找出所有一九五零年代初舅舅跟外甥的合照，奇怪的是，每一張照片他的臉都藏在陰影中。附文這張照片是我調整亮度後他的臉才顯現。那為什麼他要隱藏自己？要隱藏的是不是成長中的傷痛呢？小舅從小是個叛逆的兒子，他對父親，即我外祖父，心中有深深的怨恨，因為他認為是父親害母親自殺的。從小在恨意中長大，人格是會扭曲的。他由後母帶大，後母自己生了幾個子女，到底給了傑舅多少母愛？疼愛他的長姐在他十一歲就離開廣東去大後方投奔男友，十年後才在異鄉台灣重逢相見。自此傑舅有一個可以回的家。

1951年舅甥攝於左營自強新村眷舍門前的水泥牆墩。

他加入軍隊把名字由范永傑改為范傑，也許他不相信永遠。舅舅是個特立獨行的人，在一般人的眼光裡，是個固執己見的人。在我一九八〇年出版的一本散文集《群山呼喚我》的〈自序〉中，這麼回憶二十七、八歲的舅舅，「當時台灣沒什麼人穿對襟的唐裝衫褲，他偏偏做了兩套每天穿出去，為了『保存國粹』，他說。他由軍隊退役下來，我父母親打算協助他攻讀大學，他偏偏不願意，跑到工廠裡當工人，為了『體驗生活』，他說。」（遠景，一九八七，七—八頁）

舅舅也是個憤世嫉俗的人，軍隊裡的事看不慣、工廠裡的事看不慣、社會上的事更看不慣。他會跟長姐用客家話發洩自己的憤怒，但是在我和弟弟面前，只不斷地微笑，從來不說氣話。他用自己最慈愛的一面來照看兩個外甥。他的國語帶著很濃的廣東腔，或者是客家話腔。想像裕隆汽車工廠的同事會把愛發牢騷的他，當作古怪的外省人，但是當他來我們家的時候就變成另外一個人，總是那個慈祥的舅舅。

我小學三年級的時候，母親幫我訂少年讀物《學友》雜誌，附有插圖，在上面我讀到縮寫《基度山恩仇記》的簡易本，叫《基度山伯爵》。舅舅卻來真的。我才十一歲讀小學六年級，他就迫不及待地買翻譯文學的書送我，包括愛德蒙多．亞米契斯的《愛的教育》、夏綠蒂．勃朗特的《簡愛》、大仲馬的《基度山恩仇記》。我的父親、母親對文學沒有特別的興趣。舅舅是第一位帶我走進文學世界的長輩。因為他的帶領，我讀初中和高中的時候，會自己去買，或自己去借歐美翻譯小說來看，翻譯小說引起我對文學一生深厚的興趣。舅舅非常熟悉歐美的翻譯文學作品，在廣州讀中學時，他一定是位文藝青年。

20・親人血緣和生死剎那

二〇一九年這兩天提筆描寫舅舅范傑，驚覺他過世已三十二年，也驚覺他對我的疼愛多麼厚重，只有當我們反思塵封的往事，才會為以前沒有認真感受的經歷而悸動。

一九四九年舅舅加入國軍由廣州撤退來台，我們一家四口到一九五一年一月才由東京飛台北。我們回到台灣後，父親親自去南部他的部隊找到他。

初次見舅舅是在一九五一年春天。他找到高雄壽山腳下海軍眷村我們的家，我快滿六歲，他二十歲，高瘦的青年，臉上突出的隆鼻長得跟母親的一模一樣。之後幾年他放假就由部隊那邊坐公路局車來，他的軍營好像是在台南縣，每次一來總是跟母親說客家話，聊個不停。舅舅常帶我坐公共汽車去遊愛河，走在岸邊用力拖住我的手，六歲的我會大聲叫「手痛！」但是舅舅不會放手，大概怕放開手，我會亂跑出事。長手長腿的他散步時跨步大，我跟不上，大叫「太快！」他會放慢幾步。我小學時父親任副艦長、艦長，長期出海。家裡有舅舅，雖然他才二十出頭，母親帶著幼小的我和弟弟，也比較安心。

一九五七年讀高雄女中初中一年級下學期，四月我

二十歲的舅舅。

滿十二歲生日那天，收到舅舅郵寄來的生日禮物。像一本書，又不是書。一疊厚厚的白色綠格稿紙，打了孔，用鮮紅的絲帶穿孔打了蝴蝶結。是他六年來寫給我的兩百封信，由第一次見到我開始寫，寫他對我的關愛和期許。最上面的那封信說，以前我太小，怕我看不懂，所以等我長到十二歲，才把兩百封信全部一起給我。那之前一年他已經送給我一本由夏丏尊翻譯、愛德蒙多・亞米契斯的《愛的教育》，那是作者以小學生作為第一人稱我，寫的日記，日記上面附有父母寫的鼓勵話和他抄錄的老師例話；舅舅的生日禮物是他寫的書信，他的創作。舅舅的書信冊和《愛的教育》兩者都是愛的叮嚀。

1954年舅舅跟我們一家四口遊左營春秋閣，相片上有弟弟用鉛筆畫的太陽。

舅舅對小外甥女興起如此深切的關愛，倒是跟他的個性不符合，他的青少年時期充滿叛逆。他母親永恆而美麗，懷著戀母仇父情結，內心怨恨難解。十八歲他獨自離家遠赴台灣，後來退伍下來又不肯繼續讀書，到汽車廠做工人；都是對命運擺出的一種反抗姿態，一種自暴自棄。這本書信禮物應該是他少有的正向思考，正面地殷殷期許一個幼小生命在陽光中成長。他把自己生命僅有的溫熱給了小外甥女。

舅舅對我保護備至，一九六六到一九六七年我就讀台灣大學外文研究所，第二學期沒有宿舍住，在校外租房間，那房子是台大一位歐姓女講師的家，我住的是她家後門旁的一個房間，這房子位於台大校園後牆外，相當荒涼的一條巷子，一邊是稻田。舅舅每週末都由新店來看我是否安好。到一九八〇年代初我都已經三十多歲了，常由香港回台灣，有一次去新店探望他，他送我上計程車回台北，舅舅因為不放心，不斷看車牌，又狠狠盯司機幾眼，把司機搞得一肚子火，故意開比較偏僻的路嚇我，我猜出司機意圖以後，跟他一直聊天，聊天氣、聊計程車生意、聊其他乘客，解除了他的敵意。

一九七五年四十多歲的舅舅在新店買了房子，娶一位印尼女華僑，白皮膚、高個子。當時我在美國紐約州立大學教書，由舅舅來信和寄來的新婚照片知道，他們夫妻感情很好，舅舅感情豐富，一定很疼愛她。有了家，有了心愛的妻子，心中的怨恨必然減輕，於是改了他的臭脾氣，戒了酒，成為愛家的男人。一九七七年我嫁到香港，每次回台北有機會就探望舅舅一家人，他們已經生了女兒。終於在一九八六到一九八七年，我由任教的香港大學中文系拿到研究假期，可以到高雄中山大學客座兩學期。在台灣時間較長，多次應邀去台北參加文學活動和學術活動，順便探望舅舅的機會也多了，那時來回高雄和台北為了快捷，都是坐飛機，自費就太貴了。一晃眼舅舅已經五十六歲，已成為裕隆公司老員工，跟舅媽育有兩女一兒，他像以前一樣個子瘦高，只是臉上添了皺紋。

以下攸關生死、有點驚悚的事，科學不能解釋，連舅舅都沒有讓他知道。也許是因為血緣關係才發生。一九八七年二月二十二日星期日上午，我在台北參加完活動，下午既然有空，想探訪舅舅。但打電話到舅舅家卻沒人接，平常都是舅母接電話。當天我坐飛機到高雄，回到中山大學的宿舍，上了床到十一點還睡不著，忽然胸口痛起來，不是劇痛，而是胃食道逆流那種非常不適的脹痛，痛了四十分鐘忽然停止。接著每一天晚上都這樣，十一點左右開始痛，痛四十分鐘。回高雄第四天，二十五日星期三接到舅母的電話，說舅舅診斷出癌症，入台北榮民總醫院四天了，二十二日入院。就是我在台北打電話找不到他的那天。我立刻買了飛機票二十八日星期六飛台北探病。去台北探病前三個晚上，胸口照樣痛，已經連痛六天了。

是舅舅從襁褓開始累積的不安、乏愛、怨恨、不滿，到中年引發了癌症的發病嗎？在台北榮總的普通病房，他虛弱地躺在床上，更瘦了。得的是淋巴腺癌。得這種癌身體會非常痛苦，要靠口服嗎啡片止痛。

我問舅舅：「服嗎啡片能完全解除疼痛嗎？」他說：「白天還好。到晚上十一點，嗎啡的效力減弱，就劇痛，由腳部開始痛。劇痛大概四十分鐘。」

我愣坐在那裡，沒有吭聲。怕舅舅知道我的奇異感應，怕他會覺得連累了我。原來親人可以「陪痛」，或是說，痛可以轉移。我幫舅舅減輕了一點痛苦嗎？能減一點點也好。

二十八日當晚我回到高雄，十一點胸口痛按時發作四十分鐘。入睡後，夢中我聽見有人大聲哭號，聲音那麼恐怖，我驚醒了，耳邊清清楚楚聽見那哭號聲在空中漸傳漸遠。是舅舅痛苦到受不了，我感應到他穿透靈魂的身體劇痛嗎？看鐘是深夜三點。我每晚十一點的定時痛，又痛了兩晚，那疼痛就再也沒有傳到我身體來。

我原定隔兩週，三月十五日再坐飛機上台北探舅舅。三月初有一天下午在中山大學三樓的研究室忙著準備授課材料，那時文學院還在海邊的紅磚連廊建築裡，透過敞開著的研究室房門，看得見文學院中庭槐樹的綠色新葉。四、五點的時候，忽然覺得心裡面什麼東西脫落了，我人變輕了一點。剎那間有靈感，是舅舅離開他的身體了？我的感應對不對呢？當晚舅母來電話說，舅舅在下午五點過世了。

你會問，鍾玲是不是有靈異體質，有陰陽眼之類。不是的，我很少有這類感應，其他親人過世時也發生過，但是沒有這麼全程、這麼震撼。也許是舅舅跟我的緣分，比舅甥關係還要深遠。

21．檜木長廊屋

儘管我記性不好，由童年到現在這六十多年常常憶起我跟一群小孩一起奔跑的場面，我們七、八個左右，沿著一座條形屋的木板長廊，興高采烈地由走廊頭奔跑到廊尾。我們不是賽跑，歡樂是因為小腳踏下去，踏在木板地上，就像打鼓。於是我們由東端奔到西端，打快鼓；再由西奔到東，打急鼓。那是我快樂的童年。

我六歲到十一歲家住自強新村七十二號（七巷三號），這村子長條形，短短的巷子，每條巷子只有四戶到十多戶，村子的西邊聳立南北縱走的壽山，東邊沿著鼓山路。根據我弟弟提供的資料，這村子是日據時代在一九三五左右蓋給日本海軍的基層軍官住的眷舍。讓我們看看宿舍的格局：一棟建築兩戶，各有各的大門，各有自己的前庭後院。進門是玄關，踏上木板地走廊，推開走廊的木趟門裡有一間客廳、一間臥室。

我常常去隔一條巷子那座長廊屋玩，長廊屋的地址為自強新村一四一號（第九巷），它的格局跟日本尉官宿舍完全不一樣，屋全長六十多公尺，主體架構由檜木建成。

五位小朋友背後就是檜木長廊屋的中段。

就是那張五個小朋友的照片裡，背後那一排木趟門的長條形建築。二〇二一年初我用微信問童年玩伴方家老三，就是九個小孩照片中第一排蹲在地上年紀最小的那位：這長廊屋在一九五一年，近七十年前，住了哪幾家人？日據時代作何用處？方家老三幫我打聽，特別是問他還健在的、也曾經住過長廊屋的舅舅陳慶潛。原來這第九巷的長廊屋在日據時代是日本尉官們的福利社。而根據弟弟，這裡可能住過比尉官低一階的准尉（兵曹長）。在一九五〇年代初期則住了七戶我國海軍家庭，長廊共用，廊裡面才分住七戶，其中四戶是廣東人，他們家長都是父親黃埔海軍學校的同學，其中陳慶堃伯伯和方富捌伯伯更是父親軍校同班同學。情誼延續到我們第二代。

另一項有關長廊屋的鮮明記憶則有關味覺。到農曆年節，我常跑去陳慶堃伯伯家，在廚房裡婆婆，即陳伯母的媽媽，會扭麵條、當場現炸出小麻花，會包紅豆沙餡的餃子，現炸出油角。一堆小朋友坐在木板走廊上等下一鍋，當幫傭把新鮮酥脆一盤子端過來，就被許多小手一搶而空。直到今日我在超市看見包裝的麻花，心中還湧起購買的衝動。香港羅啟銳導演的電影《歲月神偷》裡，永利街的鄰居們把餐桌擺在門前，各家小朋友拿著飯碗遊走到別家餐桌上夾菜。方伯伯、陳伯伯和我家的小孩就常到彼此家裡吃零嘴。方家老三說，他們在我家玩一陣子，我母親會教導他們洗手，再端出點心和飲料招待。我很幸福，因為在台灣晚生我二十年的小孩少有這種村子大家庭的經驗。

我清楚記得的是，到長廊屋玩的種種細節，但是小朋友卻記得到我家來玩的細節。是小朋友到他們年過七十時才告訴我的。陳伯伯的大女兒國寧記得到我家的小圖書館，坐在小板凳上看美國出版的英文童話故事書，諸如白雪公主、灰姑娘、米老鼠之類的故事書。她很羨慕我擁有這些藏書。方家老三也喜歡來，但看的書不一樣，非常愛看美國西部英雄牛仔漫畫書：*Lone Ranger and Tonto*，方家老三到七十歲還記得這英文漫畫書書名。其實這套牛仔蒙面俠及其印第安夥伴的漫畫書是父親收藏的。原來我童年家裡的藏書給小玩伴們帶來快樂。可見每個人記得的東西不一樣，我想那些令我們由衷喜歡的、令我們傷心悔恨的、令我們委屈挫折的、令我們悸動激動的，不會遺忘。

那張九個小孩的照片裡，除了我，其餘都住長廊屋裡。個子最高的于家大哥是山東人，其餘八個全是廣東小孩。我們叫這高個子「玻璃哥」，他已經小學六年級了，還跟我們四歲到八歲的小不點混。我們大聲自稱「細佬哥幫」，這是廣東話「小孩兒幫」的意思。我們常常在長廊屋前面的廣場和側院的竹林來回呼嘯而過，女孩多的時候玩老鷹捉小雞，有男有女的時候玩官兵捉強盜、玩捉迷藏。那片竹林的竹桿長得很密，是藏身躲官兵的好地方，記憶中那片竹林非常廣闊，青青翠翠長長，但是它必然只是小叢的竹林，因為我曾在裡面藏身，所以它變高大了。

立者左起：方家老大、我、玻璃哥。蹲者左起：方家老二、方家老三。立者右一，陳國寧。

因為在我記憶中這片竹林那麼鮮活，我就跟方家兄弟確認細節，記得竹林長在長廊屋他家西邊的側院，他們應該記得清楚，尤其是我想起一九九〇年代方家老三跟我說過，他長大以後有一天竹林枝上長出花苞，竹林全都開滿小花，開完花整座竹林就枯萎了。二〇二一年我透過微信問方家老三竹林的事。他寫說那竹林是他父親以一根竹子插枝插出來的，竹林「長得比我們屋頂還高，加上雨後春筍，那片寬三米長十米的竹林變得更茂密」，竹林還出現青竹絲，他曾看見一條青竹絲在牆頭「納涼」，那「青綠的蛇身，碧綠的蛇頭，讓人心生畏懼不寒而慄」。可是我一看方家老三寫的時間不對，方伯父是在方家老三讀中學時插的枝，我讀小學就在竹林玩，他記憶中的竹林不是我記憶中的那片罷！

於是我透過LINE問方家老二是否記得我們童年玩耍遊戲西邊側院的竹林？他說：「因年代久遠，實不復記憶，sorry！」難道那片竹林是我憑空想像出來的？二〇二二年三月在台北跟方家老二、老三聚餐，我們三個年逾古稀的童年玩伴不由自主又談起那片竹林，方家老二說：「我真的不記得長廊屋西側有竹林，但是，等一等，長廊屋後面有一大片竹林，竹竿比碗口還大，高聳入雲，有一點風就會嘎嘎大響！我們常在裡面玩捉迷藏。」Bingo！七十年前我藏身的大竹林的確聳立在長廊屋東北的空地，牆外是內惟橋。二〇二〇年代我去尋找長廊屋，一絲痕跡也沒有，早已拆除，改建很多平房眷舍，整個地區一根竹子也沒有。

小孩兒幫都記得的、而且印象深刻的，就是我們瞞著大人，爬進鐵絲網裡的後山探險。壽山是軍事重地，大山的背面下臨台灣海峽。記得我們由檜木長廊屋後邊的鐵絲網鑽入禁區，穿入密密的叢林，爬上、爬下不成蹊徑的山路，來到一個溪谷底，都是平鋪的、淺棕色大石頭，溪水在石頭間淙淙流去，我們在石頭上跳來跳去玩。一個小孩驚呼這是什麼？我們聚集看，他在石頭上拾起一顆一端圓錐形的金屬粒。玻璃哥和方家老大研究一下說，應該是子彈頭。

看到有人撿到寶貝，大家興沖沖分頭去找，還真找到幾顆。這些子彈是什麼情況留下來的？我記不清楚子彈的形狀。打獵嗎？追逃兵嗎？打靶練習場嗎？很難判斷是什麼人，用什麼槍，為什麼射出來的。二〇二一年撰寫此文初稿的今日，我忽然想起父親在自傳中說，一九五一到一九五二年他任職海軍總司令辦公室交際科長期間，曾經安排接待何應欽（一八九〇年—一九八七年）上將到壽山打獵，陪同打獵的人之中有陳啟川（一八九九年—一九九三年），陳為高雄市名流，後來當選市長。他們用圍獵方式獵山羌，先由熟稔的獵人在草叢設陷阱，何應欽等鳴獵槍，驚嚇的山羌被陷阱的繩索吊在空中。何應欽跟山羌合照以後，就把牠放了。（《海峽動盪的年代》，二十九頁）說不定小孩兒幫找到的子彈頭是何應欽的獵槍射出來的。

弟弟對進入禁區的記憶是：「姐姐帶領大夥沿著彈藥總庫外綿延數公里長的日遺戰壕（也是大水溝）前行。牠（我家的狼犬）不時停下用前爪挖掘，總會帶給建忠（虛擬弟弟的角色）些驚喜——不是挖出生鏽的彈殼，就是日軍的千人針福袋。」（《怒海逆風島嶼行》，二七八頁）這次弟弟加入小孩兒幫探險，他應該六歲，我則十一歲讀小學五年級，大概是我最後一次闖禁區了，因為不久我們就搬家去台北住。

鍾家姐弟闖禁區的樂趣是在冒險和尋寶。最近我用LINE問大我一歲的方家老二他記得禁區哪些事？他記得的事很不一樣，他著重禁區的現實面，著重社會對個人的規範。他說長廊屋後方隔一道鐵絲網就是禁區，網裡面過一道大水溝有一警衛連駐紮，他們守衛山裡的海軍彈藥庫和長廊屋對面的軍用電台。他又說，小孩兒幫穿過鐵絲網的事根本瞞不了衛兵，他們「知道我們是住在附近的軍眷子弟，所以睜一隻眼，閉一隻眼」，只「警告不得進入山區彈藥庫山洞附近」。

方家老二記憶中禁區裡的趣事也完全不同，大自然中的生物成為他活生生的玩具。他記得多次看見穿山甲、大蜈蚣、小蜥蜴，還記得自己用蜻蜓來抓蜻蜓的妙計，禁區碎石路上和樹林中「蜻蜓滿天飛」，小蜻蜓停在小草上時，他「屏住氣，用拇指、食指、中指快速捉住小蜻蜓的尾巴，然後用有莖的小草把小蜻蜓綁在草前面，然後繞圈搖動」，「果然有隻紅白相間的大蜻蜓突然飛來猛然咬住小蜻蜓不放」，方家老二的獵物紅白大蜻蜓就手到擒來！可以想見他玩得多麼開心。禁區遊是我們小孩兒幫瞞著家裡大人的大祕密、是我們歡樂的集體回憶。

所以我真的野過，而且六、七歲就接觸過蠻荒山林。怪不得當長大後進入荒山峻嶺，有跟真愛久別重逢的感覺。

22・兩代交情八十七年

父親就讀的廣東黃埔海軍學校二十二期於一九三九年畢業，那時抗戰期間海校已經遷到後方廣西。同期畢業共二十二位同學。他最要好的同學叫方富捌，課堂上兩人坐並排位子。這一期入學時三十位同學是一九三四年由一千三百多名報考者選拔出來的，因為那時日本已侵占東北，青年擠破門要報效國家。這一期同學的感情特別深，因為共患難過。

父親考入黃埔海校時，廣東的軍政是由國民革命軍粵系的陳濟棠掌控，陳有南天王之稱號。一九三六年父親讀二年級下學期時，全班在海圻軍艦見習，七月初遇上陳濟棠事變，陳主張抗日，反對蔣介石。艦方屬反陳濟棠派，所以見習生全被挾持做人質，關在船艙裡，十四天後才脫險，因為陳濟棠的反叛失敗，他就此淡出軍政圈。那張在海圻軍艦上全班都著水手服的照片是陳濟棠事變之前拍的，一個個軍校生都好稚嫩，父親才十八歲啊！

父親讀黃埔海軍學校四年級和五年級時，因為日軍的轟炸，學校不斷往後方遷校，顛沛流離。到一九四九年前後黃埔海軍學校二十二期只有十四位同學抵達台灣，其中八位升了將官，包括少將方伯伯和父親，八位中三位升中將，陳慶堃、李北洲、劉定邦伯伯。在台的黃埔海校二十二期超過一半升了將官，比例是不是過高了？要知道在抗戰期間，沿海都被日軍占領，海軍官校畢業生無軍艦可派。那時遷到大後方的共有四間海軍學校——福州的馬尾海軍學校、廣州的黃埔海軍學校、山東省的青島海軍學校和鎮江的電雷學校。你會問說為什麼陸軍官校只有黃埔軍校一間，海軍學校怎麼那麼多間？

海軍那麼多間軍校有其歷史背景。馬尾海軍學校屬國民政府海軍部，前身為清朝的福建船政學堂，四間海校中以其訓練出來的軍官最多。黃埔海軍學校前身為清朝的廣東黃埔水師學堂、廣東海軍學校一九三〇年代先後為海軍總司令陳策，和粵系陳濟棠管控。青島海軍學校是張作霖奉系辦的。電雷學校為蔣介石創辦。所以海軍有派系的問題，據說左營的海軍俱樂部叫「四海一家」就是暗示四個系統要和諧相處。尤其是馬尾海軍學校系統人多勢大，正因為如此，一九四六年蔣介石派出身陸軍的桂永清任海軍副總司令，並兼代總司令。桂永清是黃埔軍校第一期，蔣介石的子弟兵。桂永清盡力平等派任四個系統的軍官。一直到一九七〇年代四個派系軍官大部分退

1936年父親（前排左一）和方伯伯（前排右一）黃埔海軍學校二年級下學期在海圻艦見習。

方伯伯和父親1947年攝於南京。

休，問題才消弭，之後單一地都是左營海軍官校培育的軍官。

一九三九年在大後方四川萬縣，黃埔、青島、電雷三校合併為青島海軍學校，因為抗戰開始海軍學校就停止招生，所以合併學校裡都是各校三年級以上的高班生。但該校於一九四一年一月也停辦了，因為國軍失去制海權，也沒有軍艦，所以學生沒有出路。勝利以後青島海軍學校才重新招生。所以人才培育斷層九年，加上一九四九年有些海軍軍官投共，沒有撤退來台灣。父親前後屆的海軍軍官少，他們這批一九三〇年代入黃埔海軍學校的軍官，升遷為將官的機會自然大增。

一九五〇年代前葉，方家和我們家都住高雄內惟眷村，只隔一條巷子。兩家人幾乎隔天就在對方家中出現。有時是兩位家長下班後談個興高采烈，或兩位主婦互送食物，更頻繁的是我一放學就往方家跑，找他們三兄弟玩。我們兩家小孩的年齡排下來像樓梯：一九五一年，我家搬進眷村那年，方家老大八歲、方家老二七歲、我六歲、方家老三四歲、方家小女兒兩歲、我弟弟一歲。方家四兄妹都遺傳了方伯父堅實的下巴和豐唇，三個男孩長大了頗有男兒氣，小女兒則五官精緻，長成美人。兩家父母又常一同旅遊，那年代遊得不遠，兩家坐船去過高雄港旗津島的中洲碼頭看海景、買海鮮，也坐火車去訪台南的安平古堡，探古蹟。年紀大些的小孩才有幸跟班，小蘿蔔頭留在方家集中照管。所以我的小學歲月上學有同學，放學有粵語天地的玩伴，歡樂而熱鬧。

但是一進初中情況改變了，社會規範改變了人際關係。我由海軍子弟小學畢業，考進高雄女中初中部。方家四兄妹非常優秀，不是我吹噓，鍾家的也優秀，兩家小孩六位先後由子弟小學，或海青中學畢業，全部考進高雄中學和高雄女中。我那年代這兩間南部最好的中學，辦初中到高中六年，女中在愛河畔，雄中在高雄火車站旁，兩校相隔三公里。一九六〇年前後高雄民風保守，別說兩校學生交男女朋友了，我有些女同學中學六年沒有跟親戚以外的男生說過一句話。

那時自強新村的雄中雄女兩校學生搭十九號公共汽車上學，如果我在車上碰見他們方氏三兄弟其中一位，兩人先心照不宣地用眼睛打個招呼，然後一直到下車都避免目光接觸，為的是車上還有別的同學。如果互相微笑，或說了話，怕會引起閒言閒語。這是因為我們學會了保護彼此。我跟他們在公共汽車場域的社交距離維持了六年。但是星期天或節慶兩家會像以前一樣聚會，跟他們四兄妹見面，一樣地熟絡。有趣的是我們六人考進六間不同的大學，也讀不同的系，包括牙科、法律、外文、機械航空、核工、經貿。

方伯母畢業於廣州市立師範學校，果然家教有方。方家兄妹各有所成，任牙醫、外交官、飛安調查官、生物科技公司合夥人兼財務長。在成人歲月我家的活動，好像方家三兄弟出席一位就能代表三位。我東海大學一年級時，讀國防醫學院的方家老大來探訪，我帶他暢遊校園。一九六七年我搭飛機遠赴美國威士康辛大學讀研究所，方富捌伯父帶著台大法律系畢業剛服完預備軍官役的方家老二，到松山機場來送行，真是兩代交情。近二十年倒是方家老三跟我通訊頻繁，因為癖好相近，他讀成功大學機械航空，卻喜愛中國古典文學，也研究古玉。二〇〇二年，我和弟弟把母親的靈骨，由高雄接到新竹，跟父親的靈骨會合，送上新北市汐止的國軍示範公墓忠靈殿永駐，方家的舅舅陳慶潛和方家老三特地由台北開車到忠靈殿來跟我們一同祭奠，代表方家送我父母一程。

1953年攝於自強新村我家門口，左起我、方家老大、老三、方伯母、老二，方家小女兒。

2020年十二月攝於台北，原班人馬排位如1953年照片，因方伯母已過世，由她小弟陳慶潛代。

陳慶潛叔叔真正地跨世代，他是陳慶堃伯伯和方富捌伯母二人最小的弟弟，所以是小孩兒幫的長輩，然而只比我們大不了多少，他比方家老大才大七歲，所以又像大哥哥。一九四九年他跟著排行第七的哥哥陳慶堃來台的時候，才十幾歲讀初中。後來慶潛叔娶了我的小學同學容生，輩分就有點亂了。我父親是他們婚禮的證婚人，因為容生的父親在我父親當校長的海軍專科學校任教官。

因為慶潛叔在他同輩中，年齡最小，個性又謙和，所以常替嫂嫂輩跑腿。二〇二一年九月慶潛叔在我們「黃埔海校子女」LINE群組上跟我提到「因你們自日本回台灣帶了一台絞麵條機器，七嫂／阿婆要吃麵條都是要我到你們家借用。」

「七嫂／阿婆」就是住檜木長廊屋的陳慶堃太太和她母親。剎時那座絞麵條機器的形象清晰地在我腦海浮現：比果汁機大一些，色黃澄澄，非常重，大概是銅製的，慶潛叔要綁在腳踏車後座運送，他那時的樣貌也在我腦海出現，眉清目秀、皮膚白皙的少年。絞麵條機器上方有個斗形的槽，把揉好的麵團放進去，壓一壓，再旋轉把手，麵條就由一排小洞中瀉出來。一九五〇年代初軍眷應有配給麵粉，可以包餃子、蒸饅頭、蒸包子，一毛錢都不必花在麵粉上，但是吃麵條就要花錢買了。所以我們家的絞麵條機器炙手可熱。此機器是母親在東京買的，用了一陣子，隨著我家的海運行李來台。

兩代交情由一九三四年綿延到二〇二一年，已經八十七年了。二〇二〇年十二月二日我由高雄北上，弟弟和弟媳婦由新竹北上，跟方家四兄妹在台北紫藤廬聚會，方鍾兩家第二代六位全員到齊，個個已越古稀之年。長桌上團坐十一個人，還包括眷屬、包括碩果僅存的長輩，八十五歲的慶潛叔，即方伯母的小弟。我們有些二十多年沒有見面，灰白頭髮和皺紋看來陌生，吃著飯聊著天漸漸地升溫了，到我們按照手機上存的一九五三年六十七年前的童年照片排位子拍照，兒時戲耍的心情頓時重現，在帶笑的眼睛背後，我們探視到熟悉的歡樂和淳真。

23・青天白日勳章英雄陳慶堃伯伯

二〇二〇年三月我到新遷至高雄左營明德新村的海軍眷村文化館參觀，不期而遇看見陳慶堃伯伯的照片和他榮獲的青天白日勳章複製品。陳伯伯是家父鍾漢波一九三〇年代讀黃埔海軍學校的同班同學，陳的姐姐嫁給父親最要好的同學方富捌。陳伯伯的長女陳國寧又是我小時的玩伴。陳家、方家、鍾家兩代交情深厚。小時候到陳伯伯家，總是滿屋子的人，他扛起家族的擔子，也大方款待海軍同袍，偶見陳伯伯活力四射地在人群中進出。國寧說她父親在黃埔學校念書的時候名列第二，可見是位文武雙全的英雄。

陳伯伯有打天下的英雄氣概，有衡量大局的遠見，有縝密深入的心思，有機動靈活的謀略，有體恤同僚部屬的用心，所以跟過他的部下會長期聚集在他周圍。陳伯伯的長子陳永嘉說：「到家裡來串門子的人常常都是父親共事過的部下，甚至是一些曾在軍中服役的充員戰士，尤其是永嘉艦的同仁們，他們每一年都會有固定的聚會。」永嘉還說：「父親亦在下班後穿著牛仔褲，所以他的部屬也叫他『流氓司令』。」（海軍艦

左營的海軍眷村文化館展出陳慶堃將軍的照片和青天白日勳章複製品，攝於2020年。

隊司令部，《老戰役的故事》，海軍總司令部，二〇〇二，三十七頁）的確，在一九五〇年代牛仔褲並不普及，只有流裡流氣的太保穿，這是陳伯伯不拘小節的一個例子。

陳伯伯一九四九年獲青天白日勳章，那時國民政府已頒發近兩百枚勳章，海軍只獲得三枚，因為抗日戰爭期間海岸線全被日軍占領，我海軍無艦可打仗。另外兩位獲勳的是海軍總司令，功在建軍；所以陳伯伯是海軍第一位獲勳的實戰英雄。陳伯伯的戰功是：一九四九年四月停泊南京附近的燕子磯的國軍艦隊司令林遵，明顯要投共，身為永嘉號掃雷艦少校艦長的陳慶堃領頭，隨後跟來七艘軍艦，他們衝過長江兩岸共軍的猛烈炮火，共六艘軍艦成功由南京突圍到達長江口的上海黃浦江岸。

一九四九年四月二十日，共軍已占領長江北岸，準備渡江，並劍指國民政府的首都南京。

1936左右黃埔海校同班組織的足球隊：陳慶堃（後排左二）、方富捌（中排左二）、鍾漢波（前排左二）。

1949年七月宣布陳慶堃獲青天白日勳章，次年三月在左營由蔣總統授勳後，戴勳章在永嘉艦上。

二十日早晨英國軍艦紫水晶號逆江而上去南京撤僑，占領鎮江以東的北岸共軍令其回航，紫水晶繼續航行，被三江營要塞的共軍炮轟中彈，在南岸沙洲擱淺並投降。英國軍艦伴侶號由南京水域來拖救紫水晶，被共軍的炮擊中，駛去上海。二十一日晨英國遠東艦隊副司令馬登中將坐鎮的倫敦號，率黑天鵝號由長江口疾馳來接應人員傷亡嚴重、已脫離擱淺的紫水晶號。共軍計畫當日下午渡江進攻長江南岸，應該認為英艦礙事，北岸三江營共軍就跟倫敦號和黑天鵝號兩艘英艦發生炮戰，雙方各有傷亡，兩艦只得駛回上海。所以在南京附近的國軍艦隊要突破長江下游重重炮台六百多門炮，簡直不可能。

戰局瞬息變化，四月二十一日共軍渡江，當天早上南京和上海之間的南岸重鎮江陰要塞投共了。四月二十二日國民政府的海軍第二艦隊共有二十艘左右中、小型軍艦，錨泊在南京附近的燕子磯，艦隊司令為林遵，而陳伯伯「以前未曾見過他（林遵），更不知其為人。」（陳慶堃《海的洗鍊》，三十一頁）陳伯伯任永嘉號的艦長，二十二日中午林遵在蕪湖水域登上陳伯伯的軍艦，令永嘉號為第二艦隊的旗艦。當天共軍占領長江南岸不少要塞和城市，二十三日將進攻南京。二十三日凌晨陳伯伯放小艇送林遵在燕子磯上岸去南京下關見桂永清總司令，桂在下令林遵帶領艦隊駛去上海之後，就搭飛機撤去廣州，次日二十四日晨共軍占領了南京。

回頭來講關鍵的一九四九年四月二十三日，上午林遵見完桂總司令，回到永嘉號，下令艦長們都登旗艦永嘉號來開會決定艦隊的去留。我想他用開會來解決問題，顯然有投共之心，否則帶頭衝往上海就是了。那時有些艦長想為國民政府奮戰；有些想投共；有些搖擺不定。因為彼此不熟，都不敢表明立場。開會到下午三時艦長還議論紛紛，大概因為林遵留學英國軍校，受英國民主制度影響，決定用投票方式解決。共十八位艦長與會，這次不計名投票的紀錄：八票主張留下，兩票主張去上海，六票空白票，兩人棄權，棄權的是兩位炮艇艦長；因為主張留下的票最多，林遵宣布艦隊留下投共。國寧告訴我，陳伯伯對她說過他投的是空白票。

我想當時陳伯伯只認識永修號桂宗炎艦長，桂宗炎是黃埔海校低他一屆的同學。陳伯伯跟其他艦長根本不熟，討論時表態容易自陷險境。其實我們算上空白票，想去上海的應該有一半，由冒死出走的共有八艘就知道，不少艦長猜出林遵想投共，更不敢表態。投完票已經下午四點多。林遵身旁有荷槍實彈的衛隊，陳伯伯怕突圍生枝節，他知道惠安艦艦長吳建安和林遵關係密切，就跟吳建安和林遵的侍從官說，永嘉號艦上副食已經吃完，還要採買，怕對司令招待不周，吳建安接口說惠安艦副食足，地方寬敞，陳伯伯順水推舟建議林遵去惠安號。吳建安是共黨的潛伏，也是林遵的親信。這正中林遵下懷，就隨吳建安離開永嘉號，登上惠安號。

陳伯伯向自己艦上官員宣布他決定趁夜霧衝去長江口，官員堅定地一致贊同。他又派通信官王業鈞中尉、輪機長鄒弘達兩人陪桂宗炎艦長乘小艇回永修艦，以調整開拔突圍時使用的無線電通訊頻率。陳伯伯用望遠鏡看見王業鈞二人由永修艦下船上小艇後，沒有回來，反而折向其他軍艦之間穿梭，這令陳伯伯焦急起來，「一則怕企圖宣洩，一則怕耽誤時間」。王業鈞二人回永嘉艦後向他報告，「他們有許多同班同學都在各艦當副艦長、輪機長或部門主管，不忍心任其淪入匪手，故主動紛紛通知」。（陳慶堃《海的洗鍊》，三十六頁）永定艦長劉德凱、武陵艦長劉征派部屬向在小艇中的他們表示要加入，二艦也調整了無線電通訊頻率。

四月二十三日下午六時，陳伯伯下令開航，永嘉艦上的A字旗升到頂，起錨向長江下游全速衝去，永修、永定、武陵緊隨在後。沒想到後面竟另外跟來八艘軍艦！歷史上還真有鬧劇般的烏龍事件。因為林遵司令原駐永嘉艦，所以艦上掛了艦隊司令旗，林遵移駐惠安艦時，忘記降旗。這八艘軍艦看見旗艦起錨，有些誤以為林遵改變主意要去上海就跟來，有些本來不願投共的當然緊跟來。其中四艘，楚同、美盛、安東、永綏，經惠安號用無線電聯絡，確認林遵在惠安號上才回航。這烏龍致令原來只有四艘決定突圍，變成八艘！

其實陳伯伯十三天前，四月十日，才經歷生平第一次實戰，就是在三江營以東的口岸鎮水域他以炮火支援國軍的地面戰事，四月十二日又再打一次仗。他是天生善於統帥部下、足智多謀的戰將，這次衝出長江如猛虎出籠，由於才在長江打過仗，熟悉航線，又知道趁夜色和夜霧通過是最佳掩護。午夜時分八艘艦通過三江營，濛濛中岸上炮火攻打艦隊，艦隊也發炮回擊，夜霧掩護它們通關。但是在零時多駛到三江營和口岸之間，夜霧卻帶來遭遇戰，霧裡忽然出現一艘滿載共軍的汽艇迎永嘉艦而來，陳伯伯在駕駛台裡指揮，故意以船頭對它迎面撞去，把它攔腰截成兩段。有汽艇殘骸掛在船頭，永嘉艦用繩子吊兩位戰士去清除殘骸，卻被子彈擊中小腿，原來殘骸上還有敵軍，我方用衝鋒槍清除了敵人，而這一切都在軍艦全速前駛，黑夜大霧裡發生。

八艘艦通過三江營之東的連城洲時，約凌晨三時，濃霧稍散，共軍又在兩岸用探照燈照射，炮火猛烈，艦隊也發炮回擊。永嘉號三處中彈，一彈擊中後舵室，起火燃燒，打斷一個旋轉北古turnbuckle，幸好修理班小心滅了火，剩下的一個旋轉北古仍能繼續運作。永績號中彈擱淺。清晨五時艦隊通過江陰要塞，岸上轟炮開始並不猛烈，可能基層炮兵念同袍之情（張力，《王業鈞先生訪問記》，中央研究院近代史研究所口述歷史叢書七十一，一九九八），後來炮火凶猛如鞭炮連炸，興安號被擊沉。

當二十四日早上陳伯伯艦隊駛入長江口南岸上海的黃浦江時，已航行十六小時，共有六艘軍艦突圍而出：永嘉、永修、永定、武陵、美亨，以及落在後面的永翔；永翔艦的經歷見其輪機中士曲德美的敘述（海軍艦隊司令部，《老戰役的故事》，三十四—三十五頁）；不幸興安號被擊沉，永績號擱淺，這兩艘沒有跟上來。加上前一天二十三日凌晨抵達的三個艦群：邱仲明艦長由鎮江水域帶領來的四艘，營口、楚觀、聯勝、聯華；宋長志艦長由江陰水域帶領來的逸仙、信陽；原來就已經在江陰炮台下游的美樂、聯榮。（海軍艦隊司令部，《老戰役的故事》，二十三—二十五頁）這三撥是比陳伯伯早一天趁黑夜的掩護突圍或航行。總共成功脫離長江共軍炮火網的有十五艘。這十五艘軍艦保存了我國海軍的實力，永嘉號帶頭的艦隊冒死成功突圍更大振國軍的士氣。

永嘉的通信官王業鈞回憶說：「這隻『鞭炮艦隊』抵達了上海吳淞口。眾人才發現全艦彈痕累累，米袋很多都被打破，甲板上盡是米粒。士兵們東倒西歪躺下來，很多都睡著了。艦艉的舵房也被炮彈打穿，卻幸運地沒有傷到控制纜索。黃浦江裡的船，包括英國及美國的軍艦，都向他們敬禮。」（張力，《王業鈞先生訪問記》）停泊黃浦江上我國和各國艦隊的官兵，個個都知道長江下游兩岸的共軍要塞，是攻不進去、衝不出來的堡壘，連大英帝國的海軍都敗下陣來。我可以想像在朝日照射下，當他們親眼看見五艘滿身彈痕的中型、小型軍艦奇蹟式地開進黃浦江，震驚之餘崇敬油然而生，忍不住立正行禮，英國、美國軍艦更鳴笛致敬。當永嘉艦到達高昌廟碼頭靠泊時，碼頭擠滿歡迎的人潮，船上撇纜繩拋上岸，人人爭著執纜。站在永嘉艦駕駛台裡的陳

1968年我在威士康辛大學讀碩士時收到陳慶堃伯伯的歲暮賀卡。

伯伯，值三十茂年，削瘦的臉、豐厚的唇，炯炯的目光閃爍著鬥志、膽識和堅貞。

陳慶堃伯伯個性光明磊落，不稱功，當然更不掠美。他說「事後人們過譽本艦『領導突圍』。實際上，只是我獨行其是，因我既非資深，又非立意號召，豈可附會邀功呢？」（陳慶堃，《海的洗鍊》，三十六頁）陳伯伯又歸功於王業鈞、鄒弘達二位部屬的天真熱情，影響到他們的同學，才有那麼多軍艦跟來。在他向海軍總司令桂永清報告後，桂總的手諭上說他：「成軍未久，不避艱難，領導突圍，到滬後，毫無矜驕之氣。」（陳慶堃，《海的洗鍊》，三十八頁）事實上，沒有陳伯伯領先突圍，其他艦長即使想行動，也不知如何進行。正因為他有勇有謀扛起大旗，眾艦長才知道時機和方向，可以追隨他行動。

本來我不打算寫下面這一段，因為有自誇之嫌，在我一九六七年九月出國留學之前，到左營陳慶堃伯伯家辭行，陳伯伯勉勵我說：「各領風騷五百年。」我當時把趙翼的七絕背誦出來：「李杜詩篇萬口傳，至今已覺不新鮮。江山代有才人出，各領風騷數百年。」面對氣勢軒昂的陳伯伯，我的內心捲起千疊浪，得到這位五百年的英雄人物如此看重，我內心又欣喜、又惶惑，要如何竭盡力量寫作才是！因為最近找到陳伯伯一九六八年寄給我的賀歲卡，上面寫了這件事，才加上這一段文字。陳伯伯的卡上還寫說：「閒暇來我積極寫海軍職業性的準則之類的書籍。」根據陳國寧，這本書是指陳伯伯寫的《海軍艦隊訓練綜合準則》，引進美式觀念，加上自身的經驗而寫成。

24・一甲子無縫接軌的童年玩伴

陳慶堃、方富捌、家父鍾漢波三位將軍是一九三〇年代廣東黃埔海軍學校同班同學，一班不到三十人。三人親如兄弟，三家的十個子女也從小玩在一起。這些童年玩伴中，小女伴陳國寧跟我特別投緣，不只年齡相仿，且方家的同齡玩伴都是男孩，女孩兒有自己的玩法，像是扮家家酒、跳房子，或是在我家一起看英文童話書，那是住日本時父母在美軍軍中販賣部買的白雪公主、米奇老鼠故事書。

我們投緣可能因為生命軌跡的重疊，國寧和我都是長女，她三個弟弟、我一個弟弟。長女有長女的個性特質，像是守護心強、做事負責認真。我們成年後各自在文教界發展，大方向時而重疊。我學的、教的是美國文學、比較文學，但是對中國傳統文化、古代玉器、道教、佛教都產生濃厚的興趣，連文學創作都多以中國古典時期的人物、故事為中心。

國寧大學讀歷史系，研究所讀藝術史，碩士論文寫敦煌佛教藝術。曾任華岡博物館館長、世界宗教博物館館長，在大學教博物館學、藝術行政、中國藝術史。她還學水墨畫、練書法、學古

1951年和陳國寧（左）一人伸一隻手玩耍，攝於左營眷村竹籬笆前。

琴。我們兩人重疊的大範疇是中國傳統文物和佛教。她說一生的轉捩點發生在讀文化大學的時候，之前可說是隨波度日，直到去看曉雲法師的畫展，我驚呼著插嘴：「哎呀！我非常喜歡曉雲法師的佛教水墨畫，散發心靈的光輝，只在網路上看到過。我師父白雲老和尚對曉雲法師很讚許。」你看是不是又有重疊之處？

我們由高中畢業到七十多歲都各忙各的，偶爾在聚會中見面，但也有意外的交匯。二〇〇一年我在中山大學任教，七月飛去美國進行研究計畫，「多元東西文化之匯集：美國西岸之文學運動」，專訪十二位美國作家。其中一位是著名的佛經翻譯家兼遊記作家比爾・波特（Bill Porter）。當我坐渡輪抵達美國華盛頓州的湯森港（Port Townsend）時，一位中年大鬍子白種人，駕著一輛富豪牌（Volvo）舊車來接我。他就是筆名赤松（Red Pine）的波特。

我知道波特一九七〇、一九八〇年代在台灣住二十年，娶了台灣太太。上了他的車，我問：「你當年來台灣，住台北嗎？」他的回答令我訝異，說先住高雄擔保人的家裡，再到佛光山居住，在那裡體驗修行生活，學習佛經和中國古典詩歌，「因為我擔保人的父母住海軍眷村，她叫陳國寧」。

這下我訝異到目瞪口呆：「你是說在文化大學任博物館館長的陳國寧？她是我童年玩伴啊，你怎麼認識她的？」他慢條斯理地答：「當年我在哥倫比亞大學讀人類科學系的博士，也學習佛教和中文。但是對學術生涯缺乏興趣。我有位德國同學Gerhard Herzog方由台灣回到哥大，很喜歡台灣，在佛光山住過，他勸我去台灣學佛，他的朋友陳國寧可以替我做擔保人，這樣就可以入境到台灣。」

二〇二一年我去台灣中部探訪剛退休的國寧，向她求證這件近五十年前一九七二年的擔保案。她說的確幫波特作過擔保。當年那位指引波特來台的哥大研究生Herzog到華岡博物館參觀，國寧被派去接待，就交了朋友，Herzog熟到住進陳家在高雄左營明德新村的眷舍，可見國寧古道熱腸，跟她父親一樣。

她談到自己學習之路從小曖昧不明，不知道為什麼讀書、為什麼上學。一九六三年考大學填志願時，問父親陳慶堃的意見，他說張其昀最近辦了一間中國文化學院，即後來的文化大學，張是史學家、地理學家，他聘的史地教授一定不錯。中國文化學院成立於一九六二年，才成立一年。國寧填了歷史系，但是進了文化大學依舊無心讀書。一直到四年級看曉雲的畫展令她開竅，國寧說：「一看到曉雲法師的畫我覺得有禪意，很有境界，感到很喜歡。」於是她去跟曉雲法師學畫。探聽到曉雲將在那年文化大學招生的藝術研究所開課，就報名考研究所。

國寧考上藝術研究所也是一則傳奇。之前上課老師所講全不入腦，但當她自己去圖書館找幾本中國藝術史的書，卻看得津津有味，而且過目不忘。接著又看西洋藝術史的書，覺得太好看了，看完就消化為己有。她以第四名考進研究所。從此讀書學習變成樂趣。碩士畢業時，剛好大學創辦人張其昀籌辦華崗博物館，當時稱為文化博物館和國際華學資料展覽館，國寧就應聘為館員。為什麼她會升任館長呢？二〇二一年三月我跟她相處一個白天，發現她勇於任事、貫徹認真、善於創新和聯盟合作。我想因此她責任會越來越多，一路升職，到後來出任華崗博物館第三任館長。

二〇二一年三月我搭高鐵由高雄到台中去探訪國寧和她先生吳肇熙，東海大學的學長。我

2021年三月和陳國寧（左）攝於日月潭涵碧樓。

在台中出了高鐵站上國寧的車子，見到開車的她就聯想到陳慶堃將軍，因為她的五官很像父親。我們兩人一見面就開始用兒時溝通的廣州話唧唧喳喳喧鬧地話起家常來，一甲子的距離無縫接軌，坐在車後座的吳學長徒呼奈何。老廣只要一開口說粵語，馬上變成一黨，信也。在中台灣我逗留八個小時，國寧駕車，帶我出遊日月潭的涵碧樓並午餐、到南投埔里他們三層樓古意盎然的庭院山居倘佯，還去中台禪寺的博物館參觀，安排博物館長見諶法師替我導覽。她安排這些緊湊而豐富的深度參訪，可見其縝密迅雷的行事風格。國寧和肇熙的山居經營得別有洞天，大門外只見車道和樹林，房屋為樹影掩映，三層台地的庭園，種了松樹和果樹，園中砌石為徑，引水成溪。三層樓房室內寬敞，三樓即閣樓，是國寧的心靈天地，大書桌上擺了端硯、掛滿毛筆的筆架、顏料、調色盤。是啊！她跟曉雲法師學過畫。琴桌上安放一張古琴，她還在學彈古琴。真雅人也。

二〇二一年十一月十七日收到國寧的LINE信息，說她九月才去美國探親，也到西岸波特家住了三天。閃電般快啊！今年三月我才在台中向她求證半世紀前的擔保案，她旋即聯絡上失散多年的波特，不到半年，她就在國際洶湧的Covid-19疫情中，到美國探親，順便探望這位三十沒見的、熱愛中國文化的老朋友。人間的故事繼續在發展。

25・肉蕾

我在台灣十一歲以前的童年歲月都生活在外省人的圈子中。就讀的海軍子弟小學裡的師生，全為渡海來台的外省人；放學以後的玩伴全是講廣東話的小孩。童年近距離長期接觸的台灣本省人只有阿美。我母親在一九五一年春住進內惟眷村沒多久，先聘一位年輕的外省軍眷太太白天來幫忙，一九五二年她找阿美為全職幫傭。你會說，一九五〇年代台灣不是物質乏匱、軍人的生活不是很艱苦嗎？怎麼聘得起幫傭？那時弟弟還是嬰兒，母親身體又虛弱，顧得了嬰兒就沒法燒煤球、做飯、上內惟街市買菜了。而來台之前父親任職東京的中華民國大使館近四年，領的是外交官的薪水，所以來台頭幾年，家中經濟狀況不錯。

1953年跟阿美攝於高雄港旗津的中洲碼頭上。

在身形上，阿美真的是獨一無二。你有沒有注意到那張在中洲碼頭上她跟我的二人合照裡，她用雙手左右環繞圍住我。你看錯了，靠海一邊的那隻手是我的手。阿美是獨臂的，她另一隻手臂在工廠工作時被機器削去！所以她每次照相都會把缺手臂那邊的肩膀藏在別人身後。記得她一定會穿有袖子的衣服，用袖子遮住斷臂的斷口。因為在家裡常跟她在一起，有一次我掀開她袖口看，所動的手術應該是整個上肢骨由肩胛切斷。那切斷的地方不是平整的，而是兩條像竹筍尖一樣的肉蕾，由左肩頭垂下約八公分，人一動肉筍就會震顫。她沒有推開調皮的我，似乎並不介意我的窺密。

阿美二十多歲，臉形如滿月，雙眼和嘴向短鼻子的鼻頭集中，有點像貓臉，皮膚白如石膏。我母親為人寬厚，阿美在我家工作，心情應該是放鬆的、愉快的。她說國語說得達意，帶著台灣腔。記得我們說到好笑的事，她會跟著大家笑。她對我像大姐姐般照顧，我有事沒事常常叫她：「阿蜜！阿蜜！」「美」的台語發音在「蜜」和「必」之間，台語「阿」字要發輕音。雖然她只有一隻手，但是做起事來可靈敏了。弟弟就是她一隻手由嬰兒抱到幼童。她用一隻手在洗衣板上搓衣服，切菜、洗盤子、掃地，都很俐落。我們全家出遊常帶著她，就像那次去中洲，每張合照都有她，像家裡一分子。

記憶中最鮮明的是阿美帶我去內惟的水稻田掏田螺。隔著鼓山路，眷村對面就是內惟民居，只要走三兩條街，再過去就是一望無盡的水稻田。五十年以後在二〇〇〇年代，這片水稻田變成高雄美術館公園以及興建高樓大廈的重畫區。二〇一一年因為次年將由香港浸會大學退休，我在高雄找房子的時候，認為應該買在最有增值潛力的美術館區，但實際上這個選擇受我潛意識層另外一股力量的左右，一定有什麼力量驅使我選擇童年掏田螺的水稻田這片地方。

一家人，父母和我、阿美、來訪的舅舅，都喜歡吃母親炒的、又辣又香的田螺，那是阿美到內惟水稻田親自撈的。有一次母親准我跟著阿美去郊外稻田裡撈田螺，可見母親對她的信任。那是四月天，不必上學的禮拜天。阿美戴著斗笠，我戴著草帽，兩個人各手執一根竹竿，竿頭綁了一個銅線編的小漏斗勺，阿美的臂彎還挽著一個木桶。我小心地跟在她身後走在田壠上，因為怕掉到水田裡，會一身髒泥。阿美教我搜索稻株下面，水裡褐色微微發亮的，那就是田螺殼。我用漏斗勺把它撈起，放進阿美提的小木桶裡，田螺烏亮，還滴著水。

整個旅程那麼暢快，因為那無數片青翠的水稻葉、一望無際閃亮的稻田水、初夏溫暖的陽光、當然還有我童年雙腳觸及的母性大地。如果我有故鄉泥土，就是這片稻田。撈回來的田螺還要在廚房水盆裡養上三天，常換清水，讓牠們把髒東西吐清拉清。母親用很多大蒜和紅辣椒來炒。我們用牙籤剔開田螺殼的小蓋子，挑出的田螺肉真的香噴軟彈！

阿美在我家工作兩年後辭工離開了。記得母親說是她家裡要她嫁人。那年我九歲，不懂得人間艱苦，很可能阿美家裡說成一門親事，對方不僅願意娶殘廢的女子，還給一些聘金，所以阿美去嫁人了。她應該只讀到小學畢業就替家裡賺錢。我無法想像她在工廠做女工時，手臂被機器切斷的經驗，有多麼痛苦！工廠應該替她付手術費、醫藥費，她有沒有去爭取賠償呢？如果有，爭取到了嗎？我這個當作家的人，應該體會而不能體會的事，太多了！她是在日據時代最後幾年，還是在一九四五年以後受傷的呢？高雄擁有大型機器的工廠，是國民政府由日本政府接收過來的台灣機械公司、台灣鋁業有限公司、中國石油公司高雄廠、台灣水泥株式會社高雄廠。阿美在哪一家工廠受此重傷，無從考據。

一九八九年我離開香港大學，回高雄中山大學任教十四年，有時去內惟街市買菜，常會下意識地眼掃人群，看看有沒有獨臂的女人。有一次真的看見一個沒有左臂的女人，她個子比我還矮，人枯瘦枯瘦的，皮膚褐色，臉上滿是皺紋，完全不是我印象中圓臉白皙的阿美。但是她五官有一點阿美的影子，那麼一點像貓。在人群中我走到她的背後，叫：「阿蜜！阿蜜！」她沒有回頭。

二〇一八年退休回到高雄定居，幾次帶外地來的朋友逛旗津，都在旗津碼頭旁找一位來旗津兼職的、五十歲左右的三輪車導遊，他本人應該以旅行為業，說流利的英文。經過二十五淑女墓時，他沒有停三輪車帶我們下去參觀，卻在路過這個景點時，指點遠處那巨大的蓮花紀念碑，跟我們談到她們的遭遇。二十五位淑女令我聯想到獨臂的阿美。這二十五位女子年紀由十三歲到三十歲，都是旗津中洲里的居民，也都是高雄前鎮加工區的工廠女工。她們上下班都要靠旗津中洲到前鎮線的輪渡往來。這中洲渡船場就是一九五三年我們鍾家和方家大小一行九人，包括阿美，一起遊玩拍照的地方。

一九七三年九月三日星期一清晨，泊在中洲渡船場的老舊的輪渡木船「高中六號」，只能載二十人，卻擠上七十多人，大部分是女工，早到的女工坐在船艙裡面。開船之前不斷地有人擠上船，因為不上這艘船她們就會遲到，不但會扣薪，還會失去全勤獎金，微薄的薪水就少了四分之一。船離岸不久艙底開始進水，船慢慢下沉，船員把船駛靠中油碼頭，甲板上的乘客有些跳水逃命，有些在中油碼頭邊，被趕過來救援的人拉上岸。不久「高中六號」船就翻覆沉沒，在船艙裡面，擠不出艙門的二十五位女工就這麼隨船沉沒水底淹死，她們是最準時上船的一群女子。

阿美跟這二十五位女工的命運有相似之處，都是工廠女工，也都是為了工作而發生了意外，她們之間卻距離二十多年！由一九四〇年代到一九七〇年代，台灣基層民眾貧窮家庭中，女兒的命運沒有改善多少，她們大多是家中長女，小學或中學畢業以後，就進工廠做女工，為了讓家中的兒子可以繼續上學，或者為了維持一家老小的生計。到一九七〇年代民國推行男女平等都已經六十年，傳統重男輕女的觀念依然傷害處於弱勢的女性，極端的受害例子就是這二十五位女工和阿美。當二十五位女工擠向被堵塞的艙門，海水由下巴湧升到鼻子，在嗆住的時刻，她們有多麼驚恐！當機器飛斬的利刃，切下阿美的左臂，或當巨大的輸送帶把她的左臂捲入，剎那的巨痛，有多麼椎心！

26·海軍子弟小學的師長

海軍總司令桂永清鑒於來台的軍眷家庭有不少小童、少年，認為用心教育海軍子女，不但能安海軍將士的心，而且可以培養下一代學子的人格。就在一九四九年二月把他在南京創立的海軍子弟小學，遷到高雄市左營桃子園，下令當時三十七歲的安世琪辦學，安校長果然能幹，三年內由幾間日軍留下來的庫房，建造兩間學校：海軍子弟小學和海青初級中學。

海軍子弟小學因為師資強勁，變成有名的好學校，有些海軍子女還考不進來。因為省立高雄中學在一九六二年停辦初中，省立高雄女中在一九六四年停辦初中，所以之後海軍子弟小學的畢業生都以海青初級中學為升初中的第一選擇。我弟弟一九六二年畢業於子弟小學，所以初中進了海青中學。海軍子弟小學辦了十七年以後，一九六六年由高雄市政府接收，改名永清國小，以紀念創辦人桂永清總司令，校址遷到舊址隔左營大路的對面。海青初級中學留在原址，並增設高中，一九八一年由高雄市政府接收，改名高雄市立海青高級工商職業學校。

我是一九五一年一月插班海軍子弟小學一年級下學期。辦軍中學校有利有弊，壞處是它在國民小學系統之外，學生沒有機會跟台灣籍小孩打成一片，也沒有機會學習台語。益處是師資優良，老師大多是原設在南京海軍子弟小學的老師，也有隨海軍撤退來台的大學畢業生，他們待學生如子姪般地全心愛護教導；此外海軍總部對眷屬子弟特別呵護，例如軍方的交通車在送官兵上下班之餘，還接送子弟們上學、放學。

這間小學跟全台各地的小學殊異，校園裡羅列不少尊石膏人物像、飛禽像、太湖石塑像。學校的牌坊大門非常氣派，應該是水泥建成，塗了白漆，上面竟然塑了古希臘的紋飾。這張一九五六年在校門前我們六年級全班合照背後的大門柱子，就是希臘愛奧尼柱，柱身有多條凹槽，柱頭有一對向下的渦卷裝飾。都因為我們安世琪校長喜歡藝術創作，校長室外的草地上放了很多模具。在寫此文的今天我上網查到安校長曾就讀蘇州美術專科學校，因為認識徐悲鴻，轉學入中央大學美術系。難怪美術科班出身的他，辦學不忘創作，把校園當雕塑工作室。小時候每天生活在藝術環境中，自然觸發我對美術、對文藝的興趣。安校長有一張方形而飽滿的臉，五官分明，身材不高，卻很健碩。

安校長也幫忙海軍做公關。如有政要由台北市南下參觀左營港的軍艦，他會率領學校的可愛女童到高雄火車站月台獻花。這張四位女童手牽手的照片是我們獻完花以後，陪著穿陸軍軍服的將軍（左二）和穿長旗袍的女士（左一）走向火車站出口，那位彎身扶右

1951年我（女童左二）當獻花女童，安校長（彎身扶右一女童）帶我們迎賓。

海軍子弟小學的希臘式校門，1956年全班畢業照，張達章老師坐者左五，我在一排左三。

邊女童、著中山裝的人就是安校長，臉書友司徒生指出，將軍肩章上三顆星排成三角形，一九五〇年代陸軍上將肩章的星不是一字排開，而是排成三角，這位陸軍上將應該是來訪嘉賓，女士應該是這位陸軍上將的夫人。迎賓陣仗很大，一位美國軍官，還有一群穿旗袍的女侍從和一列穿白色海軍軍裝的迎賓軍官。

畢業十多年後我在美國留學的時候，聽說安校長娶了日本太太，還當過高雄市議員，他人生後面階段的形象跟我小學時的印象有些差距，在我童稚的眼中，他是位專注的藝術家和教育家。海軍子弟小學辦學十七年，海青中學辦學三十年，畢業學生上萬，我們前期學生大多感念安校長對母校的奉獻，感念密切的師生關係，感念校園的藝術氛圍，也感念桂永清總司令對海軍子弟教育的重視。

海軍中將蘭寧利應該是低我一班的海軍子弟小學同學，他寫說，因為安校長還未婚，所以住在辦公室裡，他「總是帶著工友捲起袖子忙著整理校園」，而且安校長「不畏強權，不隨波逐流。他不容許大官的車子進學校接送學生，因為這是特權。」（鍾堅，《驚濤駭浪中備戰航行》，九頁）安校長以身教向我們示範什麼是不擺架子、苦幹實幹，什麼是正義、勇氣。

帶我們第三班一路到小學六年級的班主任是張達章老師，教我們國文，也教同屆其他班的國文。張老師個子高，應該是北方人，五官粗獷。他是校內許多老師的縮影：隻身來台的單身漢，以校為家，愛護學生。然而張老師很拘謹，跟別的老師很少來往，個性內向，話不多說；但是跟我們解釋課文的時候，細心而有耐性。我生平唯一那次挨打，是被張老師用小竹尺打手心。父母親從來沒有體罰過我，因為他們生性仁慈，我又從不搗蛋，考試總名列前茅，父母連罵都很少罵

張達章老師跟五個學生攝於安校長塑的太湖石前。

我，所以我面皮很薄。

我想在二十世紀後半葉台灣考試制度下成長的學生，粗略可分成三種。第一種是埋頭死讀書、總考第一，但是出了社會未必有大成就。第二種會抓重點，只要少少用功就能名列前茅，個性比較靈活，出了社會還算能出人頭地。第三種成績在班上屬中後段，一生會患挫折感的後遺症，但如果他有衝勁和天分，會有大成就。我屬於第二種，總是考前幾名。在張達章老師班上，我都坐在下面看別人上台挨打，考差的同學一一踟躕慢步上講台，讓張老師打手心。我曾經問過台灣各地同年齡層的朋友，就是出生於一九四〇年代、一九五〇年代的，幾乎沒有人沒挨過老師打手心，原來當年打手心真的很普遍。還有童年朋友跟我說，他曾被老師罰雙手舉木製課椅跑操場，我想這老師可能有虐待狂。

有一次張達章老師說這次國語小考不到八十分就要挨打，我竟然考七十七分。當手心被老師的小竹尺打下來的時候，不覺得痛，只感到深深的羞辱，兩滴眼淚在眼眶打了兩轉淌出來，我沒敢望張老師，但感受得到他的痛惜，因為我是他最喜歡的學生之一。從那之後，一直到長大成人每次考試都不敢掉以輕心，一路考到博士都過關斬將。為什麼小學那次挨打會心生強烈的羞辱感呢？正面來說，對自己的期許高，不達標就會自責，會感覺羞恥；負面來說，很在意他人眼中的自己，尤其是害怕張老師會對我失望，害怕全班同學會恥笑我。我是個好勝的、活在他人眼中的小孩。

27・美國海軍在左營

要談台灣和美國在軍事合作上的關係，就要由一九四九年的金門戰役說起，美國對國共內戰本來抱持袖手旁觀的中立立場，國民政府打贏金門戰役卻令美國刮目相看。

一九四九年五月二十五日蔣介石到台灣來部署國民政府遷台，那年我們一家在日本東京，因為父親任職中華民國大使館。是年十月一日中共在北京宣布中華人民共和國成立，當日蔣介石在廣州調兵遣將。十月三日蔣介石飛回台北。十月十七日共軍攻下國軍駐守的廈門，他們下一個進攻目標為金門，攻下金門就可以進軍台灣。共軍由北到南，整個大陸，勢如破竹，國軍一路潰敗，為什麼共軍在金門戰役卻一敗塗地？那是因為共軍輕敵，而且沒有自己的空軍、海軍支援，又不懂登陸戰，還有，好運傾向國軍。

十月十八日，國軍戰鬥機由台灣起飛，把在廈門附近共軍用來運兵的幾百艘機動帆船大部分炸毀。十月二十五日凌晨零時三十分共軍九千多人乘坐一百多艘機帆船，登陸金門古寧頭海灘，向其內陸挺進，不少機帆船因為退潮，在沙灘擱淺，當天一早國軍戰鬥機又由台灣飛來把在古寧頭沙灘待命的一百多艘機帆船炸毀，於是共軍沒有船回大陸去運援兵，戰鬥機又飛去轟炸大陸岸邊的其他船隻和炮台，因此登陸的九千共軍被孤立。

要知道一九四八年秋起國民政府軍隊節節敗退，棄戰的、投降的，無戰不敗。金門戰役大逆轉，大獲全勝，真有天意垂憐的成分。太多大大小小巧合，就是天意了。其中一件巧合是共軍登陸之際，沙灘上居然有國軍駐守，到夜晚他們應該退守碉堡內，因為對方會有蛙人摸上沙灘突襲，為什麼竟敢冒險留在海灘上？原來十月二十四日黃昏一輛戰車演習時沉陷沙坑，小小不順利反而成為致勝點。於是三輛戰車和其官兵留守壟口海灘，二十五日凌晨零時他們發現海上共軍船隻接近，及早開炮，並把登陸的共軍阻隔為二，導致他們不能聯合作戰。

另一則巧合為國軍中榮艦的參戰，此艦為戰車登陸艦，它二十一日到二十四日期間在海上當接駁船，把商船上的國軍第十九軍的官兵運到金門料羅灣，二十四日運兵完畢本當駛回基隆，由於要為船上官兵「謀福利」的金門花生油，還在當地工廠趕製，所以多留金門海上一晚等貨。於是一項並非為公務的延誤，成為另一個致勝點。二十五日天未亮中榮艦成為生力軍，奉命駛往金門以北的海上作戰，炮轟登陸的共軍、船隻，並阻攔大陸援軍。立功的中榮艦馬炎衡艦長一九五八年出任海軍兩棲訓練部司令時，父親鍾漢波為其參謀長。

守島的國軍與登陸共軍激戰三日，共軍全軍覆沒，九千多人不是戰死，就是被俘。台灣暫時安全了，但是風雨飄搖，共軍正加強準備，好再次南下攻金門。天意還是垂憐台灣，金門戰役之後八個月，一九五〇年六月二十五日，韓戰開戰，北韓大舉進攻南韓，北韓背後得到中共和蘇聯的支援，兩天後美國投入韓戰，同一天總統杜魯門派遣第七艦隊協防台灣，而之前杜魯門原本傾向承認中共政權，任台灣自生自滅。於是台灣獲得安全保障了，否則台灣有可能在一九五〇年代就被中共攻下來。自此開始了美台的軍事合作，不久美國海軍顧問入駐左營。一九五〇年美國的航空母艦駛過台灣海峽，巡防台灣，而十三年後，一九六三年，我登上一艘美國航空母艦。

一九五一年一月初我們一家由東京飛抵台北。是年一月三十日，美國派遣軍事顧問團來台北，任務是提供台灣軍事諮詢及美援武器，並訓練國軍官兵。五月一日美軍海軍顧問組在左營掛牌。本書第十八章〈專業花童〉裡有一張大合照，一九五一年六歲的我當海軍集團結婚典禮的花童，大合照中就有兩位高頭大馬的美軍顧問坐在桂永清總司令夫婦旁邊。到一九五〇年代後葉，我讀小學的時候，雖然韓戰已經在一九五三年七月停戰，駐左營的美國海軍顧問人數維持二百人。在美蘇兩大勢力對峙之下，台灣成為美國的被保護國，如同日本和南韓。那時的美援武器絕大部分都是贈與的，不像二十世紀末開始，台灣需要出高價來購買美國的過時武器。

你聽說過偵察機U－2嗎？是一九五六年開始服役，美國機密的、高性能的、七萬英尺高空飛行的偵察機，一架造價四億美元，在人造衛星時代以前是高空偵測的利器。美國就給了我空軍若干架。你知道我方要付出什麼代價嗎？付出我方駕駛員的性命。在一九六二到一九六五年間，由我空軍三五中隊駕駛的偵察機U－2出勤大陸上空，有五架分別在以下地方的上空被擊落：江西南昌、江西上饒、福建漳州、內蒙古包頭、浙江嘉興。五位駕駛員之中，三位陣亡，兩位被俘。駕駛員葉常棣一九六三年被俘後，受十九年勞改；駕駛員張立義一九六五年被俘後，受十七年勞改。兩人在一九八二年於香港獲釋，被美國中央情報局接去美國，看似保障，實是偵訊。一九九〇年五月立法委員趙少康質詢國防部長郝柏村有關此事，葉常棣和張立義才有機會在當年九月回到台灣，安度晚年。被保護國的人民就是這種待遇。

一九六〇年越南戰爭開打，美軍大量投入戰場。全台灣出現美國兵士最多地方就是高雄市區。大約一九六四年開始，遠東的美國軍艦可以停泊高雄港的第三碼頭，讓參戰的美國軍人由船上下地度假。鹽埕區的七賢三路酒吧林立，根據統計一九七〇年鹽埕區有牌照的酒吧三十三間，有牌照的吧女一〇七一位。我讀大學放寒暑假的時候，偶爾去鹽埕區，會見到吧女和美國大兵在街上摟摟抱抱，或見到兩人依偎坐三輪車招搖而過，吧女多著旗袍或鮮色的洋裝，嘴巴塗豔紅唇膏，見怪不怪。光顧酒吧的都是美國大兵，少有軍官。一九七五年美軍全面撤出越南後，鹽埕區的酒吧文化也沒落了。

一九五八年初我讀初中二年級，我們就讀高雄女中初中部的海軍軍官女兒，有幾位被通知要到左營海軍軍區的四海一家，參加女童子軍的會師活動，會師的對象是就讀台北美軍附屬中小學的女童子軍。那時駐台的美軍顧問有兩千多人。四海一家的聚會，美國方面來了十個八歲到十三歲的女童子軍，她們隊伍由台北下來，隨隊的美國媽媽七、八人，化妝明豔，穿洋裝，戴耳環、項鍊。一進場我們各自分配到一個美國小夥伴。我的夥伴年紀比我小一歲，卻很穩重，我用簡單的英文跟她交談。

1958年在左營四海一家中美女童軍會師活動上，與美國童軍夥伴合照。

我現在思索，為什麼有這次美中女童軍的會師活動呢？以前、以後都沒有舉行過。我想起了一九五七年的劉自然事件，三月二十日在陽明山革命實踐研究院的一位職員，我陸軍少校劉自然，晚上被美軍顧問團的陸軍上士Robert G. Reynolds槍殺，中彈兩槍，其中一槍近距離，他仰面倒在陽明山上顧問Reynolds宿舍外約三十公尺。我方員警逮捕Reynolds

後，美國憲兵來警察局把他帶走，聲稱他是顧問，享有治外法權、外交豁免權。

美軍成立軍事法庭審查此槍殺案，成員和陪審團全是美國軍人和憲兵。Reynolds供稱劉自然偷看其妻洗澡，所以才槍殺他。此說疑點重重，諸如Reynolds供稱他走到戶外，在浴室窗外對劉自然開槍以後，劉逃離了；但根據法醫的報告，第一槍擊中劉自然的肺和肝臟，傷勢嚴重，他不可能再走三十公尺；Reynolds供稱劉自然用木棍襲擊他，所以他才開槍自衛，但在現場沒有找到這根木棍。全台灣群情激憤，連讀初一的我，也看報紙、聽廣播，追蹤這件大事，也非常生氣。覺得美國人鴨霸，把我們當傻瓜，當次等的人，他們包庇犯殺人罪的美國人，視我國司法為無物，而且人格誣衊受害亡者。後來我明白這就是所謂的美國帝國主義行為。

五月二十三日軍事法庭宣判Reynolds無罪釋放，二十四日爆發了抗議運動，群眾包圍台北美國大使館，且爬牆進去，進行破壞；還包圍美軍協防台灣司令部。看來國民政府也有人不滿美方的行徑，警察十多個小時後才出現驅離群眾。現在想來，次年美軍附屬學校的女童子軍由台北來跟高雄海軍女兒會師，是在抗議劉自然事件的遊行活動八個月之後舉行，很可能是美軍顧問團撫平仇美情緒的動作。

一九六三年八月，大學一年級暑假，我收到海軍軍區的通知，去參加來訪的美國海軍軍艦睦鄰活動，活動將持續一個下午，打扮要正式。這是「軍、眷一家」的一項證明，軍人子女也要出任務的。所以我做了頭髮，穿上蓬裙洋裝，高跟鞋。軍區派巴士接我們，上了車看見七位盛裝打扮的女大學生，認識其中三位：父親黃埔海軍學校同班劉定邦伯伯的女兒，就讀東吳大學的劉傾姐姐，自強新村同村、讀東海大學中文系高我一屆的陳燕君，和海軍子弟小學同班同學、在台

1963年我海軍軍官和海軍女兒參觀美國航空母艦。遠處是壽山剪影。女生左起，劉傾、我。

北讀大學的黃北朗。最近弟弟提供我這艘美國軍艦的資訊，是一艘直升機航空母艦，不是戰鬥機航空母艦，它停泊在高雄港的外海，弟弟非常羨慕我能登上航空母艦，他從三、四歲開始就是軍艦迷。

我們這批讀大學的海軍女兒乘坐巴士，在左營軍區大操場旁下車。操場上停了兩架巨型的美國十二人直升機，還有十位我國海軍少尉軍官候機。我們女生上了一架直升機，機艙裡面不像客運機有位子，我們席地而坐，拉著機身上的把柄。直升機起飛，機器和螺旋槳的隆隆聲震耳欲聾。我們在大海上的航空母艦甲板下了直升機，十名我國海軍少尉和八位海軍女兒分成兩組參觀軍艦。一位美國海軍官員向我們這一組解說，我是聽了就忘，因為對軍艦配備、武器，沒有什麼興趣，如果登艦的是我弟弟，必然心領神會，還會頻頻用英語發問。

參觀航空母艦後乘直升機回左營，到四海一家參加茶會，原來這次茶會是為艦上的美國少尉軍官而舉行，他們剛剛由美國Annapolis海軍官校畢業，第一次執行海上任務。所以請我國海軍總部安排大學女生和同階的我海軍軍官，來跟他們聯誼，讓這些美國少尉軍官也有機會與同齡的國軍海軍軍官，以及與高階海軍軍官的女兒，舉行社交活動茶會，茶會不是餐會，也不是舞會，大家只坐著喝茶聊天。兩國的海軍軍官都穿上筆挺的白色軍服，我想我們穿洋裝算是得體，但是化妝和髮式過分隆重了。然而這次活動還是有美國帝國主義的痕跡，當我海軍軍艦到美國訪問的時候，他們是不會安排其海軍軍官的女兒來接待。所以不是對等的。

1963年我海軍軍官和海軍女兒參加茶會，與美軍軍官交談，黃北朗（右一）、我（右三）。

一九六七年我到美國留學，讀比較文學碩士、博士，命運的安排很有趣，由於因緣際會，我選擇了給我獎學金的威士康辛大學。其實威大麥迪生校區是全美國學生運動最激進的兩間大學之一，另一間是加大柏克萊校區。我在美國麥克阿瑟將軍統管的日本度過幼童時期；我在依靠美國軍事、政治、外交扶持的台灣，度過小學、中學、大學時期；沒想到來美國留學，卻進入反叛美國政府最激烈的校園，反叛者竟是美國自己的年輕人，對我而言是文化震撼。

雖然我沒有參加遊行活動，心底是同情學生的。我會在下課後站在路邊觀看反越戰的遊行隊伍。有一次在小巷看見國民兵鎮暴部隊乘小學巴士抵達，心中替在街上遊行的學生緊張擔心，我還拍了一張國民兵在巴士待命的照片，站在車門口的國民兵戴了防催淚彈面具，手持棍子。那天在大學城的街道上國民兵真的對學生放催淚彈，驅散他們，還好沒有傷亡。

在威大那五年，我覺得美國學生不應該成天參加抗議活動，荒廢了學業；覺得學生不應該吸食大麻、LSD，傷害自己的身體心智；覺得他們性方面太隨便。但是拉長、拉遠來看大場景，我讀碩士、博士那五年（一九六七—一九七二）處身於美國逆向文化運動時期（Counter-Culture Movements，約一九五五—一九七五）的第三波運動，即嬉皮（Hippie）風潮，青年們反抗帝國主義的行為和反叛中產階級的價值觀，他們追求心靈自由、嚮往在高山上和大自然合而為一，學習亞洲文化的智慧；其實他們的運動有濃厚的理想主義成分。於是我越來越珍惜這五年的經驗，而他們追求和吸收亞洲文化的努力和成果，也成為我後來學術研究的重要課題。

28・一江山和永定艦——父親參戰

一九五二年九月開始，有兩年零四個月之久很少見到父親，就是我八歲到十歲期間。因為他先後擔任太湖驅逐艦副艦長和永定掃雷艦艦長。那時我讀左營的海軍子弟小學，弟弟讀婦聯會辦的自強幼稚園。我依稀知道父親在海上巡邏、甚至打仗，但是打仗的事大人不會跟小孩講。我是長大了才知道父親於一九五四年帶領永定艦參加浙江海上的一江山戰役，永定艦還被共軍的海岸炮彈擊傷。父親為了保衛台灣，在浙江外島進行戰鬥，發揮勇氣、智慧、領導才幹；母親則不論多麼擔心害怕，照顧我和弟弟時，得如常不露聲色。

1954年一月鍾漢波艦長與美軍顧問攝於永定艦上。

命運的穿針引線神祕莫測，父親參加浙江海上戰役之前四年，即一九五〇年，在日本東京任大使館的武官，交涉辦成了一件炮彈增購案。這項交涉影響到一江山戰役，連父親自己也直接受益。因為一九四九年國共的海上戰爭熾熱，我方海軍大量使用艦炮來轟炸共軍的艦艇、轟炸岸上炮台、支援陸上的作戰，所以炮彈幾乎打光。一九五〇年八月在台的國民政府令父親去駐日的美國海軍司令部辦理簽署手續，購買一萬六千枚三吋炮的炮彈，並押運炮彈上船；美國只象徵性一枚炮彈收一美元。

一九五〇年八月五日，父親由東京到橫須賀美軍基地的司令部，見兵器官Smith中校。辦完簽署，父親憂國心切，知道我方軍艦上各種炮全部都缺炮彈，加上看見美軍基地炮彈物資堆積如山，就厚著臉皮問Smith中校，國軍海軍不只缺三吋炮的炮彈，小些口徑炮的炮彈也嚴重缺貨，能不能多賣些給我們，或者贈送給我們？第二天父親再見Smith中校，竟有天大好消息，可以加購一萬九千六百枚三吋炮的炮彈，照例一枚一美元；另外免費贈送四十公分口徑炮的炮彈六萬四千枚，二十公分口徑炮的炮彈三十六萬枚。（《駐日武官的使命》，一四二頁）父親原來只負責購買一萬六千枚炮彈，居然獲得四十四萬多枚。為什麼美軍這麼大方？因為一個多月前，一九五〇年六月二十七日，美國才對北韓共軍宣戰，可以送炮彈給我方去打支撐北韓的中共軍隊，他們高興都來不及。

我們都知道幾十年來中華民國的領土為台澎金馬，但在一九四九到一九五四年，這五年間領土還包括浙江的島嶼：大陳、漁山、一江山、披山、南麂山、東磯諸島。島上有國軍駐守，我海軍軍艦必須日夜巡守這些島嶼。一九五三年七月底韓戰停戰後，共軍由韓國戰場撤兵，轉頭計畫對這些浙江的島嶼進攻。短短四年共軍已經不是一九四九年攻擊金門時的吳下阿蒙，它建立了空軍，擁有米格戰鬥機群，寧波機場離大陳諸島很近，他們正在修更近的路橋機場，我方飛機由台灣飛來路程遙遠，遠水不救近火。

當時發生的戰事是，浙江諸島嶼的海戰由一九五四年春起國共雙方間歇打了一年。一九五四年五月共軍攻占了東磯列島，即頭門山島、高島、東磯山島。我們看「大陳一江山水域形式圖」

就清楚，東磯列島之南為一江山南北島，一江山在大陳西北，為大陳的屏障，所以一江山島必為共軍下一個攻擊目標。一九五四年十二月三日美國與我國簽定共同防禦條約（Mutual Defense Treaty between the United States of America and the Republic of China）。一個多月後，一九五五年一月十八日共軍發動一江山戰役，一江山區域司令官王生明（一九一〇—一九五五）上校率一千一百官兵死守一江山島三天，登陸的共軍為國軍之三倍以上，且海陸空三軍聯手進攻。

一江山戰役震驚國際，美國與我國剛剛簽定共同防禦條約，國軍遂在美國第七艦隊保護下，旋即於一九五五年二月將大陳等島的兩萬八千軍人和居民，及物資全部撤來台灣，蔣經國在大陳島指揮撤退，他跟最後一批軍民登上運輸艦離開大陳島。二〇二一年十一月任教於文藻外語大學的志祥和太太惠媛，兩人都是我在中山大學外文研究所的學生，我們開車過隧道，去旗津的金聖春餐廳吃海鮮，路過一排密集的水泥平房，志祥指著說：「這就是大陳義胞住的新村。」在旗津

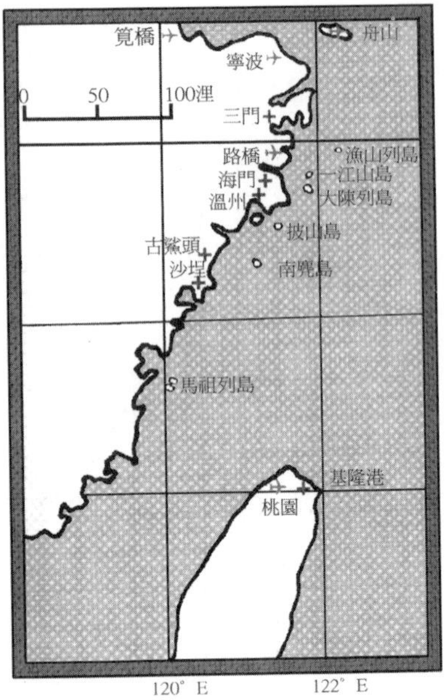

浙海形式圖（鍾漢波製）。

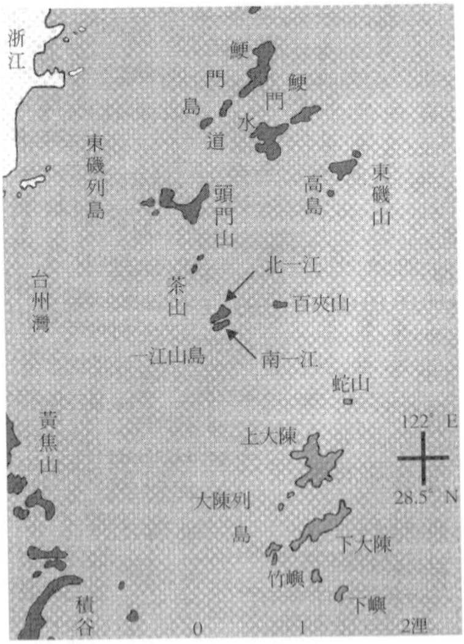

大陳一江山水域形式圖（鍾漢波製）。

的叫實踐新村，全台灣共有三十五座大陳新村。

現在來看看父親如何參與這場浙江海域的大戰役，他參加的是一九五四年五月的東磯列島戰役，和一九五四年十一月一江山戰役的前哨海戰。一九五三年十二月底，任職太湖艦副艦長的父親時為中校，調任為永定軍艦艦長，奉命赴大陳島參戰。永定艦正在左營港大修，父親帶領試車、出海試航、試發射深水炸彈等作業。次年元月四、五日美軍顧問團的Brown少校上艦一項一項驗收，永定艦是一九四五年由美國海軍接收，仍然受美軍督導。永定艦於一九五四年元月二十七日航行抵達上下大陳島之間的海灣後，巡防一江山島。二月父親奉命把王生明上校送到大陳島之南的南麂島任地區司令官，因此跟他交了朋友，王生明在抗日戰爭中已經以英勇聞名。

四月父親又赴南麂島巡防，派兩位伙食委員上岸買蔬菜，並令他們帶半打鳳梨罐頭送王生明。王司令官回贈老母雞一隻。王司令官的屬下還帶永定艦伙食委員去採野莧菜，因為天氣乾旱島上沒有種青菜。伙食委員回艦後，父親下令煮雞粥給艦上同袍分享，一百官兵吃一隻雞煮的大鍋粥，父親幽默地說這是「有名無實的雞粥」，但「王司令官的情誼，洋溢在艦上溫暖的宵夜雞粥中」。（《海峽動盪的年代》，六十八頁）一九五四年五月底王生明調任一江山地區的司令官。他知道守一江山島必定會戰死，命令部隊中夫妻、兄弟、父子必須撤退一人。

父親帶領永定艦打的第一次遭遇戰，發生在一九五四年五月十六日凌晨一時三十分，是那二十四小時內三次海戰的第一戰。永定艦巡行至一江山之西，雷達出現六千碼外台州灣有八艘船。父親下令先發照明彈，再用船首三吋主炮攻擊，敵艦也回擊。雙方拉近到四千碼時，父親向東南回航，用艦尾兩門四十公分炮掃射，拉到距離七千碼永定艦又回頭正面攻擊。如此往返拉鋸，以一敵八達兩個多小時，敵艦退去。黑暗中發炮，也不知有沒有打中敵艦，永定艦安然無恙。原來這些敵艦是掩護攻打東磯列島的登陸部隊。

二十四小時內的第二次海戰在破曉時發生，大陳艦隊司令劉廣凱少將的旗艦太康號率太和號和嘉陵號，進攻結集一江山以西頭門島海面的共軍軍艦。擊傷敵艦一艘，我方太康艦受輕微彈傷。第三仗發生在十六日晚，那時高島、東磯山島、頭門山島已經淪陷，但是有美軍顧問、我方情報員及官兵三十多人還滯留東磯列島之北的鯁門島上。雅龍巡邏艦艦長梁天價上尉奉令帶領一艘機帆船及其拖帶的兩隻舢舨，從大陳島去鯁門島營救受困人員，近鯁門島時，兩隻舢舨划去海邊岩洞接人，雅龍艦在海上等候舢舨回來時，與共軍十艘艦艇作戰，並重創、擊沉敵方艦艇各一艘。幸運的是兩艘舢舨於十七日凌晨在鯁門島的山洞接到受困人員後，自行划船北上去我方控制的漁山島，安全脫困。梁天價因此榮授青天白日勳章。一九五四年五月十六月的戰役我方損失了頭門山島、高島、和東磯山島。

一九五四年五月十九日永定艦巡航時發現一架米格機飛過，父親下令用高射炮掃射，飛機遠去。六月初又發生同樣的事。父親心知不妙，韓戰停戰，中共把空軍調來江浙。國軍將會面臨一場沒有空軍掩護的大戰。六月初永定艦到大陳灣的彈藥補給船來補充炮彈。父親看見分配到手的炮彈箱上都漆有「橫須賀彈藥庫」（Yokosuka Depot）字樣，這些炮彈就是父親一九五〇年八月在日本美軍橫須賀基地索取到的免費炮彈啊！父親想：「自己要來的炮彈自己打掉，可見人與物，亦有濃濃的緣分。」（《海峽動盪的年代》，七十二頁）

共軍在攻打一江山島之前的兩個月，開始密集攻擊我方軍艦，這就是一江山戰役的前哨海戰。永定艦是第一艘被襲的。一九五四年十一月五日，父親像之前五十天一樣在一江山之南海上巡弋，路線為共軍是年五月占領的頭門山島岸上炮射程之外。孰料下午四時十分，父親正在艦長室批公文，忽然聽見爆炸聲和海水拍打永定艦體的聲音。原來共軍兵不厭詐，他們在頭門山島上新設了蘇聯一三〇毫米海岸炮，卻等機會才來個甕中捉鱉。其射程達兩萬五千碼，當時永定艦離頭門山島只有一萬零五百碼，永定艦變成他們的練習靶，此時這尊海岸炮可以追殺永定艦一萬四千碼，約十三公里。永定艦能不能逃出生天，要看父親的謀略。

父親在駕駛台上指揮軍艦全速南駛，他靈機一動，記起「十年前曾在江防要塞炮兵幹部訓練班所學彈著修正法，岸炮最理想的目標就是直航的艦艇！遂立即下舵令，使用『之』字形航行及蛇形航法，不定時交互換用。如此航行歷時四十分鐘。」（《海峽動盪的年代》，七十七—七十八頁）父親的迷蹤航法，一定大大減低了中彈率。共軍的岸炮對永定艦共發四百枚炮彈，水花在艦四周飛濺。於一萬九千五百碼處，永定艦中彈一發，打中主桅桅腳，桅內電纜炸斷，導致雷達、電訊失靈。但沒有損壞到輪機和艦內照明，於是永定艦安全駛回大陳灣。而父親所在的駕駛台在中彈之處上方，僅只距離兩公尺而已！全船有四位炮手受皮肉傷，他們的艦炮位於主桅附近，被反彈的碎片刮傷皮膚。

如果父親沒有靈機一動，憶起「之」字形航行及蛇形航法，永定艦就會像之後一兩個月沉沒的太平艦、中權艦、靈江艦一樣，葬身海底，我和弟弟也有可能變成無父孤兒。永定艦到達大陳灣後，父親奉命駛回基隆，好修理雷達和電訊。兩天後一九五四年十一月七日，永定艦駛抵基隆修船。一九五五年一月，父親派任台北海軍總部情報計畫處處長，所以離開了大陳戰場，沒有參與一九五四年十一月十三日到一九五五年一月二十一日的慘烈戰爭。

共軍攻擊一江山島的戰爭發生於一九五五年一月十八日到二十一日。之前兩個多月的海戰，我方損失嚴重。永定艦中彈後八日，我太平艦在大陳列島和漁山列島之間巡弋，十一月十三日凌晨一時三十分遭敵方四艘魚雷艇攻擊，中一枚魚雷，太平艦於十四日晨沉沒，官兵二十九人殉國。一九五五年一月十日，一江山島戰役之前八天，共軍飛機大舉轟炸大陳地區及停泊大陳灣的我方軍艦，中彈受傷的包括旗艦太和艦、中海艦、衡山艦；還有中權艦中彈燒毀；當晚靈江艦在大陳島東被敵方四艘魚雷艇攻擊，中魚雷後沉沒，官兵三十三人殉國。

王生明司令官率軍死守一江山三天，傳說共軍每登島即與國軍展開插旗、拔旗爭奪戰，青天白日滿地紅國旗與五星紅旗來來回回七次插上一江山制高點。王生明最後傳出的通訊是，「共匪距離我五十米，只剩下一顆手榴彈給自己。」根據王生明兒子王應文的文章〈一江

永寧號與永定號同艦型，兩艦於1945年自美國海軍接收，背景左為高雄港打狗英國領事館。

山戰役五十六週年——懷念父親王生明將軍〉，一九五五年一月二十日，戰事第三天，王生明堅守最後的一江山一二一高地，增援的共軍下午四時攻上高地，王生明拉手榴彈殉國。（《榮光雙周刊》，二二五四期，二〇一一年一月十九日）王生明屬下無一人投降，七百二十人殉國，其他四百人受傷被俘。

我會這麼詳細描寫這一年的海戰，因為在台灣過幾十年安定繁榮的日子，我們幾乎忘懷這片安寧是前線戰士們用忘我的拚死意志換來的。

第四輯　由高雄女中女兒國說起

29·沒有開花結果的導演生涯

一直到四十多歲，才發現原來我六歲小小年紀，就開始當導演了。本書封面上，那兩歲的我已經顯示懂得用面部表情和肢體來演出。

要知道，我們這一代童年時的玩伴聲勢浩大，往往一號召就十幾二十個小孩。我五歲零九個月大時，入住左營內惟海軍眷村。我的玩伴都是父親以前在廣州黃埔海軍學校時同學的子女，所以小孩一聚都呱呱地、吵雜地說粵語。我們內惟自強新村的廣東小孩，有男有女、有大有小，群聚出遊，常在村子裡風馳電掣掃過。另外一種玩法，就是放寒暑假時，母親到父親的同學家跟海軍黃埔太太們打麻將，帶著我去，我就跟那家的小女孩玩一個下午。

話說在一九九〇年代身為中山大學教授的我，跟七、八個從小認識的童年玩伴餐聚，長大了他們各有成就，有當外交官的、有工程師、有醫生，有教授。兩個女玩伴跟我在一起，三個人用粵語聊個不停。一位說起三十多年前的往事：「玲姐，記得妳帶我們演出灰姑娘，好玩極了。那是我童年最深刻、最有趣的回憶！」

另一個女玩伴也說：「對啊！對啊！我記得有次演白雪公主，我扮公主。阿玲，妳指揮我們演。好玩，好玩！」

我瞪大雙眼望著她們。原來每個人記得的東西不一樣，我只記得去她們家玩得暢快，不記得玩什麼。對她們來說，我帶她們的演出經驗卻一輩子印象深刻。這麼說，我小時候就有能力把童話故事變成話劇，而且指揮若定地說故事、派角色、指導演出、帶給她們難忘的體驗。當年不折不扣是個舞台劇小導演啊！

她們還說，我會指派漂亮或英俊的角色給她們演，我從不派主角給自己演，常常是剩下又壞又醜的角色沒人肯演，我毫不介意地扮演這些壞人，像是灰姑娘中的後母，白雪公主裡惡毒的皇后。真的，在一九五一年白雪公主、灰姑娘兒童故事應該還沒有在台灣流行。我是因為兩歲半到五歲零八個月住在日本，父母親在美軍軍中販賣部買到美國出版的英文兒童漫畫故事書，所以兩、三歲就接觸英文，而且本本漫畫故事書都有一幅幅整頁的彩色插畫。所以我一腦子的西方童話，公主王子的故事。小朋友想像力強到可以點石成金，說穿上玻璃鞋就穿上玻璃鞋。她們參與演出，不但故事新鮮，經驗也深刻。

回憶起來，在高雄女中讀初中和高中六年間，我的確當過五次導演兼編劇。高雄女中全校學生一兩千人。依照慣例在每年十二月底，舉辦全校的歲暮晚會。每一年級都要出幾個節目，我初中二年級的時候，輪到我們班出節目。我由初中一年級起就當班長，一連當六年到畢業，所以出什麼節目由我拿主意。於是我編了個故事：在抗戰期間大陸一個農村被日本人占領。一些村民入山區組成游擊隊。一天日本軍人闖入民家，貪戀那家的兩個漂亮女兒，要帶走她們。這時游擊隊出現，拯救了那家人。

這抗日劇中不少群戲，所以有二十個同學可以上台。十三歲的我，導演兼編劇，劇本沒有寫出來，全在我腦子裡面。我在班上挑完演員以後，一邊說故事，一邊帶她們排演。現在想來這是齣標準的外省戲，我父母在抗日戰爭陰影下生活多年，我在眷村長大，自然會寫這種抗日劇本。高雄女中大部分同學是本省人，必然感到內容很陌生。可是演出那麼熱鬧有趣，她們不論台前幕後，都熱心參與。

初二演出抗日劇超成功，不但女中的大禮堂裡擠滿師生，後台也擠滿看戲的同學，擠到連台下觀眾都看得見舞台兩邊堆疊的同學。其他班級的演出不外是獨唱、合唱，了不起是舞蹈，戲劇沒有看過，必然轟動！加上小小的我居然懂得製造高潮、製造笑料，要求扮演日本軍官的女同學，裝出垂涎姑娘美色的動作，惹得全場哄堂大笑。我班上的演員們也特別賣力，尤其是扮演游擊隊員、扮演日軍的同學，她們扮演男角投入極了，女校裡扮演男生是罕有的經驗，也是成名的捷徑。我身為導演兼編劇，也軋一個小角色，演加入游擊隊的小男童，拿著槍，站在照片右邊。這張話劇大結局的照片中，游擊隊員和漂亮姑娘都用槍指著日本軍人，逗得擠在舞台旁邊的觀眾笑呵呵。

就在我們初中同學於歲暮晚會中那麼歡樂地演抗日話劇、看話劇之後，不到一年，共軍決定要攻下金門、馬祖，一九五八年八月二十三日突然炮轟襲擊金門，三位金門副司令官被炸死。每天共軍炮轟金門超過一萬發炮彈，幸好金門島為花崗片麻岩和花崗岩構成，極其堅硬，國軍在鑿出的岩石戰坑炮位反擊。

1957年底初中二年級編導抗日話劇，並扮演男童（右一）。

因為美國提供十二門二〇三公釐、最大射程十六公里的火炮，並借用六輛M554自走炮，即八吋炮，所以九月二十六日國軍用來反擊，摧毀了幾個福建岸邊的炮陣地，炮戰繼續打，勢頭稍緩。那時我在過初二升初三的暑假，父母必然憂心忡忡，我像台灣許多人一樣照常無憂地過日子，那個暑假埋頭看翻譯小說。

到高中一年級的時候，我把在家裡聽到的廣播劇改寫成舞台劇劇本，記得劇名叫《請問芳名》。一共五位同學演出，我當導演兼女主角。依稀記得內容是說一位男房客搬入租來的房中安頓好了，一位女子由門外開門鎖進來，聲稱這是她租的房子，兩人爭執不下，召來員警和房東，原來他們兩個人的名字一樣，房東誤以為他們是夫妻。你看，在定型照中表情最生動的、外形最亮麗的還是兩個男角：男房客和員警。我們排練《請問芳名》的時候，訓導處的張教官會跟在旁邊，也許她是來了解話劇內容有沒有偏離軌道的地方。高中二年級的時候，導演了另一齣話劇《佳偶天成》。

到高三的歲暮晚會，我想出一個點子，可以讓更多同學上台演出，結果共有二十多個人上台。那是一九六一年年底，當時坐飛機是奢侈的事，出國才坐飛機，高雄還沒有小港機場，國內也沒有開闢航空線，島內旅行都是坐火車，去離島則坐船。所以我設想一架坐滿國際旅客的飛機抵台北，由空中小姐訪問這些國際旅客。各國旅客穿著他們的民族服飾：西班牙舞者、西班牙鬥牛士、阿拉伯的面紗女郎、愛斯基摩人、穿長旗袍參加國際選美比賽歸國的中國小姐、三位日本小姐、穿著結婚禮服的一對新人等等。

這次真的是集體創作，我跟全班同學開會，預先列出各國訪客的名單，同學們踴躍地認養國籍，還提供令人噴飯的對話，連劇本也幫我編了一半。甚至她們還幫忙準備自己的服裝，我想，開會時當同學認養國籍時，已經胸有成竹，哪裡可以調來她的服飾。例如說，演愛斯基摩人的自知可以跟父親借他帽緣有狐狸毛的大夾克；演日本小姐的知道她可以去舅舅的照相館借和服。我自己跟母親撒嬌，訂做藍色的窄裙套裝、船型小帽，扮演類似節目主持人的空中小姐。演出非常轟動，觀眾笑聲不斷。其實觀眾預期節目會帶來歡笑，只要一出現小笑點，他們就會大笑一場。

高中三年級帶同班同學演出《飛來的國際嘉賓》節目，在籌備過程中我學習到如何啟動集體的能力和智力，一同創造新的成品。寫這篇文章的時候我才發現後來任學術主管的管理風格，就脫胎自這次十七歲時的導演經驗。高中畢業三十多年後一九九四年我出任中山大學外文系主任的時候，就開始用《飛來的國際嘉賓》集體創作的運行模式，來帶領系上二十六位同事。我主持系務會議的時候，不會把自己想好的辦法全講出來，而是讓同事提出建議，所以案子決議的內容大部分是他們自己提出來的。之後執行的時候，同事會全力支持，甚至極

高二級導演話劇《請問芳名》的定型照（左一）。右起男房客、房東、員警、女傭、女房客。

導演《飛來的國際嘉賓》（左一，背影，我演空中小姐），右起中國小姐、英國貴婦、三位日本小姐、新婚夫婦等。

力保衛這項決議案。這種運行模式後來我一直用在學術行政上，如出任文學院院長、協理副校長等，一直用到退休。

我這幾齣膚淺的話劇，竟然大受歡迎，因為女子中學的生活真的很悶，那時大家都拚功課，南部風氣又保守，很少人交男朋友。除了上課，就是考試，心理上都承受聯考沉重的壓力，看歲暮晚會鍾玲班長的話劇令全校師生大大放鬆。我知道為什麼在高雄女中畢業以後那十幾年我在校友之中那麼出名了，我曾帶給大家歡樂和放鬆。此外一九六二年前在台灣還沒有電視，電影是奢侈的享受，中學生偶爾才有機會看電影，在家的休閒生活主要是聽廣播劇。所以如果在中學裡面有真人演出的話劇，視覺和聽覺上都非常刺激。

高中畢業以後我就再也沒有擔任過戲劇導演，進東海大學曾在兩齣中文話劇、一齣英文劇中當演員，大學畢業後就再也沒有參與任何舞台劇的工作了，也就是說，由六歲到十八歲我的導演生涯熱熱鬧鬧，之後並沒有開花結果。但是真的沒有開花結果嗎？人的內在潛能是會自尋出路的。由二十一歲到現在的文學創作之路，我為什麼越到後來越集中精力在寫小說上呢？一定是潛意識層的舞台導演經驗在漫長的歲月裡由潛泳到浮上水面。其實舞台劇的人物塑造、情節發展、對白、人際衝突，也正是小說的要素。只要加上內在世界的心理描寫和時空環境對人的影響，小說的要素就齊備了。我童年和少女時期的導演經驗，通過迂迴曲折的途徑終究在小說創作上結了一些小果子。

還有，為什麼跟胡金銓導演認識不到一個月就訂婚呢？也許這跟我童年和少女時期對戲劇深厚的興趣有關係。有時候在生活中，我們也可以導演人生戲。本書第二十二章〈兩代交情八十七年〉中有兩張照片排在一起，一張是童年拍的一位家長六個小朋友，一張是照片中人年過七十拍的，這張圖中人年過七十的照片就是一場我導演的重頭戲。二〇二〇年十二月二日我請方鍾二家老友在台北紫藤廬晚餐聚會，聚會前我就把六個人一九五三年在自強新村我家大門的合照用LINE傳給大家。飯後我把一九五三年照片中人，集合在包廂一面牆前，我選牆上那幅畫作為舞台背景，因為畫中的樹木可以象徵眷村裡的高樹。我指揮那五個人按一九五三年照片來排位子，調來一張小椅子給方家老三坐下，讓他顯得矮小；還指導道具也要入鏡，方家小女兒的皮包要斜背，我自己雙手要執住文件。

演員們聽我的擺布，六個人感覺到老友們的聚集靠近，我們眼神流露出懷念和快樂。你看，這場我導演的人生戲如何？兩張照片一並列，是不是顯示出我們洋溢的情誼，是六十多年的時光之流沖不淡的。

30．少女中的成人

一九五六年我考進省立高雄女中初中，編在初一甲班。據說是用入學考總排名的名次分入甲乙丙丁四班，入學考成績的第一、五、九等名次的考生排入甲班，所以我們班同學心理上有些自得。我們都是十二、十三、最多十四歲。但有一位同學長我六歲，已經十八歲了，就是淑琴。在少女時期，別人長一歲，就感覺她大很多，何況差六歲！她是山東人，猜想國共戰爭的亂世耽誤了讀小學。她跟我們玩在一起，比我們沉穩，笑聲比我們少，她說話和笑聲的音階較低，皮膚較黑，有點像男孩。

淑琴也是海軍子弟，家住在高雄的左營舊城裡。說到舊城，那是真的有城牆圍住的古城，只是在我一九五一年搬到高雄住的時候，城牆許多部分已經拆除，變成大路和機關單位，像是一直到今天我都常開車經過的中華路和九如四路交叉的大圓環，舊城這部分只留下的南門城門樓，立在圓環中央。左營舊城現在是台灣的一級古蹟，有三百年的歷史，在台灣算久遠了，不像大陸到處有一兩千年的古蹟。一七二二年清朝在左營建了台灣這第一座土城，為鳳山縣衙門所在。一八二六年把破損的土城改建為磚石城，城牆是用咾咕石加三合土建的，城門則用磚砌成。所以今天留下來的舊城，其歷史實際上不到兩百年，所謂一級古蹟只留下北門及其城牆、東門城門及其城池、以及南門城樓。

淑琴的家位於左營舊城北門拱辰門裡面。一九五七年我初次穿過拱辰門去她家之時，就注意到城門兩邊的門神浮雕，這一對門神全身披掛盔甲，一手執劍，一手執椎，臉上卻流露儒雅之氣。你看我二○二一年一月拍的門神照片，這是土塑的淺浮雕。多年來我經過常會探訪他們，有時也帶朋友去觀賞。雕像上剩下的彩漆因為剝落，一次比一次少，倒是添加了黑色的霉。這對門神應該就是神荼和鬱壘，漢朝時人們崇拜的鎮鬼神將，見王充的《論衡》，兩位神將在滄海一座島山上，鎮守鬼門關，專治惡鬼。全台灣的古城就只這一對守門的門神雕像。據說左營舊城北門外郊區就是刑場，這兩位神將是請來擋凶氣和厲鬼的。

左營舊城拱辰門右邊的門神鬱壘淺浮雕，攝於2021年一月。

初二時淑琴邀請我們五個同學到家裡玩，她到拱辰門來接我們，舊城裡有三個基層官兵的眷村，海光三村、勝利新村、東自助新村。還有些單身官兵和無軍籍渡海來的民眾，一知道舊城裡有空間可以搭房子，就搶著進駐，搭建臨時鐵皮屋。舊城裡的房子破破小小的，街道狹窄到開不進汽車。在淑琴低矮的木頭房家裡，小方飯桌前，她自若地、快速地擀著餃子皮，以一抵五，我們五個人忙著接她擀的皮來包餃子。她母親在廚房做菜、下餃子，一邊跟淑琴用山東話問餡夠不夠。我們班上不少本省籍同學，就因為常吃眷村媽媽的菜，一輩子愛上外省菜。

因為我當班長，每年都要為高雄女中的歲暮晚會帶同學演出節目。初中二年級我編故事、導演了一齣游擊隊打日本鬼子的話劇，動員了二十個同學上台演出。游擊隊隊長是靈魂人物，選角

1958年高雄女中演出〈王大娘補缸〉，淑琴飾補缸匠（左），我飾王大娘（右）。

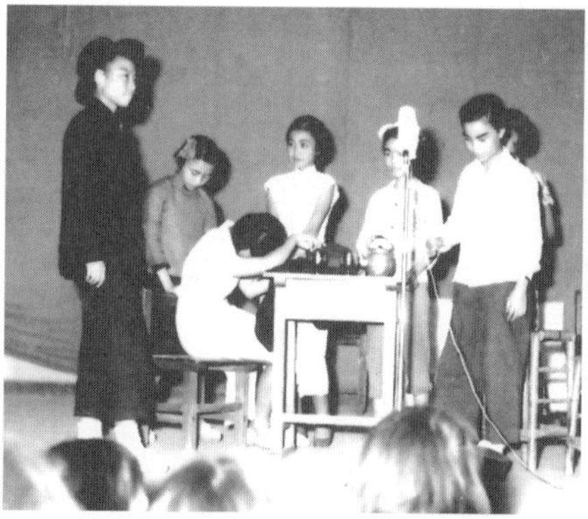

1957高雄女中話劇，淑琴扮演游擊隊隊長（左一）出現村民家中，聽他們訴苦。

選誰呢？參與籌備的同學都同意我的選角：淑琴當游擊隊隊長！她比我們穩重多了，個子雖然不高，卻結實健壯，額頭開廣，髮線退縮，樣子像有點年紀，而且聲線低，像男人。果然她一襲黑衣黑褲，戴黑呢帽，手持一把玩具槍，徹頭徹尾鎮住五百名師生觀眾。

初中三年級上學期的時候，我簡化了節目，只有淑琴和我上台。之前我去觀賞過一次海軍勞軍演出，節目中有傳統河南民間小調〈王大娘補缸〉，只有補鍋匠和王大娘兩個角色，唱腔也容易學，於是淑琴扮補鍋匠，我扮王大娘，我們不會河南腔，用國語唱。歌詞其中有幾句還依稀記得：「你不該扒爛我的缸喲！」「我有件事想跟你商量，明天我來賠個新缸喲。」我想淑琴演來駕輕就熟，是因為她身為山東人，十二歲才離開大陸，熟悉北方戲曲小調。她必然蠻享受這次演出，因為其他時間要跟我們這些小女孩混，一定有些無奈。

初三下學期，大家忙著準備考高中，忽然一天淑琴跟五個要好的同班同學說，她邀請我們期末考後那個星期天參加她的婚禮！這消息如晴天霹靂，我們才初中，竟然有同班同學要結婚了！結婚，那是多麼遙遠的事！連交男朋友都是遙遠的事！但是回過神來想，淑琴二十一歲了，的確已達適婚年齡。於是我們這批十五、十六歲的小朋友穿上洋裝扮大人，去喝淑琴同學的喜酒。我們到化妝間探望新娘，她穿著雪白的新娘禮服，我們驚呆了：化了妝、搽了粉，臉和脖子的膚色，顯得粉嫩，高額頭被劉海遮住，原來的深色皮膚和臉上的雀斑都掩蓋在白粉下。細長的雙眼皮如鳳眼，挺鼻梁，小嘴唇，而且身材玲瓏，真是個美女，難怪被人追走。新郎是位海軍軍官。於是淑琴提早進入我們全然陌生的大人世界，她成為家庭主婦，而我們接著讀高中、大學。之後傳來她生子的消息。

再次見到淑琴是二十二年後。我已經由美國嫁到香港，一九八二年回高雄探望父母親。又辦了高雄女中初中甲班的聚會，到了十多個人，其中有淑琴。見面不到五分鐘，像一鍋水燒滾了，我們全都回到小女生心態，嘰嘰呱呱講初中生活的事。近四十歲的我們，和四十多歲的淑琴看不出年齡的差別，她燙個短髮，打扮比我們不少人還時髦，真的看不出她比我們大。到我們開始述說自己的經歷，差別就顯現出來。同學們還在為讀小學的孩子煩惱，淑琴一對兒女都上了大學，她已經脫離主婦苦海。在孩子讀中學的時候她考取高中夜間部，讀完取得文憑，如今在一間公司

我（右）、淑琴（中）、左為孫曼麗，台大歷史系畢業後嫁許倬雲教授；初三攝於春秋閣。

當職員。從她不變的、爽朗的低音笑聲，我掌握到她的為人，是這二十年的經歷令我學會觀察：她是個豁達自適的人。

31．母親的溫煦

1954年攝於高雄內惟自強新村，左為海軍子弟小學周杰之老師、右為歐陽端老師。

翻看童年的照片，有幾張是兩位年輕帥氣的男老師跟我合照，其中一張拍攝地點在左營海軍眷村我家門外的巷子。他們任教於海軍子弟小學，周杰之老師教我們班數學，歐陽端老師教史地。為什麼星期天他們常在我家出現呢？因為受家母范永貞之邀來便餐。

左營海軍子弟小學創建於一九四九年，創校頭幾年任教的老師全都是南京海軍子弟小學的老師，和隨軍隊流亡來台的教師，絕大多數是單身漢。母親時間算得準，叫大家上桌吃飯那一刻，四菜一湯都燒好，她脫下圍裙跟大家一起開動，溫婉地用客家腔國語問老師平常吃什麼、問他們家鄉的往事。所以兩位老師不僅享受到母親的廚藝，還享受到遊子渴望的家庭溫暖。她在壽山山腳下點起一盞燈。

我們家的圓餐桌上，除了小學的老師，還招待海軍官校的學生，他們是大陸流亡來台的廣東青年，考上左營的海軍官校，父親把他們帶回家便餐。有些簡直以我們家為家了。樹勳哥哥幾乎每個星期天都來報到，直到他官校畢業後任職軍艦，必須駐守在船上、海上。受益於母親好客天性的，還有我的中學同學，一批批來吃飯。

母親家教甚嚴，飯前我一定去布碗筷，飯後一定幫忙收拾桌面，同學也跟著幫手。後來接棒來吃飯的是弟弟在高雄中學和大學的同學。二〇〇三年我到香港浸會大學任文學院院長，參加香港城市大學鄭培凱教授帶領的爬山隊，城市大學校長郭位也不時加入爬山，他是我弟弟在新竹清華大學的同系同班同學，郭校長第一次見到我就說：「我到妳家，吃過妳媽媽做的菜。」其實這些同學享受的是母親噓寒問暖的慈愛。

海軍子弟小學的辦學水準享譽南部，眷村子弟要通過考試才進得去，男女合校，一班學生多達六十人，是現在二〇二〇年代台灣小學學生一班人數的一倍。午餐是學生由家裡自帶飯盒，媽媽們早上五點就起床煮飯。一九五〇年代初家裡不可能有冰箱，那時學校還沒有提供集體蒸飯盒的服務，但是沒聽說誰吃飯盒吃壞肚子的事。可能那個時期吃慣了細菌滋生的食物，我們抵抗力特別強。每天八、九個小女生圍著併在一起的書桌，吃不鏽鋼飯盒裡的自備午餐。

一九五〇年代前期台灣的生活清苦，我們那群小女生中，有的父親任士官，飯盒裡只有蘿蔔乾配白飯。相對而言，我家比較寬裕，父親任中校，家裡也有些積蓄。母親知道了，說：「那怎麼行，小孩正在長，要幫她們加菜！」第二天我飯盒塞了滿滿的肉和青菜，我把菜分給三個需要的同學。母親大方地天天給她們添營養達四年，直到父親調職台北，舉家遷離高雄，我五年級轉學台北大龍峒小學兩學期。

一年後父親又調回左營，所以我回到海軍子弟小學插班六年級原來的第三班。小學畢業，考上省立高雄女中初中部。過去半個世紀如果辦女中同班同學的聚會，她們不少向我提說，妳母親的菜真好吃。母親的清蒸魚屬廣東菜絕活，不論女同學是本省人，或籍貫是哪一省，自己家裡都吃不到。但是此外母親做的都是家常菜，她們為什麼念念不忘呢？到母親一九九五年過世幾年以後，我才漸漸理清頭緒。我想同學們會念念不忘是因為我的母親不一樣，緊弛有度，她的態度輕鬆自在，對子女的家教卻嚴謹，我被教到布餐桌和收拾碗盤，一絲不苟。

也記得一九八九年起我任教高雄中山大學期間，母親已經年逾七十，雪花照眼的銀絲白髮，神情雍容自然。只要我朋友到家裡來拜訪，不論是什麼身分，母親一定預先打扮修飾，為客人奉茶、請吃果點，我打下手；而且她會坐下來專注聽大家的對話，會關切地問話，得體地加入交談。現在想來一方面因為母親出身富貴家庭，廣州中山大學附屬中學高中畢業，就一九三〇年代女子而言算高學歷，自有氣度和教養；她十六歲就掌管一個大家族的家務，通情達理而能幹；另一方面母親個性仁厚，真心關切別人，所以散發人格的魅力。可惜我以前太自我中心，只注意別人眼中的自己、只注意自己有沒有達到預期的成就，父母的一切理所當然，沒有上心。

我有一位一九七〇年左右在美國威士康辛大學就讀的同學，就是在陸軍任職時考取公費留學、念數學系研究所的胡家麒。我在一九八九年由香港大學回中山大學教書時，他先後擔任陸軍官校校長和第八軍團司令。不時來我家探訪，父母和我一同接待將軍。我那時想，胡將軍的校友情誼綿長，

1970年左右父親鍾漢波少將任職海軍專科學校校長，偕母親參加晚會。

來探望我這位老同學。在母親過世後不久，胡將軍跟我說：「我常常來妳家探望，就是為了看看妳母親。她氣質很高雅，給人溫婉的感覺，我喜歡聽她說話，令我聯想到在大陸已經過世的母親。」

近年來，我的童年玩伴聊到我母親，我開始體認小朋友眼中的她。母親對小朋友非常溫柔親切，陳慶堃伯伯家的大兒子永嘉說：「當時她對我講話時也是輕聲細語、面帶笑容，我深深地感受到她的親切。」母親隨時會關切小朋友的健康，方富捌伯伯家的小女兒融說：「有一次鍾伯母造訪我們家，我正在一盞沒有燈罩的檯燈下寫作業，鍾伯母立刻說，這樣會傷眼睛的，要加燈罩才行。」母親的溫婉態度，和她建設性的關切，是我應該認真學習的。

到二〇二一年母親過世已經二十六年了，我腦海中不時出現以前忽略的，母親疼愛我、為守護我所做的事。還有，母親證實了美和歲月相生相成的關係，年輕時候的母親不能算是美女，以大方得體、笑容可人取勝，但是她年紀越大稱讚她美麗的人越來越多，各種年齡層都有，欣賞她的優雅、她的溫婉、她的氣質。原來女性的美可以隨年齡增加。現在，因為母親我學習到，默默的、不居功的付出，不會淹沒，在未來會發暖發光；我學習到，只要守住自己的仁厚本性，遇上協助他人的時機，就發揮你的本性行事，會真正溫暖別人的心。

32・老家滄海桑田

還沒滿十二歲的我，躺在漆黑之中，房子周圍風在呼嘯，雨腳用力踐踏玻璃窗。我睡在雙層床的上層，接近天花板，天花板和屋頂之間的立體三角柱形空間有大風透進去，呼弄呼弄，像是用力在揚床單。那是一九五六年九月的黛納颱風，可是我沒有懼怕的感覺，因為父母睡在同一間房。這海軍眷舍的臥室裡靠北放了父母的雙人床，靠南放了我們姐弟的雙層床。下層的弟弟一定睡得安穩，因為他有兩層的屋頂，姐姐屋頂，和房子屋頂。第二天到院子裡察看，颱風的損壞有限，吹飛了兩片灰瓦。

我們一家人在一九五六年初，由住不到一年的台北中山北路上的濤園眷舍，搬回高雄的自強新村，約兩百戶的村子。村子像一條錦帶，西邊沿著壽山山腳，東邊傍依台灣南北縱貫線古道：鼓山路。我們去台北之前住自強新村南邊，搬回高雄的眷舍位於村子北端。村子裡每家的建築格局完全一樣，兩戶雙併，共用一面牆；鋼筋水泥結構，梁木都是台灣檜木，哇！今天那麼珍貴的檜木昔日如此大量使用。自強新村的標準單位有一間臥室、一間客廳，小小一間餐廳，還有日本人浴室不可缺的深浴木桶，爐灶設在浴室旁的戶外，廁所在另一端。室內空間二十多坪。

根據我弟弟的考察，自強新村年建於一九三五年，給日軍的基層骨幹軍官住。他說，日軍開闢左營軍港，同時興建自強眷村，提供有眷的海軍技勤士官居住。日本的士官不等同國軍的士官，其位階相當於國軍的尉官。大多由日本的軍校畢業後才能出任士官，士官分大尉、中尉、少尉、准尉。張貴興的小說《野豬渡河》中，日軍統治婆羅洲的第二號人物山崎顯吉，武藝高強、凶狠殘酷，殺戮許多豬芭村的抗日華人和無辜平民，他的官職是憲兵隊曹長，在軍階上是軍士長，連准尉都不是。放在一九四二年，如果山崎顯吉憲兵隊曹長有家眷，是沒有資格住進高雄壽山腳下的眷村。

日據時期日本人是統治者，在台灣的骨幹軍官眷舍怎麼室內才二十多坪？其實日本傳統住宅的室內空間一般很小，但運用靈活，在榻榻米上，臥室可以剎那變成書房，只要把床墊摺疊收入櫃裡；餐廳可以是客房，只要把矮木桌推到旁邊。內惟眷舍室內空間雖小，院子很大，每戶的前庭後院共有三十坪。我們家無論是住在村南還是村北，院子裡養過雞、鵝，甚至火雞。我常常雙手捧著毛茸茸的小雞當玩具玩。九歲開始做母親的助手，到後院地基旁搭的雞窩去取母雞剛下的蛋，讓母親做滷蛋，放在我第二天的午餐便當裡。廚房在戶外，用煤爐燒水煮飯炒菜。阿美離職後，我每早都幫母親點活火來起十六孔的蜂窩煤。下大雨時母親在戶外炒菜，雖有屋簷，風還是飄雨到炒菜鍋裡。

一九五六年搬入北自強新村新家的時候，父母答應海軍同事鄘民光伯伯，讓他的女兒在我家借住一年以完成高中職業學校的學業，鄘伯伯是黃埔海軍學校高父親四屆的學長。於是我家小餐廳改成客房讓鄘姐姐住，吃飯改在客廳。第二年夏天，鄘姐姐畢業搬出我家，父母認為十三歲的我已經是少女，有自己的房間換衣服這類事會比較方便，所以我升初中二年級就擁有自己的單人房，相信在那個年代的台灣是罕有的特權。在那個小房間我住了十年，直到一九六七年赴美留學後，由弟弟接收。這個房間四面牆，兩面有窗，白天很明亮。在這個空間的書桌上，除了做功課，還讀了很多課外書，《紅樓夢》、《西遊記》、《蜀山劍俠傳》，以及英國、法國、俄國的中文翻譯小說。冬天半夜躲在被窩裡用手電筒看小說我也經歷過，應該是初中三年級罷，偷看《紅樓夢》九十八回〈苦絳珠魂歸離恨天〉，哭得唏哩嘩啦，又不敢哭出聲，怕母親發覺。

讀高雄女中初中直升高中，所以一九五九年整個暑假可以看閒書。很少人會相信，一個不到十五歲的女孩竟讀完整套五十冊還珠樓主的著作《蜀山劍俠傳》。一九五九年五月我跟著父母到高雄左營軍區裡的明德新村，去拜望任海軍兩棲部隊中將司令的馮伯伯，馮伯伯看來威風凜凜，方正的大臉、豐厚的唇、早禿的渾圓頭顱。在寬敞的客廳，大人們談著話，我卻盯著馮伯伯背後展示櫃上的兩大疊書，兩疊都堆了二十多公分高，我乘著大人的話風一歇，插話說：「請問馮伯伯背後架子上那兩疊是什麼書？」

馮伯伯說：「還珠樓主寫的《蜀山劍俠傳》，一九四九年任太平艦艦長時隨艦帶來台灣的。」兵荒馬亂撤退時還帶這套書，馮伯伯一定是還珠樓主迷。就在我借《蜀山劍俠傳》之前十個月，一九五八年八月，任兩棲部隊司令的馮伯伯，在金門炮戰漫天炮火之下，成功指揮搶灘運補行動。之後一九六五年他出任海軍總司令，次年升二星上將，一九七八年出任總統府參軍長，馮伯伯是黃埔

左邊玻璃窗是我房間，進門橫著走廊，走廊趟門裡是臥室、客廳。攝於1957年，左起鄺姐姐、弟弟、我、鄺姐姐朋友。

海軍學校前後共五屆，一百三十多名畢業軍官中軍階升到最高者。海軍其他馬尾、青島、電雷等軍校系統也都輪到派任海軍總司令。

這部《蜀山劍俠傳》是一九四〇年代大陸出的版本。字印得又小又密，每冊薄薄的，所以多達五十冊。我生活在台灣南部，一九五〇年代末風氣保守閉塞，《蜀山劍俠傳》大大豐富我的視野，擴充了我的空間觀念，打開了玄妙世界的門。我見識到雲霧繚繞的高峰絕嶺、瑤花琪草的山坡、劍仙洞府中的華美石室、連樹也長出仙果，人參會修煉成人形，大鵰、猩猿能養到靈通，正邪兩派劍仙的鬥法光怪陸離。我還初步接觸到古代道家修煉的故事，於是滿腦子的御劍飛行、元神、元嬰的神奇意象。還珠樓主筆下峨眉山的劍仙故事刺激了我的想像力，顛覆了我的時空觀念。

《蜀山劍俠傳》小說中印象最深刻的是李英瓊的故事。這些情節到今天我還記得，十三歲的小女孩李英瓊，被邪派劍仙挾持飛行，但他遇上對頭，只得把李英瓊暫時放在莽蒼山一座破敗古寺的鐘樓上。半夜古寺殿中的棺材打開，跳出四個千年殭屍，來抓她、來吞噬她，英瓊在大鐘裡撈到一個像武器把柄的東西。此時鼓樓的大鼓中出現一把劍身，發出紫光，劍身自動把四個殭屍斬死。後來劍身與把柄合一，著名的紫郢劍出世了，劍找到主人李英瓊。縱使她不會御劍，她用紫郢劍殺了山魈，幾百隻感恩的馬熊，狻猊和熊的混種，尊她為主人。猩群請李英瓊去除一隻專吃牠們的木魃，她除害後成為猩猩的女王。嘩！李英瓊憑自己的勇氣和天分，成為正派劍仙未來的救星，真是了不起的女英雄。在自強新村眷舍小小的房間裡，我開始翱翔仙山，做我的女英雄夢。

我想在一九四〇年代的大陸，會有不少女孩子因為讀了《蜀山劍俠傳》李英瓊的故事而離家出走，上峨眉山尋找仙人學劍。我由高中開始，一直到中年，夢中會出現自己飛行的片段，像是在天空中跳躍飛行，用腳尖點電線桿的頂端彈起，一彈就一公里。所以我多次夢中飛行並非源自希臘神話的飛翼少年伊卡洛斯（Icarus）的故事。一九九二年在中山大學任教的我，拜台南關子嶺的林景棠道長為師，肯定跟之前四十年少女時期一九五九年閱讀《蜀山劍俠傳》有密切的關係。

我們的家在整座村子而言，得天獨厚。自強新村有二十多條巷子，每條巷子都短短的、窄窄的，窄到只容一部汽車勉強通過。但是我家門前卻非常寬闊，是全村唯一的寬大巷子，有四條車道那麼寬。巷子門對門中間有一道大溝渠，落在壽山北部東向山坡的雨水，就由這條大溝渠匯流而出，流到鼓山路旁的水溝裡。到梅雨季和颱風來襲時，溝渠中的水流洶洶湧湧。那是我弟弟興高采烈的日子，因為他自製的木頭小軍艦可以啟航了。

多年後，我學了一點堪輿地理學，心想我們家就只有兩個孩子，我和弟弟都當國立大學教授，老家的地理風水如何？壽山有一座小山圍繞我們房子的背後北西北面，此山的「祖山」是其西的壽山主體。大溝渠由老家右後方「來水」，繞道到老家左前方跟馬路的水溝「合

我家門前開陽，大門對大溝渠，跟母親攝於1959年。

水」。老家還真有好風水。用一般的語言來描述，我家座落在壽山一座小山山腳下，山像沙發靠背一樣舒服，左右鄰居的房子像沙發把手。前面視野開闊，還有潺潺流水環繞。鼓山路對面是安居樂業的內惟社區，再過去是大片豐沃的水稻田。真是安穩的老家。

離開老家出國留學十年後，一九七七年，胡金銓跟我由香港回娘家拜見他岳父母。老家的變化很大，房子擴建了，室內面積四十多坪，比以前大一倍，在後面院子加蓋兩間臥室，在右側的院子加蓋廚房連餐廳，院子只剩下前院了。老家是父母相守養老的大房子。庭院裡當然不再養雞，我讀高中時已經不養了。前院充滿花香，薔薇花盛開，一株罕有的黃皮果樹倚牆開了滿樹白中點綴淡黃的小花，淡淡的柚香。母親用她把我們姐弟帶大的雙手，點石成金地種出滿院子的鮮花。

出國留學二十八年後，一九九五年，我再次住進老家。那時在中山大學任教，住在離家不遠處我購置的大廈單位。母親因肺積水在高雄榮民總醫院過世。我一想雙親相依相愛五十多年，母親驟然離去，父親一定難以承受，所以當天晚上就帶著斑點狗搬進老家，陪伴父親。老家日本士官宿舍的風味減到不能再輕，現在呈現台灣眷村的典型特色。楊楊米早在一九五〇年代淘汰，

1983舊曆年在客廳，左起胡金銓、我、母親、父親。灰圓柱是原來走廊、臥室、客廳的交界處。

地板也換成水磨石地，夏天光著腳涼涼的；擴建時打通原來臥室、客廳和走廊成為大客廳，寬敞明亮。我住在台灣典型的將官官舍裡：寬敞的空間、簡單的裝修、樸實的家具。父親還是有些寂寥，因為我任外文系系主任，白天忙進忙出，還好有善解人意的斑點狗陪伴。

一年多後弟弟把父親接到新竹奉養，我也同時搬離老家。之後讓中山大學外文所研究生免費住宿，幫忙看家。先後住過四個男生，其中耿雄獨居院落有感，寫了幾首現代詩。二〇〇三年我赴香港工作以後，老家由弟弟照管，他和弟媳婦南下灌白蟻殺蟲劑、撒石灰防蛇、清除雜草，把老家打理得整齊。然而自強新村的住戶沒有通過眷村改建案，因為很多轉手住戶砸大錢修豪宅，當然不願讓政府收回改建。於是這座眷村在歲月中老去，我們老家加建的兩間臥室嚴重漏水，下雨時整個房間成池。倒是日本原建的部分挺立八十六年，不漏水，颱風來也只掉一、兩片灰瓦。前院母親手植的桂花樹，依然每年秋季飄香。

33・中學國文老師

在我們成長過程中，某些中學老師的影響遠超過我們所認知。往往是在某個場合對學生說的話；或是在某個關鍵時刻對學生的真心關切；或是他人格的整體呈現，也就是他的身教，會影響學生的人生觀，會令學生作出人生重要的選擇。這些老師呈現的片刻，也會觸發學生天生的才能。我們可以用心回想，當年老師所說所做，如何引起我們的變化。

一九五六年進高雄女中時，編入初一甲班，學校安排黃作孚老先生做我們級任老師。他在全校老師中年紀最大，已屆六十，安徽桐城人，家學淵源，國學修養高，外號叫「桐城派」。除了當級任老師，他教我們班國文課。到一九五〇年代桐城派古文的傳統已流傳兩百五十年了。我不記得黃老師教課的內容，但只要他一臉正氣、穩如泰山坐在講台上，我們就會生出高門弟子的優越感。二〇二一年十二月我跟五位初一甲班同學在台北的市長官邸餐廳喝下午茶，她們稱黃作孚老師為「黃大肚」，這才像我們這群頑皮少女的命名。

讀初中二年級時，有一次黃老師請假，由高雄女中人事室邢玉琳主任代課，他的女兒安達是同班同學，所以覺得邢老師特別親切。他溫文爾雅，又是說故事能手，會說到重要關頭時就頓下來賣關子。他放下國文課本跟我們這班十三、四歲的小女生講南宋詩人陸游和他表妹唐琬悲歡離合的故事。陸游母親嫌他們夫妻太恩愛，會耽誤陸游的科考，就把唐琬休了。陸游在外安置唐琬，被陸母發現，遣唐琬回娘家。幾年後陸游遊紹興的沈園，巧遇唐琬，雙方已經各自再嫁再娶，見了面非常傷心，相對流淚。

唐琬離開後，陸游悲傷地在沈園的牆上寫下他填的〈釵頭鳳〉：「……東風惡，歡情薄，一懷愁緒，幾年離索。錯錯錯！」後來唐琬看見陸游為她填的詞，也在牆上和了一首〈釵頭鳳〉：「……曉風乾，淚痕殘，欲箋心事，獨語斜闌。難難難！」他們夫妻除了少年恩愛，還兼詩友。邢老師把兩首詞都寫在黑板上，五十多個少女淚眼汪汪，這是我們初次集體體驗古典詩歌的感人力量。

下課後方瑜和我坐在二樓迴廊的騎樓護欄上，大聲背誦這兩首〈釵頭鳳〉。當天晚上我絞盡腦汁填〈釵頭鳳〉，那時十三歲，除了班上的作文課以外，寫壁報文章外，第一次努力創作，平仄不合、韻也押錯，那首為賦新詞強說愁的〈釵頭鳳〉，開頭是：「癡心井，斷腸音，月色暝暝照古琴……」這是第一次感受到跟文字搏鬥，擄獲恰當詞語之後的快意。其實那個時候我對編導舞台劇的興趣更濃。是邢玉琳老師講的這段文學愛情故事，啟動了我的文字創作。

1959年初三甲班畢業時跟級任老師黃作孚合照，方瑜（後排左三），邢安達（前排左二）。

1981高中畢業十九年，邢玉琳老師女兒安達已出國定居，我們去老師家探望。

是高中國文老師莊紉琚，帶領我感受到文章能負載的豐厚情感。以下是我一九八〇年，高中畢業十八年後，描寫莊老師的文字：「我一輩子沒見過哪位老師講起課來，比她更熱忱了。她講課會激動到臉色發白，直流虛汗。甚至講解《論語》，也會熱切到喘不過氣來。她把《論語》當作活生生的生活經驗來講，相信很少老師是用這個觀點來教《論語》的。教到韓愈的〈祭十二郎文〉，孔尚任的〈哀江南〉這些情致纏綿的作品，她像是整個人都融進了作者的內心世界，不是用字句來講解，而是用心血。透過莊老師的教課，還有她對我的期許和教誨，我漸漸領悟到，文學是個有情世界，只有動了真情……才能創造出感人肺腑的文學。」（《群山呼喚我》，〈自序〉，十一—十二頁）

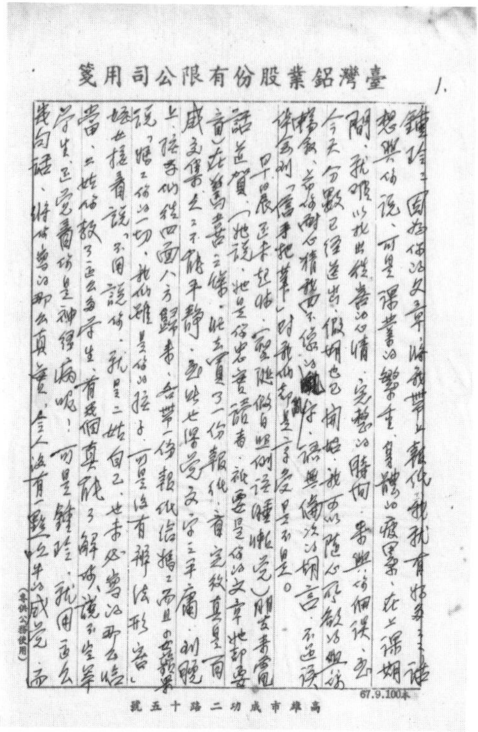
1.
臺灣鋁業股份有限公司用箋
67.9.100本
高雄市成功二路十五號

莊紉琚老師1981年二月三日來信第一頁。

以上我〈自序〉這段文字是一篇散文〈誰給我一枝筆〉的部分，先發表在《中國時報》副刊。莊老師讀到我報紙上這篇散文，喜不自勝，一九八一年二月三日寄信給住在香港的我，一封長達七頁的信，感情豐沛到溢灑出來了，信中說：「早上還未起床，朋友來電話道賀，在驚喜之餘，忙去買了一份報紙，看完後真是百感交集，久久不能平靜……到晚上孩子們從四面八方歸來，各帶一份報紙給媽媽，而且小女蘋果說：『媽媽妳的一切，我們雖然是妳的孩子，可是沒有辦法形容。』姪女接著說：『……就用這麼幾句話，將妳寫得那麼真實，令人沒有一點吹牛的感覺，而是實實在在的……』我說：『這就是文學，任何事還可以假，只有文學不能假。』」莊老師，讀妳的信讀到這裡，「文學不能假」，我受教了。

莊老師這般感性地詮釋孔子的名句「學而時習之，不亦說乎」：「如果沒有耐心、毅力、恆心，就難以享受學習的深趣……文學家深思苦慮，一字一字地琢磨……縱然此生見不到成果，創造不出巨著，但他們卻甘於鞠躬盡瘁，死而後已。」（莊紉琚，《斑城孔學：莊紉琚老師說論語》，市立高雄女子中學，二〇〇九，二頁）想來因為十多歲的我把她這類教導聽入耳，今天才會一字一字地琢磨寫此自述。

寫作多年來深深體會，敘述技巧和文字鍛鍊固然重要，更重要的是文章要能注入情感，才能感動讀者，而且寫一篇作品之初，自己一定要對其中部分內容感動過。創作的時候心中不可以有不真誠的念頭，諸如想要討好、逢迎讀者，想要暢銷，想要得獎，想要出名，想打馬虎眼不去窮究細節，日子久了眼明的讀者會看透你。還有，我對中學老師那段〈自序〉小小的懷念書寫，竟引起她那麼大的欣慰，我想莊老師在天之靈如果知道本篇寫得更詳細，一定會暢懷地笑。

一九八二年十二月我由香港回高雄探望雙親，高雄女中師蔚霞校長安排我以校友身分在大禮堂對小學妹演講。二十年前我讀雄女時教國文的師蔚霞老師，現在當校長了，我們記憶中的師老師，跟學妹們所熟悉的、嚴格的師訓導主任、治校能力高強的師校長，不盡相同。我們的師老師風趣、直爽，有俠氣。莊紉琚老師則常陷入沉思，像活在另外一個世界，有逸氣。兩位高中國文老師彼此有較勁的意味，師老師國文課班上的學生有方瑜，莊老師的學生中有鍾玲。莊老師一九八一年二月的那封長信中轉述師老師的話：「妳有一個鍾玲就夠了，哈，我們有情，才教育出有情的學生……我的方瑜也不錯。」

在女中大禮堂我演講完，出來跟師校長、老師們拍完照，莊老師跟我兩人在冬日陽光下的操場散步。她望著我的雙眼充滿對弟子的疼愛。她說：「我那個時候患慢性支氣管炎，相當嚴重，所以講課的時候會吃力，直流虛汗。」老師是在回應我，她看了那篇散文描寫她講課講到直流虛汗的文字。唉，她生著病，還撐著來上課，還忘我拚命地教我們。對教學、對學生，她比我想像得還要熱情。她接著說：「妳畢業以後，我生過一場重病，是妳師丈悉心照料，才恢復的。現在身體好些了。」師丈，莊老師的丈夫，在台灣鋁業公司任職，我記得我們同學去老師家探望的時候，他熱心地招呼我們。圓臉的、實心的男人，想像他一生都愛這位弱不禁風、情感豐富的妻子。高中同班同學明美最近回憶說，有一次莊老師講課講得太激動，講到哭了。而莊老師的熱情教學感動了班上同學，我們都愛戴她。我們高中畢業後，大學一年級升二年級暑假回高雄，邀請莊老師一同遊澄清湖，莊老師和學生們個個都笑得燦爛如花。

1982年高雄女中師蔚霞校長（左一）邀我（左二）演講後合照，右起蔡安娥、莊紉琚老師。

高雄木棉花合唱團的創團團長李志衡，是名作曲家黃友棣（一九一二—二〇一〇）的入室弟子。他邀我參加二〇二一年四月在高雄市文化中心演出的，紀念黃友棣教授逝世十週年經典音樂演奏會，我受邀是因為表演節目中有一首黃友棣的合唱作品〈獅子座流星雨〉，是二〇〇〇年左右黃友棣老師跟我的合作曲目，那時他在高雄養老，我在中山大學任教。在黃老師的指導之下，我把我的現代詩〈獅子座流星雨〉改寫，他譜上曲。

全場表演完以後，丁一雷指揮請我站起來，他向聽眾介紹我。大家起身散場的時候，我正要過去恭賀李志衡團長演出成功，一位看來五、六十歲身材小巧的女子攔住我，她說：「我是莊紉琚老師的小女兒，小蘋果，記得嗎？很高興看到妳。妳老師前年才過世的。」我訝異地說：「真的，真是高壽。」因為忙著去見李志衡，只好匆匆離開她。莊老師身體那麼虛弱，「情深不壽」這種詞語沒有應在她身上，倒是應了「帶病延年」。她一定找到了生命的平衡點，身心健康地度過歲月。

34・初中的本省、外省同學

二〇二一年四月初心血來潮，打電話給兩位高雄女中初中同學麗玉和淑惠，她們還住在高雄。一班五十一人，留在高雄的很少，大都搬到北部去了，或到美國定居了。我們三人二十年沒見了。在中山大學任教那十五年，我跟同學不時見面。但是二〇〇三年後到香港和澳門任職，就沒有再參加同班的聚會。我請她們兩人到美術館區一家西餐廳喝咖啡、吃南瓜胡桃派。第一眼三個人幾乎認不出彼此，年紀大的時候，衰老變化越來越明顯，何況我們記得的是彼此十四、十五歲的模樣。

一開頭我們交換同學的消息，淑惠說，安娥、雪梅過世了。兩張少女的臉一甲子前的面容，在我眼前晃過，一張淳樸溫和，一張渾圓雪白，我輕聲驚呼。想到杜甫的句子：「訪舊半為鬼，驚呼熱中腸。」幸虧人數不到半。她們又談誰誰中風了，我說：「三個月前我在台北探訪瑜，真沒想到她那麼虛弱、行動那麼不便，近十年因為平衡不好常跌倒，腦部開了幾次刀，身心都受重創。看了真的、真的很難過。」

不少同學定居台北，我們計畫二〇二一年六月二十五日在台北找同學喝下午茶，因為那晚我會在台北《聯合報》副刊辦的文學沙龍上朗讀小說，麗玉將陪我北上。

五月新冠肺炎疫情升級，台北《聯合報》副刊的文學活動取消了，北上跟老同學相聚也成泡影。想到四月跟我在高雄喝咖啡的兩位同學是本省人，台北要相聚的也都是本省人，班上外省同學人數少，大多失聯了。我開始思索初中歲月本省和外省同學相處的情形。一九五九年高雄女中初三甲班畢業照裡同學五十一位，其中外省十一人，占全班百分之二十二。根據一九五六年台灣的人口普查，二次大戰後來台的外省人占總人口百分之十二。我想外省學生考取理想中學比例較高，大概因為父母覺得孩子的未來出路只有靠考取大學，所以課業督導比較嚴格。

初中三年本省和外省同學相處如何呢？我查看舊照片簿，大部分的合照都是混合在一起的。我們週一到週六上課，每天在校內的九小時基本上混在一起沒有省籍之分，尤其是午餐的群聚，和每週有幾次「自由活動」時段的群聚。午餐時要好的同學把課桌併起來，圍成一圈吃自己家帶來的便當。我那一圈的人越來越多，多是本省同學，因為我吃完飯就跟同學開講武俠小說，頗有古代說書人的架式。父親每天由辦公室帶回國民黨在香港辦的報紙《香港時報》，上面連載的《華山劍俠傳》就是我第二天說故事的素材。我慢慢摸清楚掌控聽眾注意力的竅門，打下了以後寫小說的基礎。「自由活動」時段我們就三五成群，在操場上、花圃裡說悄悄話，說女孩兒家的心事。我那群六、七個人，本省、外省都有。

最窩心的活動，就是請同學到自己家裡吃媽媽做的菜。我母親非常好客，請多次我初中的同學，本省、外省不分，多年後她們念念不忘母親的廣東蒸魚和眷村菜韭菜豆乾炒肉絲。瑜請同學回家吃飯，等於是訓練我們吃辣，因為她媽媽是重慶人，每一道菜都麻辣到舌頭痛。到本省同學家吃飯，不只可以品嘗媽媽的台菜，有時候吃餐廳叫來的酒席。請客的本省同學不少出身醫生世家。我們初一甲班至少有四個醫生女兒，其中三位還是表姐妹。

有一種本省同學款客之道是外省同學無法投桃報李的。她們請同學到家裡吃完晚飯，還過夜。住日式榻榻米房，多鋪幾張床墊，就可以並排睡很多人。我有一張照片四個人躺在被窩中，本省、外省各半。女中的校園生活很單純，沒有省籍分化的思想、沒有男女情愛的紛擾，女同學之間自然地融合，生出溫厚的情誼，不分省籍、貧富、成績的高低。

我常被邀請到本省同學家玩，是因為當班長跟全班同學都混得很熟。初一當上班長屬於偶然。初中一年級開學才幾天，同學彼此不認識，童子軍課的女老師親自點選每班的班長。這一屆四班兩百多人在操場集合。她挺著身腰緩步走過每一班每一個同學面前，一一地「相」我們。她走到我面前，望著我說：「妳當班長。」

1959年初三雲娥（左二）過生日，我（左一）到她家用餐，三位都是醫生的女兒。

她為什麼挑我？她巡行到我面前，兩眼威嚴地瞪著我，我就瞪回去，從小當花童、表演跳舞、跟大人對話，早練就膽子。老師大概因為我無懼的神色選我。於是我當了初一甲班班長。初二、初三被選當班長，要感謝班上同學對我的信任。班上大部分人本省籍，她們的選擇顯示心中無省籍之分。

我可是個認真的班長。像是帶領清潔股長一同督促同學打掃教室；跟服務股長一同安排同學去大廚房拎取我們班上蒸熱的飯盒；檢查同學的指甲有沒有藏垢；制止同學在午睡時間說話等。

1957年初一時校辦郊遊去三地門，玩在一起的四人，本省、外省籍各半。

為什麼同學還是年年選這個凶巴巴的班長呢？大概因為我只問事理，不針對個人；還有每年我都編導話劇，帶領同學在歲暮晚會上演出，同學樂此不疲。

沒有想到在某一時刻、在某一位同學眼中，我變成權威的化身。那一位同學冒出一句抗議的話，而這句話十二年後才發現，跟二二八事件有關。

初三時一天下午一點校鐘鐘聲響起，是午睡時間，全班同學都頭枕雙臂，趴在課桌上午睡。本省籍黃同學，個性活潑大膽，鐘聲響完了幾分鐘她還跟旁邊的同學說話。看她打攪到別人睡眠，我走過去說：「不要說話了，睡覺。」

她說：「凶什麼凶！你們外省人殺了高雄人。」

說完她趴桌上睡覺，以後她再也沒有說過這類話。我當時愣住，沒有回應，不知道她在講什麼，因為我根本不知道有二二八這段歷史，更不知道高雄是事件的重災區，發生了民眾武裝反抗，高雄要塞司令彭孟緝用武力鎮壓，殺死不少社會精英，更濫殺無辜民眾。初三那年是二二八事件之後第十二年，鎮壓、殺害早就掩蓋下來。女中學生一直活在無知無憂之中。

一九六七年出國留學後，才在海外台灣同學辦的雜誌上讀到有關二二八事件的文章。外省第二代的尷尬處境是，殺戮為上一代的暴行，我們像帶有原罪，不知道應該如何自處。其實二十世紀中葉本省人的處境尷尬很多倍，他們前兩代人無辜被日本殖民，光復前被教育說大陸的中國人是敵人，光復後政府卻被大陸人接管；光復前台灣中上階層的本省人正在轉化為日本皇民，光復後卻要恢復做中國人，光是身分認同就非常混淆，何況二二八事件中母國軍隊竟然殺戮自己同胞！這不僅凶殘，而且種下幾代人仇恨的種子。

黃同學說出那句話六十多年後的二〇二一年的今天，我還在思索傷口癒合的問題。大概黃同學的伯伯或祖輩在事件中身亡，她的傷口必然深，隱忍已久，才會脫口罵我。紀念碑、紀念館、賠償金、歷史平反，都是外在的撫平動作，個人內心的傷痛不容易消失。希望一甲子歲月來，她的傷口漸漸癒合。壓下去的怨恨，像地心的火，總會爆發，也許是多次小爆發，也許是一次大爆發。而我，沾到一點微小火星。

回想起我少年時期也認識一兩位軍中受白色恐怖逼害的人。讀小學期間常來我家吃飯的官校學生樹勳哥哥，就多次向我母親訴苦，他有一位在廣州一同長大的青梅竹馬女朋友，一九四九年以後羅哥哥透過在香港轉信，跟她聯絡上了，他設法幫她逃出大陸，兩人好結婚，卻被軍中的政戰單位盯上，每一封他跟女友的通信都被拆開審查，他差一點被逮捕，他畢業以後升遷也因此被卡關。父親黃埔海軍學校的同班同學劉定邦伯伯，他是全班最帥的美男子。因為他被政戰單位誣陷，一九五二年六月他擔任中勝艦中校艦長，自大陳運輸補給駛回基隆後，被逮捕押解至鳳山海軍營區，證明清白後才釋放。還好沒有影響到他的官運，一九七一年晉升海軍中將及任海軍總部參謀長。

話說回來，在二十一世紀很少人談到一九六六年文化大革命以前，國共台海戰爭曾多次爆發，一九四九年到一九六〇年代有二十年台灣處於風雨飄搖之中，你以為只有一九四九年的金門戰役？你以為只有一九五三到一九五四年的浙江外海一江山戰役？你忘了一九五八年八月，共軍對駐守金門的國軍發動了炮彈突擊，在四十四天內向金門轟擊近五十萬發炮彈？就是八二三炮戰。我金門防衛司令部副司令吉星文中將被轟及，重傷而死，他是抗日名將。一九六五年又發生福建、廣東外海的東山海戰和烏坵海戰，我方軍艦被擊沉沒，多名海軍官兵殉國。

相信你也不知道蔣介石反攻大陸的決心如此之強，儘管美國方面不情願，一九六二到一九六三年蔣發動了對大陸的小型進攻，他已經七十五歲了，鬥志依然，由一九二七年清黨，剷除共產黨員開始，他已經跟中共纏鬥三十五年了。大陸在一九五八到一九六二年發生大饑荒，根據不同的估計，饑餓死亡人數由一千六百萬到五千萬不等。蔣介石認為那是反攻的好時機，最後美國勉強支援少量運輸機和登陸艇，蔣遂於一九六二年底到一九六三年底，發動小型進擊，九支國軍武裝部隊空降廣東沿海，兩支武裝部隊在福建登陸，幾年之內國軍武裝部隊被共軍擊敗，大部分官兵殉國，小部分撤回台灣。

我陳述一九四九到一九六六年國共之間的海戰、陸戰，是為了顯示雙方十八年間是處於戰爭狀態，要不是美方為本身利益而阻止戰爭爆發，可能早就打起來了。國民政府既然處於戰爭狀態，必然要防範中共方面的滲透，如情報人員、煽動人員、武裝人員，也要防範本島民眾傾向大陸，所以勢在必然，於民間設立情治單位、在軍中設立政戰單位，以嚴加管控，有些人無辜被逮捕、囚禁，造成慘痛的冤獄；然而被逮捕、囚禁者中，也有中共的滲透人員，危及台灣安全的人。

35．脫代的、孤立的南部文藝青年

如果《文訊》二〇一三年一月號向我約的特輯稿「我們這一代的文藝青年」，是指在一種文化風潮影響之下同一時期的一群文藝青年，那麼以我的境遇而言，沒有什麼辦法談「一代」的文藝青年，因為我青少年的文藝之旅，是一個人的孤獨成長，或者可以說，是方瑜和我的雙人摸索。

我是在台灣南部長大的，初中、高中讀省立高雄女中。在那個南部的時空所謂的文藝青年，大概是指酷愛看課外文學讀物的學生、熱心寫壁報的學生罷。一九六〇年左右處身台灣南部，不像在台北，有明星咖啡屋，有現代詩詩社，有藍星詩社，有夏濟安編的《文學雜誌》、白先勇編的《現代文學》。後知後覺的我完全不知道瘂弦在一九五四年十月由政工幹部學校戲劇系畢業，就派到離內惟眷村我家不到兩公里的左營桃子園海軍陸戰隊，那時我在桃子園陸戰隊隔壁的海軍子弟小學讀五年級。就在瘂弦到陸戰隊的第二個月，洛夫、張默找到他，他們一起編《創世紀》第二期，之後三人成為著名的鐵三角。（《瘂弦回憶錄》，二四三—二四四頁）我要到高三，一九六二年，才發現《現代詩》。由一九七〇年代末開始，我的文章有一半登在瘂弦編的《聯合報》副刊，另一半登在高信疆編的《中國時報》副刊。一次在台北瘂弦調侃我說：「我在左營桃子園寫詩的時候，妳是我鄰居，應該去認識妳。唉呀，妳還是小學生！」

加上我讀的是風氣非常保守的女子中學，中學六年不記得有哪位老師談過二十世紀當代文學，大陸的、台灣的當代作品都沒有老師談過。但是在高雄鹽埕區的書店裡卻買得到許多翻譯小說，最常光顧的是大勇路的大業書店。大多是一九三〇年代、一九四〇年代名家由英文、法文、德文、俄文翻譯為中文的作品，在台灣翻印時，不印身在大陸譯者的名字，也不印原出版社的名字。讀中學的時候就讀過傅雷翻譯的法國小說：巴爾札克的《高老頭》和羅曼．羅蘭的《約翰．克里斯朵夫》。但是我不知道它們出自翻譯大師傅雷的手筆。

我讀翻譯小說是舅舅培養出來的，讀中學時，他送我托爾斯泰的《戰爭與和平》、大仲馬的《基度山恩仇記》。我就儲蓄零用錢來買書。那時還不作興補習，所以在中學時期，尤其是寒暑假期間，我有時間大量閱讀翻譯小說。你難以想像因為讀翻譯小說，一個中學少女的內在世界可以拓展多少疆土！我隨著書中的重要角色經驗各種情緒，《基度山恩仇記》的快意恩仇、《簡愛》中的濃烈愛情、《戰爭與和平》中皮埃爾樸拙堅實的情感。我隨著翻譯小說的場景開始瞭解十九世紀歐洲的文化傳統和社會背景，《傲慢與偏見》中英國貴族和中產階級的生活、《悲慘世界》中法國大革命前窮苦民眾的悲慘日子、《戰爭與和平》中俄國跟法國大型戰爭的慘烈場面。

此外，也閱讀中文古典小說《西遊記》和《紅樓夢》，讀得津津有味。《紅樓夢》在中學讀過兩遍，是不是因此以後創作對古代世界特別嚮往？第一遍初中讀《紅樓夢》，翻書找寶玉、黛玉、寶釵三角戀愛的情節；第二遍高中讀《紅樓夢》，是品味書中的詩、詞、曲。要到成人以後再讀《紅樓夢》，才讀得懂其中的人情冷暖，讀得懂作者的悲天憫人。因為初中成績名列前茅，所以直升高中，暑假閒著，跟父親軍校的學長馮啟聰伯伯借他那一整套《蜀山劍俠傳》。

是不是因為還珠樓主這部光怪陸離的劍仙小說《蜀山劍俠傳》，我之後寫小說會偏好靈異題材呢？一九八一年寫的小說〈黑原〉就幻想出黑暗高原上的一個國度，有位女子不知道自己已經死亡，繼續流浪生涯。一九八七年的小說〈過山〉描述一位一九八〇年代的香港女作家，購得一隻漢朝的玉鐲，玉鐲的精靈把她攝去古代，穿越兩千多年回到西漢初年位於廣東的南越王朝，因為女作家的前世涉及南越王朝的恩怨血仇。一九九一年寫的小說〈生死冤家〉改寫自宋人《京本通俗小說》的〈碾玉觀音〉，側重描繪鬼魂秀秀如何化身為活人一般的實體，跟丈夫過日子。三篇小說都收在二〇一一年北京人民文學出版社出的我那本短篇小說集《天眼紅塵》裡。

總之，中學時期我讀文學作品沒有什麼指引，也沒有具時代感的文藝青年相伴。其實是碰到什麼喜歡的就讀。初一的時候，父親由辦公室每天都帶一份《香港時報》回家，我天天追報上連載的《華山劍俠傳》，這部武俠小說就是我交到一生知己的媒介。方瑜，我初中的同班同學，也是一位文藝青年。兩個人下了課就對坐在二樓教室外走廊的水泥圍欄上，對講武俠故事。每天我講一段《華山劍俠傳》，她講一段《白髮魔女傳》。不久，她背一首古典詩、或一首詞給我聽，她是國學底子深厚的方伯父栽培出來的。於是我倆由武俠天地轉進古典詩詞的世界。外表上我們兩人極不相稱，她高大我瘦小，個性上也南轅北轍，她閒散隨性，我積極縝密，兩人卻因為對文學的愛好，差異變成互補，結成莫逆。

我們兩人讀大學一年級的時候，我還在忙著在舞台上演出話劇，她已經寫了近百首古典詩詞，而且給葉嘉瑩教授看過、有些葉教授改過。這是一首她大一時寫的七絕：「萬代青山青未了，豐碑華表字全非。閒來垂釣秋江岸，又見浮雲天外飛。」你會說方瑜垂釣過嗎？沒有，所以場景是虛擬的。然而這首七絕是不是意境磅礴而高遠呢？是不是像幾百年前古代的詩人寫的？這可是一位不到十八歲的女孩在一九六三年靠自學寫的詩，她竟然能夠自然地再創古人詩歌的境界。

高中畢業以後，即使方瑜和我分開，進了不同的大學，仍然互通文學情報，互相激勵。她考進台灣大學，我進了東海大學。我們之中一個發現了《現代文學》雜誌，兩個人就把白先勇、叢甦捧在手上、心上，當經典來讀。兩個人其中一個發現了《文星》雜誌，它就成為兩個人至高的精神糧食。我們讀卡繆、卡夫卡、妥斯多也夫斯基，兩個人又同時患上了文藝青年的時代病，就是陷入虛無的存在主義情緒之中，感歎人生沒有意義。

1958年與方瑜（右）初中三年級攝於高雄女中校園。

一九六七年二月，方瑜和我一同去西門町看一齣日本電影，小林正樹導演一九六四年的作品《怪談》，由小泉八雲四篇故事改編成四部短片：〈黑髮〉、〈雪女〉、〈無耳芳一的故事〉、〈茶碗中〉。走出電影院我們兩人的感受一樣：震撼！這部電影是鬼氣和幽美的結合，恐怖到把你嚇個半死，但卻極度淒美。四部短片中以〈無耳芳一的故事〉情節最為曲折，日本下關海峽的壇浦海灣有一座阿彌陀寺，住持收留一位盲眼的說唱琵琶手，年輕的芳一擅長講唱幾百年前權傾朝廷平氏家族的故事，歷史上就是十二世紀平氏、源氏之間的鬥爭，最後一仗是海仗，平氏戰敗，太后平氏抱八歲外孫天皇由船上跳海自殺。

阿彌陀寺中的芳一被一位披甲的武將帶去一座豪華府邸，在貴人們前彈琵琶講唱平氏家族的故事，一連去幾夜。住持覺得奇怪，派傭人跟蹤，傭人發現芳一竟然坐在海邊荒蕪的平氏墓園地上著魔地彈唱。住持知道他被古代冤魂蠱惑，第二天就在他全身書寫《心經》，囑咐晚上芳一不要回應武將呼叫他的名字。那晚鬼魂武將扯下芳一一雙耳朵回去覆命，因為住持忘記在芳一耳朵上抄經。這是方瑜寫的七絕〈無耳芳一的故事〉：「寂寂空山一病僧，芒鞵夜夜染苔痕。千年冤魂齊傾耳，不意知音是鬼魂。」方瑜古典詩詞的創作以驚才絕豔來形容，不為過也。一九六七年我出國前，二十二歲的方瑜手抄一本她寫的古典詩詞致贈於我。

方瑜和我一定有很深的緣分，想想看，我們一九五六到一九五九年在高雄女中初中同班三年，女中前後五屆超過一千人，一千人中未來只有我們兩個人從少女時期就投入創作，成為作家，都成為大學文學教授，怎麼兩人初一竟然排在同一班！之後在文學創作上我們是互相扶持的知己，我們還是無話不談，無所隱瞞的心靈好友。你有過這樣的朋友嗎？你什麼都可以告訴她，絕對安全，因為她完全接納你。她一樣也是什麼話都可以毫無顧忌地告訴我。知道世上有這樣一個人，你就會覺得安全，不孤寂。

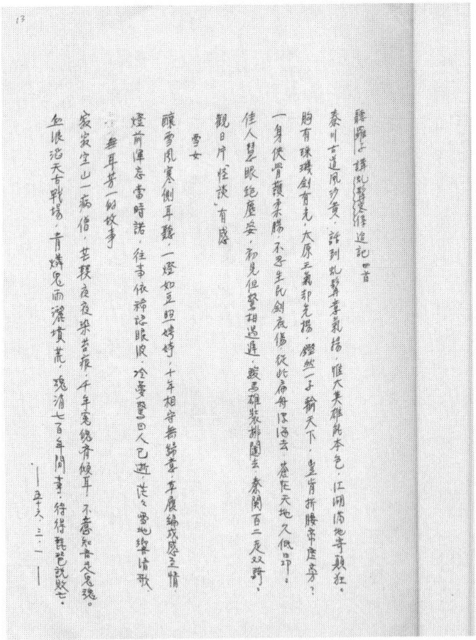
13

聽羅子講凱撒麥傑追記四首

秦川古道風沙黃，詩到凱撒意氣揚，惟大英雄能本色，江湖流地寄顛狂。

胸有珠璣劍有光，大原王氣抑先揚，鏗然一子輸天下，豈肯折腰帝座旁？

一身俠骨藏柔腸，不忍生民劍底傷，從此扁舟浮海去，蒼茫天地久低昂。

佳人慧眼絕塵姿，初見但驚相遇遲，戰馬雄裝排闥去，秦關百二走雙騎。

觀日片「怪談」有感

雪女

釀雪風寒側耳聽，一燈如豆火婷婷，十年相守無歸意，草屋編成感主情。

燈前渾忘當時諾，往事依稀認眼波，冷漠驚回人已逝，茫茫雪地響情歌。

無耳芳一的故事

寂寂空山一病僧，芒鞵夜夜染苔痕，千年冤魂齊傾耳，不意知音是鬼魂。

血浪滔天古戰場，青燐鬼雨灑墳荒，魂消七百年間事，待得琵琶說敗亡。

——五十六、三、一——

1967年方瑜手抄一本她寫的古典詩詞其中一頁。

大學時期認識的另一位文藝青年就是楊牧，那時他寫詩的筆名叫葉珊。我在東海大學外文系讀大一的時候，他是同系的學長，四年級。他主編學校的文藝刊物《東風》，登過我投的稿。見過學長幾次，他內向、我害羞，彼此沒有說幾句話。雖然與葉珊交往不多，光是另外一位文藝青年的存在，就給我無形的力量，況且他還是位出名的詩壇明星，是我的榜樣。我也開始寫作投稿。一九六一我讀高中時，在高雄出版的《台灣新聞報》副刊上發表散文。進了大學，因為有葉珊為榜樣，我投稿目標提升到國內最重要的文學雜誌和副刊。一九六五年大三暑假在《文星》上發表短篇小說〈陰影〉，大四方畢業一九六六年九月在《中央日報》副刊上發表散文〈旅美尷尬集〉。

所以說我是脫代的、孤立的文藝青年，隔離在邊陲的台灣南部，因禁在女子中學。但是那也沒有什麼關係，雖然環境閉塞，不管土地多麼貧瘠，只要有一點點小小的養分，只要有偶然的緣境，像是一位長輩的一臂之力、一位老師的鼓勵、一顆同樣受文學感動的心靈，青芽就會迸發出來。不謀而合地，我也具有那一代文藝青年共同的特色：對外國文學中譯本的熱情、對存在主義的追索、對試筆投稿的努力。因為閱讀文學作品，令我接觸到那些奇異的、遼闊的內心世界。因為文學創作，令我覺得自己的生命有發光發熱的機會。

36．古早的女子中學戀情

我讀高雄女中那六年，一九五六到一九六二年，校風非常保守，談戀愛的學生少之又少，所有寄到學校給女中學生的信，教官都會拆開檢查，如果是男生的情書，一律沒收。絕大多數同學都把心用在拚功課上。

我們真的再純潔也沒有了，我四十多歲的時候寫了一首現代詩〈打鼓山之歌〉，就是反諷這種蠢蠢的純潔。我跟女中同學印象最深刻的一次出遊，就是遊陳中和墓園。應該在讀高一下學期，一九六〇年春，一天下午沒課，我們七、八個人出了五福三路的女中校門口，由一位認得路的同學帶領，遠足徒步走四公里去大墓園野餐。陳中和（一八五三－一九三〇）是高雄首富、企業家，因為致力於地方建設和公益，在日據時代頗具影響力。他的兒子陳啟川由一九六〇到一九六八年任高雄市長。

你會說這墓園不就在苓雅區市區內？周圍都是民居，為什麼說「遠足」？墓園有什麼好遊的？要知道那是在六十年前，一九六〇年墓園周圍都是荒野和水稻田，名副其實的郊外。而且墓園打理得綠草如茵，還有石象、石獅、半月池，比公園還像公園。守墓人知道我們是高雄女中的學生就放我們進去。我們在山一樣隆起的大墳頂上圍成一圈坐，分享彼此的便當。此次出遊激發我多年後寫下現代詩〈打鼓山之歌〉（《霧在登山》，匯智，二〇一〇，二十四頁）中這一段：

少女的青春，水光的青春
不過是一次春日逃學
少女鋪開她們的黑裙
一圈無邪的白蘑菇端坐
在打鼓山腳最大的墳陵上
墳裡躺著一個富豪仰望
她們讓風，水稻田的風
愛撫白花花漿硬的上衣

我們少女的花樣青春，都付與墓園、石象、石獅，都付與僵硬的生活，如同漿硬的白色上衣。十六世紀湯顯祖筆下的《牡丹亭》不是也說：「原來奼紫嫣紅開遍，似這般都付與斷井頹垣。良辰美景奈何天，賞心樂事誰家院。」然而我們比杜麗娘幸運太多了。她的未來只有安排的婚姻、不認得的丈夫、不一定生得出男嬰的肚子。幸運的我們不必承受這三種痛苦。十六歲的我們不僅可以遐想，還有少數真的談了戀愛。

陳中和墓，2022年二月鍾玲攝，六十多年前跟同學在墓頂上野餐。

二〇二二年二月我隔六十年去陳中和墓園舊地重遊，駕車沿著中正路東行，過了文化中心，一出中正二路地下道，中正一路右邊就到墓園了，周圍民居密密麻麻。墓園現在變成五塊厝公園，陳家在一九九四年把陳中和的靈柩移去陳家墓地，把墓園捐給高雄市政府做公園。墓園為長方形，墓丘和寶地以外有些平地，市政府加以利用，蓋了公園入口的門廊、公園管理處、網球場。但是墓園卻沒有好好維持，墓旁石砌燈籠的石燈罩打碎了，寶地的草坪像癩痢頭禿禿的。我望著墓丘丘頂，經過六十二年的雨水侵蝕，一甲子前丘頂應該要高一點，八個著白衣黑裙的少女圍坐，她們清脆的笑聲散落在寧靜的、綠草如茵的墓園。

住在北自強新村的高雄女中和高雄中學學生，清晨六點就到我家巷子外，鼓山三路旁的公車站，等十九路公共汽車，大概男男女女近十人在等車，個個手拿著課本復習。初二的時候，十三歲的我注意到秦家的老二，他住在自強新村隔幾條巷子，讀高雄中學，高我一班。他長得真好看！大大的雙眼皮眼睛、眼珠黑如墨、直挺的鼻梁、白潤的皮膚，好俊美的臉！簡直就跟吻醒Snow White的王子一個樣，那是家裡英文童話故事書中王子的彩色畫像。我就這般每天早上在車站等他出現，遠遠地、偷偷地瞧他四年，沒有跟他說過一句話，勉強算是我的初戀兼單相思。我高二升高三時，聯考揭榜，他進了台大。

女中排的「自由時間」裡，我們六、七個同學在花園一角落說悄悄話，各自輪流說自己的情事，我每次都談今天瞧見秦家的老二如何如何，他跟他哥哥說話，還笑了。我讀大一的時候到台大找方瑜，兩人走在椰林大道上，說有多巧就有多巧。秦家老二居然騎腳踏車迎面經過，他當然沒有認出我，我卻還原了他，原來他只是個長相過得去，個子不算高的大學生。這所謂的初戀像破裂的肥皂泡沫，微弱地絲一聲散為空無。這段單相思完全是自己建造的空中樓閣，我並不想由空中樓閣走出來，所以兩人的關係根本不可能發展。大概是少女的自我防衛心理形成幻想，把男女的間隔拉到無限遠，拉到最安全的距離。這類自閉型的情感很適合讀女子中學的學生，她可以專心於學業。

中學唯一發生在現實中的情事，是一次情書事件。一位教我的老師在他家裡談過當班長的我，說我活潑可愛、說我的作文顯露才華，於是我被老師讀高雄中學的兒子盯梢了。一天清早上學我一個人在高雄市政府那站下了十九路公車，走向愛河的河邊路，一個高瘦的男生忽然出現跟前，遞我一封信，急促地說：「給妳。」那一剎那，看見他俯視我的整張臉都泛紅，一張容長臉，我驚得心跳加速。他急促地離開，我不知所措地拿著信呆立。信中用流利的文字寫如何知道我，希望能交朋友。因為女中教我們考大學至上，談情說愛不是正道，加上他又是老師的兒子，太尷尬了，我回信說我們還是用功讀書要緊，這短暫的交錯戛然而止。

我同學中有好友在高中談戀愛，心整個亂掉，大專聯考名落孫山，補習一年重考才考上。然而同學中也有人中學就談戀愛，而且考上理想大學，出國後結婚，跟丈夫恩愛一生。這故事看來順遂，但是真的順遂嗎？純是我高雄女中初中、高中六年的同班同學。在我們前後幾屆女同學眼中她是公認的美人，許多同學都認同她就是我校的校花。其實女中好看的同學不少，我們的學姐江樂舜於一九六二年當選中國小姐第一名——與方瑀和劉秀嫚並列第一。江樂舜比我高兩屆，選上中國小姐的時候已經讀大學了。記得江樂舜在女中的時候並不是校花，因為臉型長了一點。

為什麼我們認定純是美人呢？她在女生眼中美，在男生眼中美不美呢？瓜子臉，五官秀麗，皮膚嫩得像白梅花的花瓣，身材修長，個子在那個年代我們之中算高，約一六四公分。有一張她站在石階上的全身照，當得起清秀佳人，婀娜多姿這些形容詞，是她二十歲的時候男朋友拍的，純把這張照片送給我，但是因為是他男友嘉拍的，沒有得到他們同意，就不公開了。你看，另外一張照片她穿白色校服上衣，蹲在高雄女中花圃中，就是我拍攝的，十七歲的她笑得開心，仍然有些靦腆。對，我想我們女生就欣賞清純之中帶點靦腆，帶點矜持。

分析起來，美麗的女孩為什麼矜持？多半因為她知道自己好看，知道大家都在注目她的一舉一動，而且敏感的她會覺察別人心中在起念頭，有的人著迷，有的人挑剔，有的人妒嫉。她只有用矜持來保護自己。更何況純有太多條件引起其他女生的比較和妒嫉。除了貌美，還有家世好，功課好。她是高雄名醫的女兒，出身富裕的家族。她的朋友不多，除了班上那幾個醫生家庭的女兒，她跟班上的外省同學來往密切，你看這張四個高二的女生站在澄清湖湖邊亭子的照片，除了純（左二）以外都是外省人。為什麼她跟外省同學走得那麼近呢？想來外省同學來自海軍和公務員家庭，等於是生長在另外一套價值觀裡，我們注重的是父親官階的高低，因此不會對醫生的社會地位、父母從事的行業、家裡的貧富，生起比較心、生起計較心。我想這是她跟外省同學在一起比較自在的原因。

1961年純在高雄女中花圃，鍾玲攝。

1961攝於澄清湖，左起：安、純、和、玲。

那麼男生是不是也認為她是大美女呢？高雄中學的男生認為她很美，他們會遠遠盯她的梢。而且我知道成年男人也覺得她美，澄清湖合照裡站左邊的是安，她的父親擔任我們女中的人事室主任，他對女兒說，純很美。安的父親有學問，中國文學底子好，他看重的是氣質。的確，純美麗外表裡面有一顆純淨的、純情的心。純的故事是可以寫小說的。

嘉讀高雄中學，高我們一屆，他二十四歲左右的時候我見過，高大、黝黑、英俊。他在純高一的時候開始追她，嘉也出身醫生家庭，富裕且有勢力的家族，所以有機會結識純。你會說這不是門當戶對的美事一樁嘛！剛好相反，因為純的父親跟嘉的父親都是名醫，但是在高雄市醫師公會裡卻多年不合。此外，嘉是注定繼承家業的長子。哎呀，這不是羅密歐與茱麗葉的翻版！那個年代的男女生往來也只限於散散步、看場電影。他們非常小心地保持機密。純只跟我們少數要好的外省同學說悄悄話的時候透露一點。我的知己瑜變成她的密友，大概因為她們兩個人的心都純真，沒有機心，她們的聯繫維持一生，近幾十年我透過瑜得知純的消息。

一九六二年我們高中畢業，瑜進了台大，我進東海，純考上政大，可見戀愛和跟家庭抗爭並沒有影響純的功課，其實我想她下定決心要考上台北的大學，完全為了跟嘉在一起。一九六六到一九六七年我考進台大外文研究所就讀，瑜那年為考台大中文研究所作準備。純已經由政大畢業，雙方家庭依然堅決反對他們往來，嘉還在讀醫學院，為了表示相愛的決心，他們乾脆住在一起。瑜和我常有機會跟純聚餐，有一次她還叫嘉騎摩托車送她來餐廳，好讓瑜和我跟他見個面。看得出兩個人眉眼之間的濃情，五年了還是深深相愛。

可憐的純，她的父親堅決反對他們交往，而嘉的父母更視純為敵人，她奪走了他們家的長子！她和嘉像是活在魔咒結界的世界裡，兩人以甜蜜來對抗。我到美國留學就業的歲月，由瑜的信中得到一則則純的消息：嘉拿到醫科學位、服完兵役後，他們倆依舊得不到雙方父母的祝福，先後去了美國，過小倆口的生活。嘉通過美國眼科特考獲得文憑，又到德國波昂大學進修醫學博士，天高皇帝遠，兩人一九六九年八月在德國結了婚，純叫瑜轉贈我兩張他們的結婚照，兩人的合照裡，高帥的嘉歡喜地微笑，西裝筆挺，上衣口袋露出摺疊的手帕，純張著小嘴細細地笑，著長袖結婚禮服，縷空花的長袖，織得細密而透光的婚紗長及腰部，手執一束蘭花；她那張獨照，捧著蘭花束凝視遠方，笑得像中學時一樣清純飄逸。嘉獲得波昂大學的醫學博士。兩人回美國，嘉受聘在大醫院當眼科醫生。

接著面臨更大的磨難，嘉得了致命的腦部重病。純表現極大的勇氣和韌性，在美國獨自帶著他求醫、治療，還好嘉救回來了，而且復健情況良好。是的，在生活中當保護者和被保護者的角色互換以後，相愛的人愛情更堅。我想是這個時候嘉的父母終於接納這個媳婦，因為兒子的命是純救的。接著他們生了孩子，創業，開眼科診所，嘉很硬，要自己在美國闖出一片天，後來他成為紐約市著名的眼科醫生。瑜說由純的來信知道，經過半個世紀，他們夫妻的心仍然繫在對方身上，連兒女都分不了太多他們的愛。濃度和純度這麼高的感情，時間維持那麼久的感情，小說裡、戲劇裡也罕見。

　　幾年前我們高雄女中同班同學互傳一張照片，四位移民美國的女同學和他們的夫婿在加州聚會，女同學一排坐在前面，丈夫站在椅子後面。那年四位女同學都七十了，純坐在那兒，容顏已經被時光鑿粗了，但是剎那間，我的記憶復原了青春，純還是那個在高雄女中花圃裡的女孩，對著我嫣然一笑。

37·眷村姐姐

兩位眷村姐姐是我少女時期仰望的女子。她們大我六、七歲，那時候相差這些歲數就像隔一個世代。有趣的是後來她們兩位也走上文學藝術的人生路。

鄺潔泉姐姐的父親鄺民光是家父海軍黃埔海軍學校高四屆的學長，鄺伯母是母親多年親密的麻將牌友，所以鄺姐姐也屬從小玩大的廣東幫小孩，只是她是大姐頭，你看那張我七歲時候在照相館拍的九人合照就很清楚，鄺姐姐比梁家、謝家、鍾家的小孩高出至少一個頭。我升初中一年級的時候，鄺伯伯調職台北，需要由內惟的自強新村搬家北上，但是鄺姐姐讀高職已經要升高三了，轉學到台北不方便，所以兩家父母商量好，讓她畢業前寄居我家一年。

十二歲小女孩對十八歲女子的世界很好奇。她的同班女同學來我家找她，我混在她們中間，又聽她們談笑、又替她們拍照，她們不像嬌小的鄺姐姐，我驚覺這些女子身材那麼豐滿，原來女性身體會隨年齡起大變化呢！鄺姐

海軍眷村五家廣東軍官的子女，鄺潔泉（最高者）、我（左二），攝於1952。

姐圓圓的臉，笑起來很甜。她住我家那年交了男朋友，海軍官校剛畢業的少尉軍官。他走明路，來我家探訪她，連台北的鄺家父母都知道。我讀的是男女之防非常嚴謹的高雄女中，看見他們出雙入對真是新鮮事。還有鄺姐姐在家讀書少，畫素描多，很佩服她畫什麼像什麼。她畢業以後我們多年沒見面。

再見到鄺姐姐已經是二十多年後，我已經和金銓結婚，由美國搬到香港。一九八一年我們在台北的一個文藝界聚會見到鄺姐姐和她丈夫，原來她丈夫就是台灣的荷花大師、水彩畫家張杰。鄺姐姐在高中畢業後回台北，實現她的夢想，追隨席德進學畫，剛好張杰是席德進的入室弟子，她和張杰志趣相投，相戀結婚。既然聯絡上，那幾年我們常相往來。金銓自己精通書畫，他跟張杰、鄺姐姐很聊得來。

有一件張杰談我一篇小說的事，我清楚記得。一九八二年九月我的極短篇小說〈生死牆〉登在雜誌上。這篇小說的緣起是，那年春天我應邀到西柏林的自由大學演講，學校安排一個研究生帶我去看柏林圍牆，西柏林是孤立在東德的一個地區，西柏林和東柏林分屬民主世界和共產世界，由於太多東德人逃進西柏林，東德就用圍牆把西柏林圈起來，隔絕它的民主世界和圍牆外東柏林和東德的共產世界。不少東德人冒著踏地雷炸死的危險，爬牆投奔自由，西柏林圍牆前一列一列長方形小片金屬牌子，鑄了死難者的名字和生卒年。那研究生第二天還帶我通過海關，穿過圍牆，到東柏林的樣板街參觀。

我把在西柏林和東柏林的親身經驗，加上想像，寫了小說〈生死牆〉，講我在西柏林參觀圍牆的時候，遇見一個東柏林德國人，第二天去東柏林樣板街又遇見他，結尾我再訪西柏林圍牆，

1982年鄭姐姐和張杰來訪香港，攝於金銓和我沙田世界花園大廈家中。

驀然發現一片死難者的金屬牌子上，鑄有他的名字。那麼他是人，還是鬼魂呢？一九八二年年底鄭姐姐和張杰到香港來玩，我們請他倆到我家聚餐，他劈頭就問我：「妳有沒有第三次見到那個東德人？他到底是人還是鬼？」

那時我想，用第一人稱寫小說，讀者很容易被騙哪！小說本就是虛虛實實。如今再思，張杰乃真藝術家，個性淳厚、信賴朋友。

金銓對張杰的長髯形象特別感興趣。一九八二年金銓導演台灣中央電影公司的《天下第一》，一部五代十國時期的古裝電影，其情節的重要一環是天下第一畫聖的畫作。金銓就請張杰來客串畫聖韋布衣一角。電影中他在攝影棚搭的佛寺景裡，提起大畫筆站在輪軸台上畫巨幅壁畫，他當然演得維肖維妙。我還帶高中同學到中央製片廠的攝影棚去探班。近來看見網上的消息，二〇一一年舉辦的第二屆「買得起藝術博覽會」中，除了展出張杰的荷花畫作，鄭潔泉姐姐在現場為觀眾畫人物素描。很高興鄺姐姐重拾畫筆，她的素描傳承了席德進的力道和筆觸。荷花大師張杰已於二〇一六年過世，享壽九十四。但願高齡八十多的鄺姐姐繼續作畫，眉眼彎彎地微笑。

劉麗安是另一位我仰望的海軍眷村姐姐，她的父親劉義銳伯伯在黃埔海軍學校高家父一屆。劉姐姐是我高雄女中的學姐，高我六屆。一九五六年我考取高雄女中初中的暑假，聽聞她高中畢業報考私立的東海大學第二屆招生。那時東海大學和大專聯考分開招生。劉姐姐台大和東海都考取了，她選擇去讀東海外文系。劉姐姐捨棄台大的選擇深深烙印我腦裡。由初一開始我眼見聯考制度對學子的殘害，整整六年的拚死拚活就是為了聯考考上台灣大學，一次考試定終生，對學生太不公平了。有些學姐沒有考上好學校，在屈就和重考之間掙扎。有些令人大跌眼鏡，沒有考上，意氣消沉很久。原來有人竟敢捨棄人人走的路，我由衷欽佩劉麗安姐姐。

高一暑假的時候，我問父親可不可以去問劉姐姐有關考東海大學的事？我可不可以考東海大學？父親很開明，說可以。劉姐姐剛由東海畢業，我打聽到她回左營，就到眷村他們家拜訪。劉姐姐皮膚白潤得像潭水映的白雲，磁性的聲音透露她溫和而堅定的個性。那時東海大學已經加入聯考。劉姐姐勸我第一志願填東海。她說東海大學外文系比台大外文系優勝，在於教師全部是美國人、英國人，有些是美國著名大學剛畢業的學士或碩士，來東海教英語；有些是英美大學休假一年的教授，來東海教英國文學。在東海學生可以在英文母語環境學習，而且透過這些教師可以直接瞭解到英國、美國的文化和他們的人生觀。而且東海大學跟台灣大學之不同在於它屬美國式小型的、博雅教育（Liberal Arts）大學，又是美國的中國基督教大學聯合董事會傾力辦的精英大學，一九六〇年全校不到八百學生。

她這麼一說我更堅定了，本來就想讀外文系，因為學習中國文學可以透過自修、旁聽，但是英美文學非要讀本科才能深入。我填聯考志願，第一填東海外文、第二志願填東海中文、第三才填台大外文。結果我以第一志願全校最高分進入東海，分數進台大外文系綽綽有餘，還領到東海獎學金，減輕一點父親的負擔。東海大學的學習環境和大自然環境塑造了我的人格，所以說，劉姐姐影響了我一生。

一九六七年我到威士康辛大學麥迪生校區讀比較文學研究所的時候，劉姐姐已經結婚生子，她成為電腦專家，他的先生就是經濟學家高希均教授。高教授剛好在威士康辛大學另一校區河瀑校區（University of Wisconsin--Riverfall）任教，一九六八年暑假他們一家四口路過麥迪生來探望

1968年劉麗安和她小孩到威士康辛大學麥迪生校區的學生宿舍來探訪我。

鍾媽媽和鄺媽媽帶鄺、方、陳、劉、鍾等六家小孩。

我。我帶他們到著名的學生活動中心去喝啤酒，坐在漆了五彩油漆的鐵椅上看湖景。一九八〇年代高希均和劉姐姐回台灣，鴻圖大展，高希均是《天下雜誌》的創始人之一，他還獨力創辦《遠見雜誌》和天下文化出版公司。劉姐姐則在遠見・天下文化教育基金會資助下，一九九六年開始舉辦一項重要的詩歌獎：劉麗安詩歌獎，選拔和頒獎給大陸重要的詩人，還請大陸得獎詩人來台灣演講、座談和交流。可見劉姐姐實現了她的文學夢。

說眷村是個大家庭沒錯，尤其是如果父輩出自同一間軍校，再加上大家都是同鄉，自成一個緊密圈子。像鄺伯伯、伯母可以把女兒託付我父母照顧一年，就是一個例子。還有各家眷屬常常帶著小孩團聚，有點像辦托兒所，那張十一個大人小孩擠在一起照相的場地，就在自強新村鄺伯母家客廳，鄺、方、陳、劉、鍾等六家小孩子由鄺伯母和我母親帶，其他家的媽媽可以外出辦大小事。用的相機就是我們家由東京帶回來的日本Canon S-II相機。任艦長的父親們都出了海，海軍太太就帶著孩子團聚，熱熱鬧鬧地進餐。媽媽做菜，孩子們都玩瘋了。

在一九五〇年代，不只海軍眷屬們彼此是一家，軍和眷也是一家。現在海軍眷屬是不可以隨意進出左營軍區的，崗哨就會把你攔下來，但是在一九五〇年代、一九六〇年代，除了自強、復

父親任太湖艦副艦長，1953年初邀請軍校同學的夫人上船當嘉賓。

興、勝利、東自助新村，其他眷村根本都圍在左營軍區裡面。眷村小孩在軍區裡到處亂跑，尤其是男孩子。弟弟讀海軍子弟小學的時候，下課就由教室奔出到學校隔壁的陸戰隊司令部廣場，觀賞美軍直升機隆隆飛來著陸，它們是由高雄外海的美國航空母艦起飛；弟弟讀小學二、三年級的時候，下午沒有課，這個九歲的小孩會走半小時路去左營軍港，坐在碼頭上觀看軍艦進出港。他還不時有機會登上父親、叔輩任艦長、軍官的軍艦上玩。（鍾堅，《驚濤駭浪中備戰航行》，一二七—一二八頁）

海軍中將蘭寧利對左營軍區也有跟弟弟類似的回憶：「眷屬事實上與海軍是融為一體的，海軍體育場有什麼活動像露天電影眷屬可以參加，尤其是孩子們逕自就可以去官校、陸戰隊打打籃球，也可以溜去碼頭，或者去桃子園海灘游泳。」（鍾堅，《驚濤駭浪中備戰航行》，四頁）

一九五三年初，父親任太湖艦副艦長，邀請黃埔海軍學校他前後期同學的夫人十位，帶著小孩，到艦上做嘉賓來參觀和吃點心。你看照片中站在甲板上的海軍軍官夫人為示慎重，全部都穿旗袍，非常文雅姣好，為剛硬的軍艦平添女眷的明麗和溫暖。

第五輯　中部的東海和北部的台大

38．東海的地景

東海大學位於台中大度山東向山坡。原來叫大肚山，東海第一任校長曾約農改名為諧音的大度山，可見校長對學生的期許。大度山沒有山峰、沒有山嶺，確切地說是一塊巨大的台地，最高處海拔三百公尺。所以我們校園座落在台地平緩的大斜坡上，俯視台中市。東海創校六十六年了，在時間軸上，我在大度山上是大學第八個到第十一個年頭，即一九六二到一九六六年。那時候東海的地景跟五十多年後二〇二一年的今日完全不同。

二〇二一年的東海校園被台中市市區包圍，西南邊接壤工業區，工廠林立；北邊隔中港路對面羅列榮民總醫院，東海墓園和火化場，還有一大片商業住宅區；西邊是學生校外住宿的東海別墅區；東臨新起的台中世界貿易中心區。五十九年前一九六二年我入學時，這一切周邊建築都不存在，只有紅土荒山，只有幾座相思林，只有校門隔著馬路樹叢後剛建好的示範公墓，後來改名東海墓園。校門對面應男學生需求開了一間小麵館、一間彈子房。一座小型天主教教堂，以服務東海這間基督教大學中的一些天主教徒。公墓旁有片花圃，花農就是作家楊逵。除了這些，校園四周是無際的荒蕪。

入學時，覺得學校該有什麼都有。東海創校已經七年，文、理、工三座學院都蓋好；行政大樓、圖書館、學生活動中心、男女生宿舍、教員的雙併花園洋房宿舍已啟用。女生宿舍點綴著月

1990年跟余光中老師到東海演講，文學院中庭榕樹已成巨樹。

洞門，古意盎然。文學院三合院式，斜斜的唐朝式屋頂，四面迴廊，中庭寬闊，除了修剪成圓球的植物，庭院東南還移植一棵榕樹，畢業後二十多年再訪，已成槎枒巨樹，那張照片是一九九〇年我在中山大學任教時，隨文學院余光中院長到東海大學來，一同演講後拍攝的。

全校建築沒有一間超過兩層樓，新種的樹都只有一個半人的高度，葉子還沒長全，所以在藍天之下的人造建築特別低矮，人特別渺小；所以夏陽特別灼熱，女生要撐陽傘，我則戴草帽；所以秋冬強烈的風沙打臉，女生為了避免天天洗頭，都得紮頭巾。不知道有多少次下了課，步行出文學院大門，步下寬闊的文理大道，算來讀四年走下文理大道至少有八百次罷，放眼望去，無遮攔的千里視野、斜坡平野人煙漠漠。東海大學的建築設計具體成形，陶冶了我們東海學子大度寬廣的心胸。

東海最特殊的地景是國際聞名的路思義教堂，我一年級入學時開工，大二一九六三年十一月完工。它由國際大師貝聿銘和陳其寬設計，教堂形狀像帆船，也有人說像膜拜時的合掌。你看那鷹架圍住的教堂就知道，我們四個外文系同學以施工中的教堂為背景拍了一張照片。你注意看，前帆的鷹架是鏤空的，可透視天空，因為薄殼帶格子梁還沒有灌漿，磚還沒有鋪上去。告訴你一個祕密，一九六三年一個春夜，即將畢業的莫迺滇老哥帶著我們四個結拜弟妹，悄悄地爬上鷹架，到頂處，還好沒有一個人患懼高症。在那做什麼？我們在兩公尺寬的竹台上躺下來仰望閃爍的星星，特浪漫。你說這不危險嗎？不犯規嗎？對，我們不該犯規。但年輕時不冒險，什麼時候冒呢？相信很少東海人有路思義教堂登頂的經驗。

東海周圍有學生自己發現的名勝。滿布圓石頭的乾燥河谷命名為「夢谷」，它不是指東海校園西南現在與工業區交界的河溝。而是順著女生宿舍和音樂館之間的小路，過一座小水泥橋出校界向南走，穿過樹林、番薯田野地，要步行四十分鐘才到達夢谷，夢谷的一邊谷壁高聳，你看Lawrence Buell級任老師帶我們外文系三年級同學在夢谷野餐的照片，目測谷壁有八公尺高。查看現在的谷歌地圖，有可能是在工業區南緣的五權西路三段向南，爬下密林山谷到達的周厝崙河溝。

為什麼起「夢谷」這般浪漫的名字呢？據說是男女學生去那裡談情說愛。這只是美麗的傳說。情侶為什麼走上四十分鐘的路，去這布滿卵石、凹凸不平、走路崎嶇的河谷談情說愛呢？其實他們只是在去夢谷的山徑上散步，向東可以遠眺山下的台中市；小路西側的相思林，可以乘涼、可以在樹下依偎、可以聽相思葉的絮語。最重要的是，在我們那保守的年代，情侶不敢在校園內依偎、擁抱，甚至不好意思牽手。

夢谷之為東海名勝是因為那裡是師生舉辦野餐的好地方，差不多每一系都在那裡辦過野餐聚會，因為谷底能屏蔽山風，在卵石上起營火也不會引起山火。我們在山谷中彈吉他、唱英文歌、玩飛盤、說笑。我們人人一路拾枯枝，用來當木柴，起營火。吃得簡單，一樣快樂，人人自己用鐵線插香腸來烤，熟了夾麵包吃，還烤粒狀的棉花糖，香噴噴的。

如果在二〇二一年大學學系辦出遊，一定包巴士，去台東、去墾丁。當年我們一個學期出遊多次，學系的、師生的、三五同學好友的，走出校園就有我們自己的名勝。除了夢谷，還有日本人挖的地道和碉堡，我們稱之古堡。外文系全班二年級時去過斷崖和古堡，增進了男女生的互動。我們在陰森黑暗的地道需要男生壯膽，要他們用電筒照我們雙腳的前路；爬出古堡的窗洞，離地兩公尺，需要他們用雙手托我們的腳，才敢下地。在我們心中靦腆的他們，變成男子漢了。

連墳地也會成為名勝，出校門中港路對面，走三分鐘就到示範公墓。台中市政府用水泥造了一座七公尺高、雪白的、巨大的土地公像，還有金屬鏤空花的大門，及守陵的神獸狛犬，這些自然成為我們拍照的景點。那時入住的亡者很少，但每座墓都蓋得堂皇齊整，有一座墓前竟布置了石桌石椅。一個月明星稀的夜晚，莫老哥帶著我們弟妹在這石桌椅上喝酒，每人用我們自己帶的杯子。在黑暗的墳地喝烏梅酒，年輕

1965年初大三班主任Lawrence Buell帶我們到夢谷玩，拋飛盤，烤肉野餐（鍾玲攝）。

1963年一年級下學期，外文系同學在路思義教堂前合照，左邊為工寮。

氣盛的我們不覺得害怕，只覺得刺激。

畢業五十二年後，二〇一八年十一月一日，我剛剛由澳門大學退休，定居高雄半年了，東海圖書館館長彭懷真教授安排我回母校演講，彭懷真個性坦率，對為心理問題所苦者滿心關懷。因為他寫了幾本有關精神問題的書，我一直以為他是心理學專家，結果他是社會學家，沒多久他應聘出任台中市政府社會局局長。懷真還安排一場座談的錄影，談「生命的故事」，我邀請學弟小說家甘耀明加入座談。當我任澳門大學鄭裕彤書院院長的時候，曾經邀請甘耀明為駐院作家。他瘦瘦的，古代憂鬱書生的氣質，蘊藏內斂，他的小說意旨宏大、富傳奇性、又表現心靈的慈悲和現實的殘酷。

1963年同學和我坐在示範公墓土地公像的平台上。

錄完影，甘耀明帶我出遊，並送我到台中高鐵站。他開車到校園裡東海附中外，東向的下坡，那兒竟然有一潭湖水，甘耀明帶我到湖濱小徑走走，說他讀書時一個人常來湖邊倘佯。我說我那個時候根本沒有這汪東海湖，連水窪也沒有。到底他低我二十六屆，同一座校園，回憶地點全然不同。我說我要看土地公，他卻一臉茫然。他開車帶我出校門，到東大路一段去找，每個岔路都找，竟然像鬼打牆，找不到高達七公尺的土地公。我懊惱地回到高雄。第三天甘耀明傳來他谷歌網上抓到的土地公照，還好它沒有憑空消失。

生活在大度山這樣的地景之中，讓二十歲左右即將成型的我們，起了什麼變化？我想，我們一輩子會喜歡在樹林中散步，因為我們被風吹相思葉的沙沙聲、被黃金萬點的相思花，包圍四年；對粗獷的荒山大自然我們會自在歡欣地接納。我們會瞭解，透過質樸的事物，只要有創意和想像，就能獲得快樂，快樂不一定跟金錢和地位相關。

39．東海的人情味

早期的東海學生畢業後，都會把東海當自己老家，當故鄉。那是因為校園像桃花源般，是個與世隔絕的、溫暖的小小社區。一九六二年我入學的時候，全校學生八百人，加上教師和職員，總共一千人出頭；同一年台灣大學的學生人數就達五、六千人。到二〇二〇年東海學生人數增加近二十倍，達一萬五千七百人。當年我們一千人過著幾乎足不出戶的日子。學校周圍為荒山野地，如果要去最近的大城台中市，只有靠搭公路局的汽車，下一次山很麻煩，男生還會下山去吃一頓，看場電影，打打彈子；我們女生一個學期難得下一次山。八百學生全部四年住宿舍，在校園上下課、去郵局、同學天天打頭碰面，叫不出名字，也面熟。

我進東海不到兩星期就跟四位同學結拜，他們成為我的哥哥和姐姐，我參加了大學的谷音話劇社是結拜的導因。兩位四年級的學長，政治系的莫逎滇和中文系的馮安琪，本就是話劇社社員，二年級外文系的陳寧生為話劇社社員，並任助理導演，同為一年級化學系的羅文森也新入社。五個人都是外省子弟，由於參加話劇社的大多屬外省同學。

莫老哥是考試院院長莫德惠的孫子，因為家教甚嚴，生活簡樸、為人低調而穩重。莫老哥是高大的東北滿人，長相有滿人特色：大寬臉，細長眼，高顴骨，白皮膚。馮老姐貴州人，面白皙如圓月，為陸軍將軍的女兒，父親已過世，她跟母親住台北。我很幸運，一進大學就有四年級的哥哥姐姐罩住。莫老哥幾次帶我們探險，像晚上到公墓喝酒，練膽子。馮老姐帶我去旁聽中文系徐復觀、蕭繼宗等教授的課。寧生和文森竟然也住高雄，寧生的父親服務左營海軍，文森的父親服務港務局。

結拜這種中華傳統習俗倒有實際的效果。本來離家由南部到外地讀大學，必然有適應的問題和想家的愁苦，一旦有了結拜兄姐，被家庭式溫暖包圍，就充了電般融入陌生的生活。我在家裡當老大、長姐，終於有機會享受當被疼愛的老么了。跟四年級的老哥老姐雖然只同校一年，我們弟弟妹妹卻充分參與他們的黃金歲月。老姐交男朋友、交低她一屆的胡同學，文森和我幫她獻計和跑腿。老哥帶女朋友由台北來遊東海，我們熱心地討好她。老哥畢業兩年後結婚，我們全派上用場，有做伴娘的、有做司儀的、有做招待的、我則負責彈結婚進行曲，鋼琴技術差，只有勤練補拙了。老哥服完兵役，在一家中英雙語的週報任編輯。我一九六六年畢業時，剛好老哥另有高就，就介紹我去接替，因此我輕易地擁有社會工作經驗，在台北當兩個月的報紙編輯後，才去台大上外文研究所。

1962年結拜的五人，左起：莫迺滇、馮安琪、陳寧生、羅文森、我。

因為東海這個社團小，交流多，所以跨系交朋友很普遍。我們結拜的五個人就來自四個系，文科的中文、外文、政治，和理科的化學系。那張六個人坐在通宵海灘雜草上的照片，是外文系來自英國的Ivor Shepherd老師，連同中文系的陳曉薔老師，帶三個外文系同學、兩個中文系同學到西海岸的通宵海灘出遊。陳老師帶來她泡的檸檬水，喝得我們身心俱爽。Shepherd老師用他牛津腔的英文跟我們聊天，兩個中文系同學也應對如流。要知道東海的英文必修課為兩年，台灣其他大學英文必修課只有一年，還有外文系的英美籍老師，受大學禁令約束，他們不准跟學生用中文交談，大學另聘專業的語文教師每週來教他們中文，所以不論東海讀哪一系的學生，英文的聽說讀寫都有相當的水準，出國讀研究所，語文可以無縫接軌。Shepherd老師不改老外的習慣，在海灘上躺下來日光浴，舒服地閉上雙眼。

1965年Ivor Shepherd老師（左三）和陳曉薔老師（左一）帶同學遊通宵海灘。

陳曉薔是教我大一中文課的老師，她是不會講廣東話的海南島人，跟她母親學得一口京片子，蛋形的臉，嘴唇豐滿，雙眼流露聰慧。在東海那四年我們之間的情誼由師生轉化為姐妹，我畢業後，堅實的友誼持續幾十年。陳老師是東海中文系唯一的女老師，典型的傳統才女，古典詩歌研究、詩詞創作、抒情散文創作、繪山水花卉國畫，樣樣精湛。台灣大學中文系鄭騫教授的弟子，大學畢業後到東海中文系任助教，憑著作升等為講師。她的宿舍在教授住宅區的東北角，因為講師的位階低，所以房子室內坪數小，但卻是造訪學生最多的老師家，都因為陳曉薔溫暖的同情心。學生若覺得悶鬱，飯後就會來敲她家的門，她總會放下手頭的備課或寫作，用心跟學生閒話，常常一談兩小時，無形中擔任了心理輔導師。其實她還有丈夫和三個孩子要照顧，是位韌性極強的女性。

奇怪，在曉薔家我們兩人有說不完的話。因為她願意傾聽，而且對你的內在世界感興趣。我會對她吐露某某男同學邀約，問她應該如何應對等等。談到晚了，曉薔會煮碗肉絲麵做宵夜。有兩次談到過了九點半，錯過女生宿舍關門的時間，我就住老師家。第二天她會寫外宿證明，讓我交給女生宿舍舍監。漸漸地曉薔跟我談起她的過去，也有說不完的話。一九四八年她在南京金陵女大中文系一年級的歲月如繁花，她父親為陸軍中將，海南島人，母親當年是北京大學最早幾位女學生之一。在家曉薔是掌上明珠，在大學是眾星拱月、美麗嬌小的才女，多少人追求。

一九四九年兵荒馬亂，曉薔的父親在戰場上作戰，母親把她交給一位海南島同鄉、常來家裡坐的空軍飛行軍官，託他帶曉薔飛去台灣。等後來曉薔的母親輾轉到達台灣，找到女兒時，曉薔已經嫁給了這位空官。曉薔告訴我許多事，我不方便寫下來。因為她，我對前一代女性的命運產生了濃厚的興趣，跟我們這一代平順的命運差異真大。在骨肉分離的戰亂中，和平時期不可能發生的事情會發生。在父權社會下，固執的男性會多麼緊抓著他們的既得權益，弱勢的女性只能逆來順受。心理不平衡的人會如何虐害身邊的人。我們說完一段話，曉薔會用開水再沖泡大玻璃杯裡的綠茶，然後我們各自注視杯中淡綠色水中完全舒展的茶葉，浮浮沉沉。

在曉薔家那麼多次夜話，其實是她幫助我抒發了感情生活的煩惱；又因為她向我訴說過去，我開始瞭解生活的種種顛簸和痛苦。那張一九六四年在曉薔宿舍前拍的四人照片裡，她的笑容溫馨而寬容。照片中站她左邊的是我同屆歷史系的同學鄭夙娟，她也常來跟曉薔深談，那時夙娟正在跟歷史系助教許文雄談戀愛，許文雄是東海第四屆學長，筆名許達然，散文家和史學家，後來兩人在美國結婚。照片中的小女孩是曉薔的小女兒天沛，日後她隨母親在美國長大，成為非常傑出的人才，出任美國輝瑞（Pfizer）大藥廠公司的管理頂端高層。

一九六七年我出國到威士康辛大學讀研究所。兩年後曉薔決定走一段新的人生路，到美國俄亥俄州的歐柏林學院（Oberlin College）攻讀圖書館學，拿了碩士就到康涅狄格州的耶魯大學圖書館工作。我們兩人只要有學術活動的機會、私人行程的機會，或跨越美國幾個州，或飛越太平洋，會乘便探望彼此。一九六九年她方到美國，我就由乍暖還寒的威士康辛大學飛到歐柏林學院探望她，在春天花樹下長談。一九七六年我在紐約市跟胡金銓訂婚，她由康涅狄格州開車來參加餐宴。

更甚者，似乎在人生緊要關頭，或情路坎坷的衝突時刻，我們會機緣巧合地、不管多遠來到對方身邊，幫忙順利解決問題。一九七〇年代她在康涅狄格州面對生活中極大的衝突，剛好我由任教的紐約州開車去探訪她，進行了協調工作，替衝突降了溫。

1976年十一月紐約市訂婚宴，右起弟弟、胡金銓、我、陳曉薔、慶玲。

1964年陳曉薔（中）、女兒雲天沛、鄭夙娟（左）、我（右），攝於陳老師宿舍前。

一九八〇年代，身在香港的我，面對人生的重大決定，曉薔剛好由美國回台灣處理事務，繞道來香港看我，她撐我順利地做了決定。我們這種相輔相依的緣分，不知延展過去多少世紀？而今我在台灣，年屆九十的曉薔在地球背面的康涅狄格州，冬天格外寒冷的地方，只有互祝能安然度過瘟疫蔓延的時代。

40·東海學長葉珊

一九六二年我進東海大學外文系就讀，王靖獻是同系四年級學長。他是我生平第一位結識的文壇名人，他還在東海讀大二時就已經以筆名葉珊出版詩集《水之湄》（一九六〇）。學長才華早顯，讀花蓮高中時，才十六歲就在台灣最重要的三大現代詩詩刊《現代詩》、《藍星詩刊》、《創世紀》發表作品，高三任《創世紀》的編輯委員。一進東海我這個由南部高雄來的小文青，迷上戲劇演出，喜歡讀現代文學作品，學長葉珊成為我的偶像。

銘賢堂學生活動中心是大家天天去的地方，因為要上郵局看看自己信箱裡有沒有信。幾次看見葉珊一個人在郵局前馬路旁倚電線杆悠閒地站著，身材修長，穿著襯衫、西裝褲，橢圓的臉俊逸，眼鏡後的雙眼望著不定的遠方，一派詩人的樣子。接下來我在校園常看見他和一位長得像仙子一樣的女生出雙入對，是他同班的陳少聰學姐，臉尖尖小小，苗條婀娜，穿著長長飄然的裙子。葉珊這首〈風起的時候〉，寫於一九六一年五月的詩，是為她寫的嗎？

風起的時候，我將記取
風起的時候，我凝視你草帽下美麗的驚懼
你肩上停著夕照

一年級下學期布告欄上看到東海的文學刊物《東風》徵稿啟事，我就寫了一篇散文拿去學生活動中心東風社的小辦公室，剛好葉珊在，我知道他是《東風》的主編，叫他一聲「學長」，把稿交給他。他只微笑一下說「鍾玲」，原來他認得出我。於是我的散文登出在他畢業前編的《東風》第二卷第十期上。現在讀來我那篇文章徹頭徹尾是小女孩的無病呻吟，還起了自以為風雅的筆名，秋水仙，好慚愧。是葉珊主編包涵，鼓勵後進才有幸登出來。

一眨眼六年過去，一九六九年我在威士康辛大學麥迪生校區比較文學系讀博士。美國「現代語言協會」（Modern Language Association）的大型學術年會每年在耶誕節前召開，這年在柯羅拉多州的丹佛城舉行。博士生可以申請旅費去聆聽論文，我也順便去瞭解未來的就業市場。我讀台大外文研究所時，選過余光中老師「現代英美詩」的課，他這年正好在丹佛的寺鐘學院（Temple Buell College）任客座教授。我就寫信給余老師說會來丹佛開會，想拜望他。余老師回信說他將到機場接我。當我那天傍晚飛抵丹佛機場時，居然是他和葉珊兩人在等我，是啊，我是正式選余老師課的學生，葉珊可是他《藍星》詩社的老友，交情深遠。二〇二一年余光中太太范我存告訴我，余老師在東海兼課時，葉珊也做過他學生，原來葉珊跟我一樣，也

風沙咬我南方人的雙唇（《花季》，藍星，一九六三）

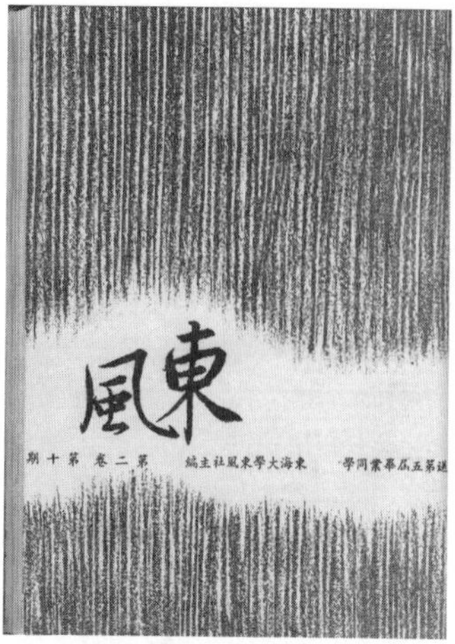

1963年葉珊讀東海大學四年級主編的《東風》雜誌封面。

是他的學生。那必然是在一九六二年我入學東海之前，因為我在學期間余老師沒有來東海開課。

原來葉珊也是來丹佛城開現代語言協會的會議，他正在加大伯克萊校區寫博士論文，那天早上余老師才到機場接了他，余老師在散文〈丹佛城——新西域的陽關〉這麼寫：「葉珊從西海岸越過萬仞石峰飛來這孤城。可以說，他是騎在雪背上來的，因為從丹佛機場接他出來不到兩分鐘，那麼輕巧的白雨就那樣優優雅雅舒舒緩緩地下下來了……當晚鍾玲從威斯康辛飛來，我們又去接她，在我的樓上談到半夜，才冒著大雪送她回旅店。」（《焚鶴人》，純文學，一九七二）那晚的聊天瓦解我對余老師的畏怯，化我對葉珊的生分為熟絡。

我一九八八年寫的散文〈奇異的光中〉如此描寫這次丹佛城夜談，葉珊在一九七二年改名楊牧，所以用他的新筆名：「光中先生和楊牧師兄兩人一面灌啤酒，一面滔滔不絕聊了五個鐘頭。雖然我只坐在一邊沒說幾句話，但也沒閒著，始而微笑繼而大笑終至笑出眼淚——我笑了一夜……光中先生……吐天花，並不亂墜的天花……表情生動，不時搖動食指。聳動雙眉。孩兒臉的師兄則半瞇起眼，陶然自樂的樣子，不時冒出一兩句按語，令人噴飯……大抵談文藝界朋友的趣事，但沒有一句是非，亦不及人隱私。其實是兩位詩人童心大發，扮演成人世界的滑稽插曲。」（《愛玉的人》，聯經，一九九一，七十一頁）

兩人都是幽默大師，但一定要有對手才連連出口如珠妙語，加上有些酒意，加上旁邊坐了個小徒弟、小師妹做觀眾，自然會盡情演出！光中先生在一封一九八七年十二月十九日寫給我的信中回憶說：「當日在丹佛我跟楊牧天花亂墜，所說者乃『詩壇十計』，似乎並未湊齊十項：只說什麼紀弦是佯狂計，洛夫是苦肉計，陳敏華是美人計，其他也不記得了。」

一九七二年起楊牧離開麻省大學的教職，到西岸西雅圖的華盛頓大學教書，長達二十五年，期間取得休假到台灣的大學客座。聽說楊牧和少聰於一九七六年離婚，她也才高八斗，是散文家，也許是因為兩人個性都強的緣故。一九七七年我辭去紐約州立大學教職，結婚移居香港。一九七九年楊牧跟夏盈盈在台灣結婚，夏畢業於文化大學戲劇科，學的是京劇刀馬旦。大約在一九八二年胡金銓和我跟楊牧夫婦約在台北來來大飯店咖啡廳見面。比起十二年前丹佛城之聚，楊牧發福了點，說話微微瞇著眼，神色悠然，風采如舊。他們一家三口赴約，妍麗而帥氣的夏盈盈抱著一歲多的兒子。個性跟楊牧是絕配：他內斂而深思，她爽朗而務實。學長尋找到他的幸

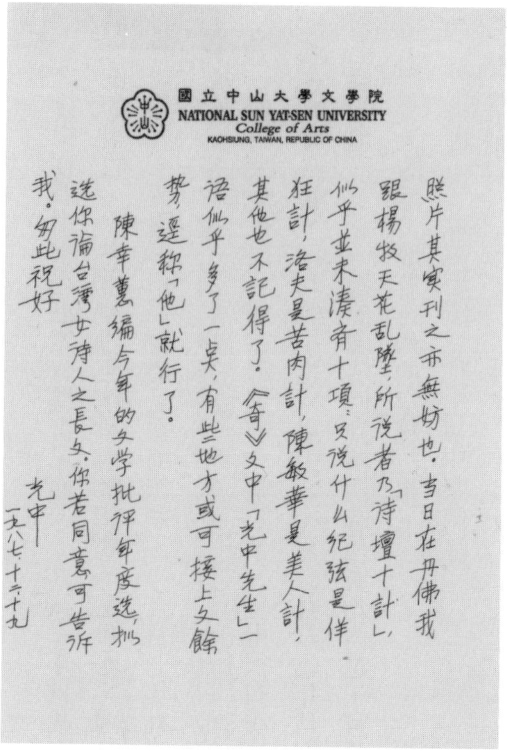

國立中山大學文學院
NATIONAL SUN YAT-SEN UNIVERSITY
College of Arts
KAOHSIUNG, TAIWAN, REPUBLIC OF CHINA

照片其实刊之亦無妨也。当日在丹佛我跟楊牧天花乱墜，所說者乃「詩壇十計」，似乎並未湊齊十項，只說什么纪弦是佯狂計，洛夫是苦肉計，陳敏華是美人計，其他也不記得了。《奇》文中「光中先生」一語似乎多了一点，有些地方或可接上文餘勢，逕称「他」就行了。

陳幸蕙編今年的文学批評年度选，抓选你論台灣女詩人之長文，你若同意可告訴我。匆此祝好

光中
一九八七、十二、十九

余光中老師1987年十二月十九日給我的信最後一頁。

1982年冬於香港，右起黃國彬、楊牧、卞之琳、張曼儀、我。

福。

之後楊牧偶爾來香港才有機會見面。一九八二年秋我進香港大學中文系任教，冬天中文系宴請來港的楊牧、卞之琳，四地作家相聚甚歡，說四地，因為楊牧代表台灣和美國，卞之琳為大陸的前輩詩人，黃國彬和張曼儀是香港作家。一九八七年九月楊牧和夏盈盈來港，楊牧公務在身，叫我這學妹帶盈盈去港島辦簽證。年底十二月二十九日他寫來一封信說：「妳的小說慢慢寫，寫好了，就由洪範來出。那在聯副的一篇讀了，覺得很有震撼力。」他講的是我一九八七年七月底登載在《聯合報》副刊的小說〈過山〉，寫一九八〇年代一位香港才女，因為手上戴了一隻漢朝入土過的扁形玉鐲，她的魂魄回到西漢時代廣州南越王宮廷的恩怨情仇故事，我注入了濃烈的感情，用今天的話，屬於奇幻的穿越故事。

原來楊牧一直在注意各報刊作家們新發表的創作，他另外一個身分是出版家，洪範書店四位老闆之一，而且是主導者，早期摺頁上的介紹都出自楊牧手筆。一九七〇年代到世紀末，洪範發掘和推廣了不少重要作家，如蘇偉貞、袁瓊瓊、李永平、張系國、西西、李黎等。因為楊牧的鼓勵，我用心寫下去，一九九二共寫了七篇，交給洪範書店，一九九二

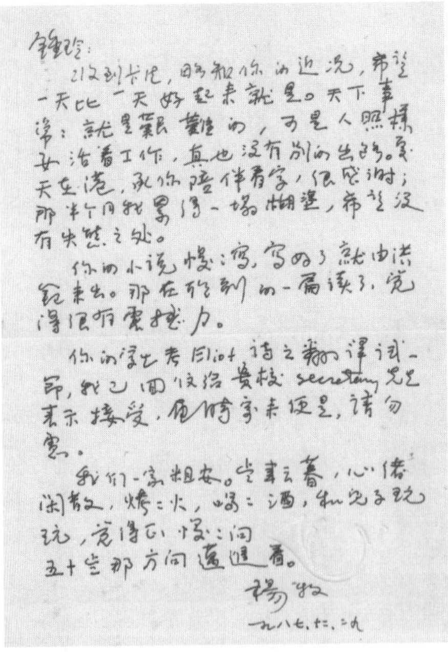
鍾玲：
收到卡片，略知你的近況，希望一天比一天好起來就是。天下事常常就是艱難的，可是人照樣要活着工作，真也沒有別的出路。冬天在港，承你陪伴看字，很感謝；那半個月我累得一塌糊塗，希望沒有失態之處。
你的小說慢慢寫，寫好了就由洪範來出。那在聯副的一篇讀了，覺得很有震撼力。
你的學生考Eliot詩之翻譯試一節，我已回信給貴校secretary先生表示接受，屆時寄來便是，請勿念。
我們一家粗安。今年之春，心緒閒散，烤烤火，喝喝酒，和兒子玩玩，覺得正慢慢向五十岁那方向邁進着。
楊牧
一九八七、十二、二九

楊牧1987年十二月二十九日給我的信。

年出短篇小說集《生死冤家》。

一九九四年起我投入學術行政工作，任高雄中山大學的系主任、文學院院長，接著任香港浸會大學的專任文學院院長、協理副校長等職務。懷抱為學院提高學術水準、替同事謀福利、為學校創新未來的心願，全神做行政，根本沒有精力寫小說，創作擱下二十年，辜負了楊牧學長的期望。二〇一九年報紙上看見楊牧參加文學活動的照片，真嚇了一跳，豐潤的他怎麼變得那麼枯瘦！才七十八歲啊！現在活到八十歲、九十歲不希奇。聽說他的呼吸系統、心臟、腦部出了狀況。二〇二〇年三月十三日病逝。我這位學長看似斯文內向，學術著作深奧，詩歌散文精微，不止於此，他主導洪範書店推廣許多作家，受惠者包括我，並且在東華大學創建台灣的文學寫作重鎮——創作研究所。他的作品和建制將會有廣闊長久的影響。

41・劇裡劇外情

進入東海大學以後，我參加各種活動，興致勃勃。尤其是舞台劇，大學四年上台演出過四齣戲，共七場次：演出的角色包括京劇《大登殿》的代戰公主，話劇《父母親大人》的女配角翠姑，姚一葦（一九二二—一九九七）寫的劇本《來自鳳凰鎮的人》裡的女主角朱婉玲，Thornton Wilder之英文話劇*The Matchmaker*的女主角Dolly Levi。我們除了在東海學生活動中心的銘賢堂演出，兩齣中文話劇也到校外在靜宜大學演出，其中一齣還到澎湖勞軍演出。入學沒多久知道大學的社團中有谷音話劇社，一股腦兒就加入。現在想來，是有來龍去脈的。從小血液中就流著戲劇基因，五、六歲開始帶著女玩伴們扮演西方童話故事的情節；中學編導過五齣舞台劇在高雄女中大禮堂歲暮晚會演出。一進大學就找到話劇社，自然如魚得水！

然而我在大學投入戲劇的重點改變了，以前我擔任編導，指揮全局，卻絕不在台前搶鏡頭。進了東海，我熱衷於光鮮亮麗地在台前演出。還加入東海聖樂團的女高音部，除了每週都在路思義教堂的前台唱宗教讚歌，聖樂團也到台南、台北演唱。好像我特別喜歡出風頭、喜歡眾人矚目。的確如此，我享受名人的光環，在東海這個一千人的小社區出名很容易。還好虛華夢作三年就醒了。沒想到十多年後嫁給導演胡金銓，變成電影界名人，那時就很怕做名人，怕給人指指點點，渾身不舒服地躲，在香港出門總戴大太陽眼鏡遮住臉。

大學一年級下學期演出《大登殿》和《父母親大人》。說實話，沒什麼演技，因為從小生活順利，只經歷過甜味人生，沒有經歷過酸苦辣的滋味。演代戰公主的時候，由於中學有舞台經驗，裝出西涼公主一副女將軍氣盛的樣子，很有架式，下台後連校外請來的京劇班老師都鼓勵我學下去。我卻對京劇沒有什麼興趣，大概因為不太喜歡京戲的唱腔和調子，感覺如此，沒有辦法。即使後來一九七八年在香港有很好的學習機會，金銓的好友張和錚老師，胡琴一把手，願意教我戲，也沒有拜師學藝。

《父母親大人》裡的翠姑雖然是女配角，卻很討喜，她是孤女，卻不可憐，因為來到台灣依親戚而住，他們待翠姑如家人。後來老爺的晚輩，一位年輕的外交官喜歡她，外交官由生物系的楊文中扮演，他當著家人面邀翠姑去看電影。谷音話劇社的指導老師，中文系的王靜芝教授，對我說，要害羞、扭捏一點，不要馬上答應。公演時，外交官邀約，我輕扭身子撒嬌，嘩！塞滿銘賢堂的觀眾，全都開心轟笑，幾個男生大叫「去啊！」

1963年京戲《紅鬃烈馬》之《大登殿》中飾代戰公主，馮安琪（右坐）飾王寶釧。

那年暑假，一九六三年九月初，大學訓導處李振聲主任帶我們去澎湖勞軍演出，我在舞台上被外交官邀約時，一扭捏，阿兵哥即刻反應，全體大聲嚷「跟他去！跟他去！」禮堂屋頂都要掀開了。我體驗到群眾情緒是可以鼓動的、操縱的，只是我禁止自己把這種方法用在人生上，因為人心不應該去操縱，而是應該去感動。

《來自鳳凰鎮的人》中朱婉玲和小開。

1963年《父母親大人》中，翠姑（我）寄居家庭的父母和少爺（王曉祥）待她如家人。

那麼我有沒有把自身的感情經驗注入演出呢？因為真的沒有什麼深刻的人生經驗，只能靠想像。大二下學期演出《來自鳳凰鎮的人》，戲劇專家姚一葦的作品，寫成於一九六二年，出版在《現代文學》上，刊登後鳳青劇社、台大、藝專、東海、中興等大學話劇社都演出此劇，一九八二年也由新加坡的「藝術劇場」公演。我們學校的演出由讀大三的結拜兄長陳寧生導演。《來自鳳凰鎮的人》的女主角朱婉玲，是社會經驗、人生經驗都很豐富的角色，三十歲的交際花，周旋在富商、小開、舊日情人等眾追求者間，第一幕就厭世自殺，被逃犯周大雄救回，周大雄由結拜兄長羅文森飾演。我怎麼能詮釋這麼複雜的人物？還好我曾經大量閱讀翻譯小說，讀過左拉寫風塵女子的小說《娜娜》，讀過福樓拜寫已婚女子紅杏出牆的小說《包法利夫人》，閱讀的時候曾間接進入她們的人生，所以對朱婉玲還可以揣摩一二。

《來自鳳凰鎮的人》是一齣文學意味很濃的劇本，姚一葦雖然從事銀行業，卻一生鍾情研究戲劇、創作戲劇。他是江西人，一九四六年由廈門大學銀行系畢業就來台北在台灣銀行工作。一九八二年由銀行界退休後，創辦了國立藝術學院的戲劇系。《來自鳳凰鎮的人》用了豐富的象徵手法，在西方文學傳統中，鳳凰象徵浴火重生，這話劇結尾的時候，來自鳳凰鎮的朱婉玲和周大雄都走上新生的正途。一九七〇年代末到一九八〇年代，常跟金銓到台北，在文人相聚的場合見到姚一葦，一位老實的謙謙君子。我告訴他我在大學演過他筆下的朱婉玲，他只看看我，沒有什麼表情。二〇二二年初的今天我上網查到一九五一年三十歲的他曾遭受白色恐怖，入獄七個月，是因為這個原因，他不太表達自己的想法？是因為這個原因，《來自鳳凰鎮的人》每一個角色都很壓抑？

大三上學期演出英文劇*The Matchmaker*的女主角，由Lawrence Buell老師的太太Phyllis Buell導演，她讀大學時學戲劇。雖然這是喜劇，Dolly Levi卻是層次繁多的女人，世故的、年近三十、八面玲瓏的媒婆，工於心計，巧奪求偶的客戶為自己丈夫。我只能演出這女人生氣蓬勃的一面，覺得自己演不出其他層次。但是女主角全劇由頭到尾的英文台詞非常多，還有長篇的獨白，還要揣摩Dolly的語氣說出來，台詞我全背下來，於是我的英文有長足的進步。

演完*The Matchmaker*我卸了裝到台下，外文系的Michael Olds老師過來祝賀，說我的演出"credible"，翔實可信的意思。這樣的話出自在大學授課的美國人口中，令我覺得意外而驚喜。也許我的演出受Margaret Mitchell的小說《飄》（*Gone with the Wind*）女主角郝思嘉在故事後段形象的影響。那時我已經讀過翻譯小說《飄》，也看過電影版本了。我是指在南北戰爭結束後，郝思嘉為了重建家園，不惜放下身段，使盡手段的那一面。大學以後就再也沒有正式在舞台上演出過。

大學四年本來應該屬談戀愛的歲月，我卻沒有動過感情愛上人。一方面是我在東海大學的境遇，養成公主病，我的公主病一直到大三下才治好。因為入學聯考以第一志願最高分考進東海，心底下有那麼一點看不上學校的男生。演話劇那麼耀眼、那麼出名；又那麼會考試，讀大學各科總是考高分，我活在自己的光環裡。至於男生在台灣這種分數至上的學校環境，因為入學考被比下去了，應該不會來追，而且我也沒有發出想交男友的訊號，所以少人冒進。但是還是有人來試試。

我卻不太瞧得起人，覺得這個才氣不足、這個俗氣、那個是為了征服欲、另一個覺得自己是救世主。隔這麼多年回顧，每一位眷顧過我的人，都看到我身上一些優點，甚至是我自己不知道的真正優點，感念他們。他們有些示意時也別出心裁。我的郵局信箱裡出現一朵紅玫瑰，附一張紙條。東海哪來的玫瑰花？是由學校正門對面作家楊逵的花圃偷採來的嗎？有一年暑假我坐火車南下回高雄，一位認識的東海同學提著行李，經過走道看見我，就站在走道上跟我聊天，說他買的是站票，閒聊了三個多小時。多年後才知道他是故意的。

那麼我心中有沒有仰慕的形象呢？在父權時代女子一定仰慕超越自己的男人。我到底在尋找怎麼樣的人呢？現在回顧，人生每一個階段在潛意識層都會形成一種仰慕對象。大學四年中這個形象在我心底下慢慢形成。我到登在《東風》雜誌上的那篇散文〈你在那裡？〉中搜尋，十八歲的我尋找的大概是這樣的人，有「聰明頂透的腦子，奇特的行為，還有一顆獨立狂傲的心。」（《東風》，第二卷第十期，三十三頁）

四年下來這個形象慢慢清晰，就是一位強過我的人，令我心服的人。在哪方面強過我呢？不是成績分數方面，也不是名氣方面，而是在對不合理制度的反叛上，像是我自己都敢於揚棄傷害年輕人的聯考制度，不去念台大。一定有人對世間不合理的制度，比我更有膽有識地反叛。只是在台灣的環境我沒有遇見這樣的人，有這樣的人我也沒有機會認識。

對這個形象的執念，在我的青春歲月延續，二十五歲在美國讀研究所，我一首詩〈寂〉（《芬芳的海》，大地，一九八八，十六—十七頁）表現了這種執念，也就是說，到二十五歲我還沒有全心地愛過一個人：

你是活在風裡頭罷
就是風也吹不出什麼松濤
向你昭示一點生韻
因為蒼樹已結冰
我白白知道
在一片黑原上
你的歌撒在荒涼裡

外文系大一合照，陳弘明（二排右一）、張榮東、孫康宜（二排左一、二）、我（前排左一）。

42・弘明對我的衝擊

一年級開學時，外文系班上共二十三人，女生十人，男生十三人。我們女生有些優越感，因為大家都知道在高中女生成績好的大都讀乙組文科，男生成績好的會去讀甲組理工科，弘明屬於少數因為興趣而選擇報考文科的中學生。他是豐原人，家在台中縣北邊的豐原鎮。一九六二年的大專聯招，東海大學排名相當前，他由豐原中學畢業，考上著名的大學，不論在他豐原中學師生之中，或是豐原鎮鄰里間，都是件大喜事，那年大學錄取率為三十八・四八%，報名聯考約六萬人，他的分數需要超越五萬考生。他是父親器重的長子，也是四個小孩中母親最疼愛的。

讀完大一放暑假，我回到高雄家裡，收到弘明郵寄來信，他告訴我，暑假在台北市打工，做一家公司的兼職助理；說在大都市寂寞很深，就跟我談文學，談Robert Frost的詩歌。我想起他橢圓形的臉，瘦瘦的身材，黑邊眼鏡背後雙眼偶爾閃出明亮的笑意。大二上學期在我信箱中開始收到他放的東西。東海很奢侈，因為學生人數少，每個人在郵局有自己的個人信箱。他放了一張畫家胡奇中少女圖的明信片，大概要跟我分享藍色夢境般美麗的事物。之後他在我信箱放了手抄的一段詩：「呵，我曾用淚濕過你的手的人，／愛情原如樹葉一樣，／在人忽視裡綠了，在忍耐裡露出蓓蕾，／在被忘記裡紅色的花瓣開放。」我懂他的意思，但因為對他沒有感覺，當然沒回信。多年後我查出這一節詩出自何其芳的〈雨天〉，可見弘明那時就自己找一九四九年以前的新詩來讀。

收到他手抄何其芳的詩之後幾天，一個黃昏他到女生宿舍找我。在交誼廳裡我們兩個都站著，他說：「我們去田野散步罷。」我繃緊起來，在東海去校外田野散步等於交往的前奏曲，想，既然對他沒感覺，就不要拖，趕快拒絕，他的痛苦會短些，我堅決地說：「謝謝你邀請，我

陳弘明大二時照片。

陳弘明給我胡奇中的少女畫作明信片，保存至今。

不會去的，以後我也不會跟你單獨出去。」他屏住氣像是試著壓下心中的難過，一會兒才說：「希望這是妳慎重考慮以後的決定。」然後點個頭走了。

第二天在信箱收到他的信：「我比較瞭解一位詩人的感覺了，他說：『昨夜我在夢裡把妳擁抱，／我在夢裡把妳鞭撻，／今晨路上遇見妳，／我依然低頭走過。』」「擁抱」、「鞭撻」這些字眼令我吃驚，原來他感情那麼強烈，要因應這種強度，我得更加冷淡。所以見到他就擺出冰冷的臉孔，招呼也不打，開始他見到我也會避開走，過了三個月，反而主動跟我打招呼，普通朋友似地說幾句話。我想他應該已經平復了，男生的愛情，只有三分鐘熱度。

三年級上學期，他身體更加削瘦，聽說暑假割了盲腸。每年外文系會製作一齣英文舞台劇，通常由三年級同學擔綱，我們全班投入演出英文話劇*The Matchmaker*，我演女主角Dolly Levi。弘明和他室友榮東演男主角老闆店裡的兩位店員Barnaby Tucker和Cornelius Hackl，因為他們沒有舞台經驗，所以不太入戲，但演這齣喜劇，兩人打打鬧鬧很開心。教我們語言學課、來自德州的美國老師Loyd Mowry曾對我說：「你們班上男生之中，最有感性和思想的是弘明，他會成為好詩人。」

一九六五年初，三下開學選班代表，這時全班都知道弘明追過我，促狹地選我做班代，他做副班代。四月底，我請歷史系一位美國教授來演講，忙著寫海報、印講義，卻不見副班代來幫忙。我抱著一疊剛印好的講義在文學院門外遇見他，他說：「不能幫妳了，明天我要回豐原家。」「有要緊事？」他說：「沒什麼，想回家休息一下，並且思考一些問題。」他對我笑一下走了。那時覺得他很不負責任，做副班代至少後天演講幫完忙才走；現在回想，他一定身體很不舒服才決定回家。第二天信箱裡有他走前放的紙條，我不太懂他在說什麼：「我把這一份默默地給妳。若是妳懂得就默默地收了它，若是妳不懂，請妳也默默地……」

他回豐原第五天早上，我收到他由豐原寄來的一封限時專送信件，信中說家很溫暖，又說他病了，接著，「近來更深切地體驗到：活著是很美好的。人活著就應該燃燒自己，放射光輝……我相信妳是個能發射光芒的人，妳必須好好燃燒自己。」既然告訴我他病了，應該去探病，但又怕他誤會我對他有意思，就去外文系找高個子Mowry老師，請他去探病。他馬上騎摩托車下山，到傍晚才回來，湛藍的眼睛有一絲憂慮，告訴我：「弘明已經住院了，是急性肝炎，人非常瘦，他精神不太集中，我在他面前一分鐘才認出我。開心到抓住我的手。他知道是妳通知我來探病，還跟我談妳。」Mowry老師說隔兩天再去探病。

才隔一天，他回豐原第七天，中午同班同學大個子慶文衝進男生禁地的女生餐廳找到我，上氣不接下氣地說：「快！快！陳弘明的弟弟由豐原趕來，說他病危了，要我們幾個去見他最後一面。」Mowry老師、一位教官、榮東、慶文、我、弘明弟弟分乘兩輛計程車下山。當我們抵達豐原陳家透天厝的時候，一位彪形中年人開門，屋裡傳出女人沙啞的哭聲，中年男子的眼也哭腫了，他說：「弘明已經過身了。」

進門就是客廳，兩面白床單用繩吊起圍住客廳一個角落。陳的父親掀開白幔，水泥地上鋪著一張榻榻米大小的草蓆，一張白床單罩住人體，人體的腳畔點了一盞昏黃的油燈。他父親抖動的手掀開頭部的床單，一大叢黑髮，下面卻是黃得發褐的臉，沒有戴他的黑邊眼鏡，尖削的臉像橄欖核，皮膚繃緊，緊到眼睛和嘴微微張開。我震驚到有些麻木，無法把這個形體跟弘明聯想在一起。弘明的臉是橢圓的，眼睛閃著微笑。我心裡嚷，這不是弘明！

二十歲的我生平第一次面對熟人去世，年齡又相仿，八天前還跟我說過話。一下子消化不了朋友的死亡。接下來一個月，我受到更多、更大的衝擊。榮東不斷地跟我講弘明的往事，在豐原我們出殯的行列走在街道上、走在郊外路上，他插隊到我身邊跟我說；在棺材入土的時刻，我站在陌生的墳頭，他站到我旁邊跟我說；下課走下文理大道時他跟上來對我述說。好像弘明活著的時候，不准他透露，現在榮東再也看不過去我竟然不知道該知道的。

「弘明由二上開始做我的室友，快兩年了，近來他對我說過幾次，『榮東，活到現在還沒認真做過什麼事，但是有一件例外。這兩年來，每一天入睡前，有一個鐘頭全神貫注，我專心想她。』」我完全不知道整整兩年，大一下學期開始，他一直全心待我，完全不知道他那麼專注、那麼純情、那麼持久，我對他應該讚歎，卻連起碼的尊重也沒有，認定他只有三分鐘熱度。我配得到他這兩年的付出嗎？

送葬行列穿過豐原的街道
我們踏著老人般的腳步
送別陳弘明
一段年青的生命

第八屆畢業紀念冊外文系為陳弘明編的一頁，右為同學的送葬行列，左為外國老師墳前致意。

「那是三上的事，一天深夜我們同房四個人都在為考試開夜車，弘明忽然放下書，熄了檯燈，接著把我們三人的檯燈也關了。我們知道他孩子氣，又好氣又好笑地讓他發作。然後他為我們三個人各點一支蠟燭，燭光中霧和月色淌進我們房間，包圍我們，真的好美。弘明往床上一躺說：『好了，這樣我可以開始好好想她。』」三上是我拒絕他一年以後的事。他在我面前裝若無其事，應該是為我著想，不讓我煩惱。Mowry老師說得對，他是詩人，具有化平凡生活為抒情詩歌境界的才華，真的是如詩情懷。他這般浪漫地思念我這個漠視真情的人，很浪費。

「妳記不記得大二下我們全班去郊遊，進入古堡的地下道，然後爬上每階入牆的粗鐵線梯，爬到碉堡頂的窗洞，窗洞離外面的地面兩公尺高。班上的女同學都不敢往下跳。弘明和我在窗洞下面站著，拉起手做階梯，接妳們下地。女同學大都道也不道謝就往下踏，也許她們把這當作男孩子應盡的義務，也許她們害羞。輪到妳坐在窗洞上的時候，卻在洞口猶疑。我以為妳害怕，叫妳不要怕，往下跳。妳說，『這是你們的手，我怎麼能踏！』這件事弘明不知道跟我說過多少次了。」我在古堡窗口說過這句話嗎？真不記得了。那時弘明已經被我拒絕半年了，還繼續發現和肯定我內在的優點，稱讚我能為他人著想。我自己卻沉迷於掌聲，沉迷於外在的虛名。

由六歲開始我就追求別人的讚美，進了大學變本加厲，追求聲名。我發現自己十多年來的人生觀極膚淺。全盤皆錯！而且我被傲慢蒙蔽雙眼，看不見弘明真誠的付出，忽視他的純潔情操。因為羞愧，我曾經兩次不由自主地在女生宿舍房間跪下來，那時是晚上，四位室友都在書桌前用功。她們知道事情始末，只同情解意地望望我。那時沒有人責備我，我恨自己犯的錯，希望有什麼神來懲罰我，所以下跪。我也認清自己的平凡和卑微，就因為這一點認知，以後的人生路可以一線清明地走下去。

半個世紀後的今天回顧，大學前三年自我意識太重，沉醉在對虛名的貪念裡，認為虛幻的是真實，越走越遠，氣球越吹越大。弘明的去世幫我把這個氣球戳破，因為反差大，醒得也比較徹底。這是我人生的第一次覺醒，把對虛幻聲名的執著拋去，把當公主的執著拋去，知道自己跟別人一樣平凡。從那一刻起我不怎麼追求名位，記得二〇〇二成立才幾年的高雄大學要由中山大學借調我過去幫忙，我可以爭取副校長的位置，卻沒有爭取，因為知道有人很想要，我認為有機會替一間大學設立教務制度就很好，所以去任教務長。透過弘明我也覺察到需要重新審視人生應該追求什麼？我開始用心學習，人性中什麼是值得肯定的。

大三下學期的時候，剛剛由公主病覺醒過來，另一個症狀又浮現：任性妄為。覺醒之後大四那一年，我開始釋放自己，覺得跟男生交往也沒有什麼大不了的，自顧自地想，不交往又如何知道會不會喜歡上這個人呢？抱著這個觀念跟人交往，而且一開始就跟他講明只是試試，覺得話說在先，有什麼後果怪不得我。這對別人公平嗎？由於我尋求的那個仰慕形象慢慢變得具體了，注定是會由兩人關係中抽身而出，對方多少投入了感情，一定會受到傷害。大四那年先後交往過兩位，跟他們去大度山的田野散步，也跟他們下山去看電影，幾個月後告訴對方說他不是我尋找的人。

現在看來，這種交男友模式不只自私、任性，而且患了水仙自戀症（Narcissism），患此症的人，像小溪裡的水仙花，顧影自憐，自以為美；覺得自己超越別人，缺乏對別人的同情心、同理心，而且對自己的自戀行為不斷地合理化。這般我行我素地刺痛別人，只有下輩子還債了。另一位受害人是陳曉薔老師，因為那幾位男生知道她等於是我的姐姐，都到她家來長談，表達自己的挫折感，或者去打聽我的心意。曉薔生性仁慈、有耐性，不斷地傾聽、安慰，為了替我善後，她付出很多時間和心思。

水仙自戀症很棘手，人類本性原來就自我中心，自我中心發展過度就成自戀症。自戀症嚴重者大多自私、任性，會傷害別人。有趣的是在一九八五年我寫下短篇小說〈女詩人之死〉（鍾玲，《生死冤家》，洪範，一九九二），香港大學中文系的同事陳炳良教授寫一篇評論〈照花前後鏡——試析鍾玲的《女詩人之死》〉，就是討論女主角歐陽潔秋的水仙自戀症，女主角因為自我中心和自我疏離最後到回歸母體的胚胎狀態：「而『龐大的穴』、『巨靈的體內』、和『白瓷浴缸』都是母胎（mother's womb）的象徵。只有回到原始狀態——復歸於無有——她才可以得到安寧。」（陳炳良，《文學散論：香港・魯迅・現代》，香江，一九八七，九十頁）我把自我反射到小說創作中，陳炳良剖析小說中的那個我，我又由他的剖析中瞭解到自己。

我到五十多歲才開始學習減低自我中心，雖然開始得晚，能夠開始已經自覺幸運。在人際關係上，如今學習在做每一件事之前，設身處地為受影響的人考慮。人成長得很慢。

43．齊邦媛老師給我越來越大的驚喜

大學畢業後五十多年來，總會不時想念齊邦媛（一九二四—）老師，這位我在東海大學外文系讀書四年，系上唯一的本國籍教師，其他都是美國、英國來的文學教授和語言教師。齊老師教我們班必修課翻譯學，這門課外國老師也教不來。她由中興大學過來兼課。半個世紀來，她不斷給我驚喜，而且驚喜的幅度越來越大。

課堂上的齊老師常著一襲寬鬆的旗袍，就像一位好老師應該那樣，諄諄善誘，慈言善語。由東海畢業以後，在漫長的歲月裡，知道她在國立編譯館推動英譯的《中國現代文學選集》，把台灣作家介紹到國際文壇；有時透過她的文章體認到她那寬廣心胸的感時憂國情懷；有時見她帶頭呼籲成立國家文學館；只要是對的事，齊老師展現驚人的奮勇。受她感動之餘，二〇〇一年我寫了一首〈聽雨——致齊邦媛老師〉（《霧在登山》，一五一—一五三頁）：

老師妳就是長天直落的雨
那麼精準地落在這島嶼
某些創作者乾渴的心靈裡。
……

雨滴與潭水正在叮咚交談：
直排的語言化為蟹行的語言。
春雨敲打無邊的大地，
種子迎接甘霖，以爆裂的姿勢。
齊老師，各大洲都有妳播下的種子
聽見嗎，正在異國的心田破殼而出！

到八十五高齡，她竟然寫出一本石破天驚的傳記大書寫：《巨流河》，展現了大難當頭舉國上下的民族氣概，也袒露了一段刻骨銘心、純真質樸的愛情。多麼大的氣魄貫穿其間！

是簡靜惠在二〇二〇年九月帶我去看高齡九十六的齊老師。其實跟靜惠結交也沒多久，是二〇一九年七月的事，因為她喜歡我的短篇小說《深山一口井》中的人間善意，就來新店白雲禪寺，聽我演講白雲老禪師寫的古詩。我一見就欣賞靜惠的開闊心胸和行動的能力，我們變成談得來的好朋友。靜惠認識齊邦媛老師多年，常到桃園龜山區的長庚養生村去探望，也常送老人家文壇

2020年九月攝於長庚養生村，右起簡靜惠、鄒景平、齊邦媛、我。

新出的書、替她挑衣服、帶她出去吃館子。我約了靜惠、景平一同去探望齊老師。有二十年沒見老師了。

齊老師養生村的居所小巧而設備俱全，客廳也是書齋，一面大牆布滿書架。齊老師簡直是奇蹟，九十六歲的人有七十六歲的體態、五十六歲的肌膚、三十六歲的反應。她一見我，就帶著我回溯時光，蜻蜓點水到我們曾經的短暫相處，又驚險又歡愉的場面。老師說：「那天開完會，妳帶我去古董店看玉，我買了一塊玉。結果我們兩人在車上聊得開心，下車時忘了我的包包，裡面有那塊玉的包包掉在車上，車跑了……」

記憶花一下回來了，那大概是三十年前，我搶著說：「是，是，那輛是學術會議包的大車，老師和我追上去，我們還拍車……」靜惠疑惑地問：「什麼拍車？」老師和我搶著解釋：「用力拍打車身！」「車剛開，我們要止住它！」我跟靜惠和景平解釋說，結果車停下來，我們取到老師的皮包了。

我又想起一段更精彩的事件，也跟包包有關，那是一九九七年，我在高雄中山大學任教：「老師，這妳記得嗎？一九九七年我由金山到台北，山路上我坐的車發生車禍，雖然我沒事，但有一點嚇傻了，所以到台北搭計程車去旅館的時候，下車只帶走小旅行箱，皮包卻忘在計程車上。司機翻開皮包裡的地址簿，第一頁有老師家的地址和電話，他就打電話給妳……」

齊老師的雙眼亮起來：「我記起來了！那次把我嚇壞了！一個男人打電話到我家裡，說他是計程車司機，撿到一個名字叫鍾玲的皮包，他說送到麗水街妳家來好嗎？我想如果這人是騙子，怎麼辦呢？我一個女人，如果被他挾持，怎麼辦呢？」我說：「是啊！天都黑了！」齊老師說：

「根據計程車司機的說法，我判斷很可能我學生真丟了皮包。靈機一動，叫司機送皮包到我家附近派出所門口，我在那裡等。」

靜惠和景平都讚歎齊老師的機智！那天晚上幸虧我行動電話握在手上，沒有放在丟掉的皮包裡，在旅館櫃台前我正忙著用旅館的電話報案，我的行動電話響了，是余太太范我存由高雄來電話，問我是不是丟了皮包？告訴我皮包在齊邦媛那裡。我困惑極了，范我存遠在高雄怎麼知道我丟了皮包？原來齊老師取到皮包後，不知如何聯絡鍾玲，就打電話去高雄問范我存。我去齊老師家取皮包，雖然勞煩了老師，卻平白賺到一次跟老師的小聚，互吐當天各自經歷的驚險。你看，齊老師平常就有那麼可親的一面，絮絮地輕聲細語。

九十六歲的齊老師怎麼過日子呢？我們問她。齊老師說她每天都由阿姨陪著到住所外面的大走廊散步，以維持腿部肌肉健康。晚上睡不著呢，就背誦唐詩入睡。我們想，真是太厲害了。她繼續帶給我們驚奇，拿出上百片的書籤說：「這是我親手做的。朋友晚輩寄來的問候卡片，有他們的心意在裡面，丟了可惜，就剪貼成一片片書籤，簽上我名字。」

真是珍寶啊，每片書籤都有齊老師的愛心、毅力和創意。她

1991年三月獲國家文藝獎，齊邦媛老師、張蘭熙來觀禮。

1992年林海音家，左起：姚宜瑛、我、林海音、齊邦媛、應平書、宋雅姿、應鳳凰、鍾麗慧。

分給我們三人，靜惠要了一大疊，可以分給她辦的讀書會成員。

後來靜惠說，九個月前，二〇二〇年年初去看齊老師，老師的身體比較差。四月份又去探望她，老師很精神，體力也好，帶她出去飽餐一頓。原來那時她正在為德國學者方德萬（Hans Van de Ven）的新書《戰火中國》（*China at War*）寫讀後感〈弦歌不輟在戰火中國〉（《聯合報》，二〇二〇年十一月四日）。《戰火中國》這部寫抗戰歷史的書引用了許多《巨流河》的資料。齊老師這篇讀後感大氣磅礡、大時代的歷史和個人的感受交織，洋洋灑灑寫了幾千字。

原來齊老師只要進入創作之中，精力活力就會穿越歲月而來，凝聚體內。這次九月我們來拜訪，她已經完成這篇讀後感，精力體能仍舊處於高峰狀態，我們早上九點多到訪，聊到十二點帶她出外午餐，回到她住所又聊了一小時，下午三點走的時候她還是精神奕奕，好一個九十六歲的人！

簡靜惠一個多月前把我二〇二〇年六月新出的長篇小說《餘響入霜鐘：禪宗祖師傳奇》寄給齊老師，所以這次我雙手奉上一年多前二〇一九年出的極短篇小說集《深山一口井》。我說：「齊老師，這本極短篇小說集我立意寫人間善意、寫生活小覺悟。裡面有一篇故事跟林海音有關，有一篇跟文月姐有關。」她們二人是齊老師的知交。

老師順手翻了一下，說：「鍾玲啊，要寫，就寫有大格局的，《巨流河》那樣。《餘響入霜鐘》寫得純淨。」

這幾句話匯成一條大河，久久在我的心中起伏，是的，人生短暫，我有精力來創作的歲月只剩下幾年而已。二〇二〇年這次相聚齊老師給了我壓軸的驚喜：她對我期許高，要我寫出有分量的作品。我剩下的分分秒秒要盡心拓充視野、厚植愛心、深入人們的內在世界、寫出深刻而真實的作品；齊老師給了我努力的方向。《我的青芽歲月》是我交給齊老師的第一份功課，方向導正了，我努力加深心理上的探索，也試著由社會的和歷史的層面來看個人經驗，但是離齊老師給我設的標準還遙遠得很。

44・文壇女英豪聶華苓

我就讀東海大學外文系那四年，大量選修和旁聽中文系的課，包括梁容若的中國文學史、徐復觀的文心雕龍、高葆光的詩經、孫克寬的詩選、蕭繼宗的詞選和楚辭等。而且中文系開的課程很前衛，請聶華苓（一九二五—）由台北下來開文學創作課，她在台大和東海兩地開這門課，早在一九六一年秋她就來東海兼課。一九六三年我大二去旁聽。相信台灣各大學要到多年以後才提供文學創作這類課程。

聶老師常穿旗袍上課。她的聲音爽朗而響亮，透露堅定和自信，眼角眉梢帶著嫵媚。才十九歲的我懵然不知她在之前四年中，經歷了多少困頓和驚恐：一九六〇年她任文藝版編輯的《自由中國》雜誌被封禁，雜誌創辦人她上司雷震的被捕入獄，警備總部對她的監管，喪母的悲痛，獨自撫養兩個孩子的艱苦。在白色恐怖下，她越發堅毅，是位遇強更強的人。正因為她失去《自由中國》的編輯工作，為了幫助她，台大中文系的臺靜農主任和東海中文系的徐復觀教授安排她在兩校系上開文學創作課。

聶老師的授課方式富創意，文學創作第一堂課的現場作業要五分鐘交卷，題目：最短的情書。東海大學校園內外到處是相思樹林，我腦裡出現大度山上常見相思林被霧包圍的景象，馬上交出十個字的情書作業：

霧，
你使我迷惑了。
相思林

一九六七年秋我到威士康辛大學讀比較文學碩士，聶老師已來愛荷華大學三年，取得MFA碩士。她和Paul Engle，即英文系Writer's Workshop的主任，就在這年合作創辦了國際作家計畫（International Writing Program）。寒假到了，聖誕節後我坐灰狗車到愛荷華城聶老師家住幾天。那時老師的兩個女兒，王曉薇和王曉藍，已經到美國，也適應了美國的中學生活。聶老師會跟我長談，談她的人生經歷，尤其是身為獨立女性如何突破困境。在那之前兩年一九六五年她已經跟王正路離成婚了。

聶老師願意跟小她二十歲的我談她的人生，大概因為我非常喜歡聆聽堅強女性的生活經歷。我問當年她一九四四到一九四八年就讀中央大學，學校先設在

1967年耶誕節後幾天在愛荷華城聶華苓的家。

重慶，後來還都遷回南京，她在外文系就讀，為什麼會喜歡上同班同學王正路呢？她說因為他英俊高大，英文出色，是全校的風雲人物，什麼比賽都拿冠軍，又是體育健將；年輕時候會看重這些，她說。的確，我們都是這樣，年輕的時候接受一般的觀念，固執地以為自己跟理想的男子戀愛了。

看聶老師寫的《三生三世》，她一九四九年由南京飛到危險動盪的北平，嫁給王正路，嫁入傳統四合院的大家族做小媳婦，王正路竟一板一眼地要求她嚴守男尊女卑的家規，聶華苓說：「第一次見客，茶煙奉上之後，我在一旁就勢坐下了，坐在椅子邊邊上。正路臉色突然變了，眼色暗示我回房去。一走進小跨院，正路說：你怎麼坐下來了呢？我坐下來陪客人也錯了嗎？他理直氣壯地說：你應該在一邊站著，他是長輩呀……沒辦法，在家裡住下去，你就得守家裡規矩。」（《三生三世》，百花文藝，二〇〇四，一一八頁）可見他們兩人的觀念和個性完全不同。

一九六七年歲暮我住愛荷華城聶老師家那幾天，Paul 每天都來她家幾小時。顯然他非常愛老師，閃爍的蔚藍眼睛總隨著她轉。他對薇薇和藍藍很疼愛，是個溫暖的人。一九七一年老師和Paul在愛荷華城結婚。一位能量極大的女人找到讓她服氣的、心愛的男人；一位美國詩人兼文壇巨人找到他摯愛的人生匹配；兩人的心都為天下不平之事抱不平，他們為各國受極權壓迫的作家呼籲、奔走。最熟悉的案子就是營救陳映真達十五年之久，他們兩人都欣賞陳映真的小說和為人，一九六八年邀請陳來參加國際作家計畫，他卻在七月出國前被捕入獄，他們兩人尋找在台的律師為陳辯護。七年後一九七五年陳獲得假釋出獄，他們繼續邀請他來美未果，一九七九年陳又被捕，陳的弟弟由台灣打長途電話給聶華苓求救，還好陳幾天後就放出來交保候傳。終於在一九八三年陳映真拿到護照和簽證到愛荷華大學來參加國際作家計畫，跟華苓和Paul Engle歡聚，陳還滿心喜悅地跟也來參加計畫的大陸作家吳祖光、茹志鵑和她女兒王安憶交了朋友。

聶老師和Paul Engle兩人都有志於世界文化的交流和融合。兩人主持國際作家計畫二十一年，邀請了七百多位世界各國的作家來交流、寫作，創造了空前的文化聯合國，有形無形地增進人間的瞭解與互信。可以說聶老師和Paul的結合與合作促成世界文明的一季豐收。

一九七二年我獲威士康辛大學比較文學博士，但碰上美國各大學縮減經費，職缺非常少，我求職了半年多，投出去的求職信大都石沉大海。聶老師及時雨地幫助我，聘請我做愛荷華大學國際作家計畫的博士後研究員（postdoc）。而就在開學前兩個月，我收到紐約州立大學艾伯尼校區的電話，邀請我去面試，面試當天就給我下了聘書。後來才知道原先已接了聘書的人臨時變卦去了另一間大學，所以紐約州立大學急著找人。於是一九七二年九月我到紐約州立大學比較文學系和中文部門任助理教授。之後三十多年大都跟聶老師書信聯絡。二〇〇五年在香港浸會大學任文學院院長時，企業家張大朋捐款辦「紅樓夢獎：世界華文長篇小說獎」，任召集人的我有一種想法，決審委員中一定要有作家，以避免一面倒都是學術界的評論家，因為評論家會把作品當文本來剖析，只有作家看小說能由創作的角度來切入。但是又不能找正在寫長篇小說的成名作家任評審，因為也許下一屆他就來參賽了，任評審會影響他審閱時的客觀性。人選實在難覓，這時聶老師的名字跳進我腦子，對，她是理想的決審評審，本身是傑出的長篇小說家，著有長篇小說《桑青與桃紅》、《葛藤》，而現在不寫長篇了。雖然她已經八十一歲了，但健康狀況良好，應該不成問題。第一屆紅樓夢獎其他決審委員為劉紹銘、鄭樹森、王德威、陳思和、黃子平。

二〇〇六年聶老師開開心心地由愛荷華城飛來香港出任第一屆紅樓夢獎的決審委員。她行李箱裡重甸甸地放著七本進入決選的小說：賈平凹的《秦腔》、董啟章的《天工開物・栩栩如真》、陳玉慧的《海神家族》、劉醒龍的《聖天門口》等。而且我看見每一本很多頁面上她都寫了眉批，可見其認真。《賈平凹〈秦腔〉得獎專輯》中有〈決審會議討論記錄〉，可以讀到聶老師如何由創作的角度來檢視小說，如論《聖天門口》古典小說式的語言，她說：「語言有中國古典小說的風格，雖然是普通老百姓的話，但是很細緻」；評論《秦腔》觀點的問題，她說：賈平凹「這個『我』就是引生自己，但一大部分敘事觀點都跟他無關」；論《海神家族》台灣現代史的運用，她說：作者「從一個邊緣人物的角度來看，不偏任何一邊，有一個大的史觀，是寫台灣的現代史」。（《賈平凹〈秦腔〉得獎專輯》，天地，二〇〇八，二十六、二十七頁）

二〇〇八年舉辦第二屆紅樓夢獎評審會議，我們決定還是請

1978年在香港我家中，左起Paul Engle、徐訏、聶華苓、我。

2006年決審委員會公布賈平凹獲首獎：右起：王德威、劉紹銘、黃子平、我、聶華苓、鄭樹森、陳思和。

聶老師來擔任決審委員，她很爽快地答應。但是我們卻提心吊膽，她已經八十三歲了，因此文學院也負擔她女兒薇薇的機票等費用，好照拂老師。第二屆選出的首獎就是莫言的《生死疲勞》。聶老師的分析跟以前一樣犀利和細緻，但是有時候說話會小小吃螺絲。到二〇一〇年我們舉辦第三屆紅樓夢獎，心裡知道聶老師樂此不疲，想再來任評審，但是她已經八十五歲了，旅途遙遠勞累，還要審閱總計九十萬字以上的多本小說，怕身體負荷不了，就沒有請她。

最後一次在香港跟她相聚是在第二屆紅樓夢獎的次年，二〇〇九年我們文學院推舉她為榮譽博士成功，她來參加香港浸會大學頒發榮譽博士學位和宴會。現在二〇二二年，距離那次見面，十二年過去了，聽說聶老師還住在愛荷華城小山坡上的鹿園紅樓，那是一九七一年她招待我住過的房子，我還在當研究生、那是她和Paul度過恩愛生活的家、那座房子充滿無數作家聚會的歡樂。願聶老師歲月安穩，身體健康。

45・大四旅美四十五天

一九六五年十月、十一月，讀東海大學大四的我，參加了一個非常罕有的國際活動，全台灣只有一個名額，而我被選中。就是美國國務院辦的「多地區學生領袖教育旅行計畫」（Multi-areas Student Leader Educational-travelling Program）。一九六五年六月初東海大學挑選我去台北美國新聞處參加面試，跟台灣各大學的代表競爭。我是怎麼得到這台灣唯一的名額呢？首先，我算「學生領袖」嗎？我是被同學票選為外文系的班級代表，也被同學票選為畢業生聯誼會的主席。但是嚴格說來，台灣的大學在一九六〇年代沒有真正的學生領袖，因為台灣在戒嚴時期不允許全校學生自己組織及成立學聯會。參加這種國際活動的選拔，應選同學都是大學校方選派的。

在台北美國新聞處一位主管官員的辦公室裡，有位面試官請我坐下，四位面試官都站著，個個是高頭大馬的白人男士，形成半圓形圍住我、俯視我，我察覺這是一種陣勢，所以沉下心來應答。開始他們問，妳面對美國學生如何介紹妳國家之類的問題，後來問題尖銳起來，一位問說：「在美國有人問妳，妳們國家為什麼派一個女生來？妳怎麼回答。」

我想，在美國如果真有歧視女性的人問這個問題，我不能被這個人逼著自我辯護，要把問題拋回去。我答：「我會回答說：『請問你為什麼問這個問題？』」

另一個面試官大概認為我沒有回答問題，就重複問：「在美國有人問妳，妳們國家為什麼派一個女生來?妳怎麼回答。」

我鎮定地重複原來的回答:「我會回答說:『請問你為什麼問這個問題?』」

四個面試官彼此互望一眼。三天後東海收到通知我被錄取了。我想,是因為東海給了我在校內凸顯自我的成名機會,還訓練我超強的英文表達能力和思考辯論能力,才能出線。如果聯考的時候我選擇去台大,肯定連代表台大面試的機會都沒有。

美國國務院這個計畫之內容豐富而周詳,為期四十五天,邀請十六個國家的大學學生領袖參加。要記得直到一九七九年一月美國才承認中華人民共和國,所以在一九六五年中華民國有美國在背後撐腰,坐在聯合國安理會上,是美國承認唯一的中國。因此美國國務院辦的活動當然邀請我們的學生代表,不會邀請大陸的學生代表。這項計畫訪問八個城市,依次為紐約市、首都華盛頓、費城、芝加哥,以及南部的亞利桑那州首府鳳凰城、阿肯沙斯州首府小岩城(Little Rock)、中西部的明尼蘇答州的明尼阿波里斯市、三藩市,並在明尼蘇答大學開一週的總結會議。

除了明尼蘇答大學,還去了兩間費城附近的大學:參觀常春藤名女校布林莫爾學院(Bryn Mawr College),在寺院大學(Temple University)的女生宿舍住了五天;還參觀兩間南部阿肯沙斯州的大學。活動包括參觀具有特色的地點:紐約市前衛的文化藝術區Greenwich Village、紐約世界博覽會、華盛頓林肯紀念堂、費城的賽馬、小岩城外南方富豪大宅及其棉花田農場;藝術活動有聽交響樂團演奏、紐約市的外百老匯劇場(Off-Broadway)、爵士樂演奏、芝加哥的木偶劇場;我還在鳳凰城城郊養牛牧場主人MacMahon家做客,住了四天,體驗美國人的家居生活。

參訪的最後一站是去小岩城五天，研究種族問題。你看安排的活動豐不豐富，全不全面？美國如此費心辦這項計畫，應該是為了培養外國親美的下一代。

現在回想起來，請我參加這麼豐富的活動，實在浪費，因為我能吸收的很少。我生長在亞洲的中國文化傳統的社會，美國的文明陌生而殊異，雖然在東海大學接觸過不少美國老師，但是那跟置身美國社會不同，又飛來飛去跨越美國那麼多州、項目種類那麼繁多，一下子實在接收不了多少，大部分活動只在我腦海留下浮光掠影，這次旅行回來一年後我寫出散文〈旅美尷尬集〉登載在一九六六年九月二十七、二十八日的《中央日報》副刊上。文中並沒有描述和體察這項計畫的各種活動節目，只呈現我處身美國社會因文化差異而產生的窘境，幽默地用了自我調侃的語氣。

1965年十月紐約世界博覽會，左起：厄瓜多先生、泰國先生、我、冰島先生、巴西小姐。

華盛頓Hilton Hotel小聚，左起：瓜地馬拉先生、冰島先生、我、瑞典先生。

曉蕾老師說我能用自嘲的角度看自己，能用自嘲的筆調寫文章，已經開始成熟了。〈旅美尷尬集〉這一段就是描寫我們女學生和美國男學生因為性觀念不同，造成的尷尬，我們團在明尼蘇答大學時，晚上到一位女學生領袖的家裡參加學生派對，一位明尼蘇答大學政治系的男生威廉來跟我聊天，聊西洋古典音樂、聊美國文學，威廉請我到隔壁房間跳舞，滿屋的男女，正放一曲華爾滋，威廉說：

「快華爾滋？從來沒有過！大概是為你們這群外交使節們而復古了。」然後是一支很慢的舞曲……我突然覺得不對勁，我自覺連耳根都發熱了。他還算懂禮貌，上身保持一段距離，可是，大腿卻緊貼過來，我怎麼躲也躲不掉……（我）很嚴肅地說：「對不起，我們東方人不習慣這種跳法。」

「你說什麼？什麼跳法？」他發怔了。

「我是說，這種……這種……姿勢的跳法。」我又窘又急。

他恍然大悟地說：「啊！你太客氣了，你的姿勢很好看嘛……」（《赤足在草地上》，志文，一九七〇，三十五—三十六頁）

旅美全程中只有接觸時間長一些的人地事物，留下些印象和痕跡。我體驗到美國年輕女孩的獨立和友善，還有我們代表團中幾位男生的紳士風度。在寺院大學住的那五天，校方派了一位接待我的女同學，南茜讀寺院大學英文系，金髮美女，女生宿舍代表，是煽動力強的學生領袖，她熱情地照料我食宿，又到處介紹我，帶我去上莎士比亞課，晚上在女生宿舍喚來其他女同學一同討論文化、政治，我跟她同房五天，離去的時候她抱住我哭。國務院給我們隊安排的女領隊Victoria Ness才大我們五、六歲，卻能幹、開明、樂觀。而十六位各國代表中只有兩位女生，我和巴西小姐，十四位男生中冰島先生和泰國先生是標準的紳士，四十五天我們有七天都在搭飛機旅行，他們兩人有始有終地幫忙提我們兩個女生的大行李。全程唯一留下深刻印象的是，在最後一站南部小岩城考察種族問題。

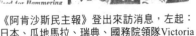

阿肯沙斯州在美國南部的中心位置，我們到達其首府小岩城的時候，已經在美國生活三十多天了，我多少熟悉西方社會，心也多少定下來，能夠比較深入地體驗生活了。美國的南北戰爭結束於一八六五年，那年宣布廢除黑奴制度，但是外人難以想像，過了一百年，直到一九六四年我參加該活動一年之前，美國南部黑人的日子沒有改善多少，種族歧視仍然非常嚴重，南部各州都有「種族分離」（segregation）現象，就是白人的餐廳、旅館，禁止黑人進入；白人的小學、中學、大學禁止黑人入學；白人區當然不賣房子給黑人。

24—ARKANSAS DEMOCRAT ••• Friday, November 19, 1965

FOREIGN VISITORS—Student leaders from seven countries visit the Li Rock University campus while in Little Rock this week in connection with United States National Student Association tour program. Members of the gr are, from left, Kyoichi Nakamura of Japan, Mario Robert Cabrera Passer of Guatemala, Lennart Hedquist of Sweden; Victoria Nes, U.S. tour guide; K Fredrik Gardarsson of Iceland, Utai Pisone of Thailand, Elizabeth Mari of Bra and Chung Ling of Republic of China

Polk Sheriff Holds
Explosive Device

《阿肯沙斯民主報》登出來訪消息，左起：日本、瓜地馬拉、瑞典、國務院領隊Victoria Ness、冰島、泰國、巴西、中華民國代表。

小岩城白人勢力盤根錯節，「反種族分離」（desegregation）的活動遭受很大阻礙。最出名的事件是一九五七年九個黑人中學生的入學事件。九月開學反種族分離社團成員護送黑人學生進白人中學Central High School就讀，阿肯沙斯州Orval E. Faubus州長竟然派國民兵擋在校門口，阻止黑人學生進入學校。而市長和州長不同調，兩週後小岩城市長派警察護送九個學生入學，幾千個白人在校門攔阻，釀成暴亂。之後美國艾森豪總統下令軍隊入駐校園一年，保護黑人學生就學。一直到一九六四年，我們團訪問美國的前一年，美國最高法院才通過民權法案（Civil Rights Act），頒布因種族、膚色、宗教信仰、性別或來源國而有的歧視行為為非法。

我們參觀了小岩城的兩間大學，Little Rock University成立於一九二七年，供白人讀書的公立大學；Philander Smith College是美國最早成立提供黑人高等教育的私立大學之一，成立於一八七七年。感覺兩間大學的氣氛不同，感受到Little Rock University的學生開朗，建築明亮。Philander Smith College的建築相對簡陋，學生有鬱悶的表情。後者的黑人學生跟我交談時，表現出感激的神色，好像外面的世界終於注意到他們了；我在Philander Smith College圖書館跟一位高大的黑人男生交談，Herbert讀社會系三年級，他知道我學文學，說他有些書送給我。兩天後他把書送到我住的旅館，包括幾本希臘悲劇新的英文翻譯本，還有Kyle Onstott的小說*Mandingo*，描寫十九世紀被奴役的黑人家族故事。我只在他們圖書館跟Herbert聊了幾分鐘，他就以信賴和慷慨回報。

晚上我參加小岩城近千人的大型活動，「平等機會週年慶宴會」（Equal Opportunity Anniversary Banquet），

在小岩城外的棉花農場跟黑人工人合照。

即一九六四民權法案通過的週年慶。我們團跟小岩城的白人富人、白人企業家坐一桌。不像中國人用圓桌，而是整個大廳排滿長方形宴會桌。可是黑白分明地，白人坐大廳右邊，黑人坐大廳左邊。一九六五年的我，二十一歲的我，心中憤憤不平，氣憤這明明是歧視黑人，白人不肯跟他們混坐。五十多年後現在的我，可以理解在小岩城的種族融合進程上，這並不容易，城裡的白人讓了步，在正式場合跟黑人同坐一廳，吃一樣的食物。一九六四年以前，白人根本不准黑人進他們餐館，在這晚宴上願意在同一個屋簷下進餐已經邁進一小步。

美國國務院很開明，安排我們去訪問小岩城郊外的黑人貧民區。行人道上長滿雜草，房屋傾斜破敗。我們到此區一間雜貨店裡，胖老闆就是黑人社區領袖，他說這一區本來就窮，原來住的白人全都搬去城裡，黑人才遷入。很多住處連自來水也沒有。這兩年黑人組織起來，聯合城裡同情他們的白人富戶，募捐善款，來改善基本生活環境，如購買抽水機。接著我們又回到小岩城裡的黑人貧民區，參訪「學生非暴力協調委員會」（Student Non-Violence Coordinating Committee），這是全國性的組織，成立於一九六〇年。我非常佩服參加這個組織的學生，他們很多是仗義的白人青年，來自美國各大學，因為他們的積極推動，一九六四年民權法案才能順利通過，一九六四年之後這個委員會致力於協助法案的推行和施行。

這個非牟利組織位於一間破舊的房子，辦公室裡雜亂不堪。一位高個子白人青年接待我們，他還陪我們到一間爵士樂廊晚餐和聽演奏。他來自美國東岸新英格蘭區，一年多前獲得普林斯頓大學的碩士。

我問他：「你為什麼替黑人工作？」

他有點懶懶地說：「我覺得這是我能做的最有意義的事，雖然只是文書工作，做計畫、打字，但是完成一件小小的事，也得到滿足感。」

我忍不住好奇地問：「你遭受過三K黨的迫害嗎？聽說他們對你們的人像對黑人一樣凶狠。」

「今年年初我還在密西西比州學生非暴力協調委員會辦公室支援，我們十來個人開完會出門，黃昏時候，沿街的窗門都緊緊關上。忽然街盡頭出現三百多個三K黨，個個手執棒棍。他們不出聲默默向我們逼來。我呆了片刻，想起上個月就有幾個我們委員會的人在街上被活活打死。我發現我的同伴往街另一頭跑，我也跟著狂奔。三K黨逼近時，幸虧有幾輛警車開來，他們散了。」

他坐在我對面，英俊的臉有些發腫，我看到他疲憊的眼神。一個人一兩年都活在死亡的威脅中，活在恐懼中，一定會變形、會磨損。儘管他的外表疲憊、消沉，在我心目中依然是堅持理想的美國現代英雄。

46・台大的安靜歲月

讀東海大學四年級時，生活光輝燦爛得像五彩煙花，但是心底卻惶惑茫然。接著讀台大外文研究所那一年，過著默默無聞的日子，但是漸漸發現自己未來要走什麼路。生命中有如此表裡的反差倒是幸運，因為這樣我開始成熟。

在東海最後一年，忙翻了。上學期上課期間參加美國國務院的「多地區學生領袖教育旅行計畫」，代表中華民國出國參訪美國四十五天。又當選第八屆畢業生聯誼會主席，帶著幾位同學編輯畢業紀念冊，在畢業典禮上代表全屆同學致辭。還因全屆四年學業平均成績得最高分，我和孫康宜的名字刻在體育館的石碑上。另外先後交往兩位男同學。日子那麼光鮮亮麗，心底卻惶惑不安，因為不知道六月畢了業自己何去何從。我很想去美國留學，學比較文學，在那個年代留學是美麗的夢，因為費用昂貴，一般家庭負擔不起。但是四年級忙到根本沒時間找美國大學的資料，遑論投出研究所申請信了。五十多年後二〇二一年的今天，台灣不少大學都設了外文研究所，但在一九六五年我讀大四時，台灣還沒有一間大學設外文研究所。要攻讀英美文學、或比較文學的碩士、博士，只有出國一途。

的確真的是船到橋頭自然直。一九六六年初夏台灣大學成立外文研究所，招考第一屆碩士班學生十二名，我考取了。那時台大外文系所主任為朱立民教授，Duke University的英美文學博

Fred Foley（右一）教授開美國文學課，左起李啟範、孫康宜、許文宏、楊梨惠、我、謝源功、張達聰。

台大外文研究所專用研究室內，左起同班同學謝源功、林春雄、張惠鎮、我。

士。系上還有顏元叔教授，University of Wisconsin, Milwaukee的英美文學博士，在研究所開「文學理論」課。兩位都由美國回台灣才幾年，也是台灣最早在美國獲得英美文學博士的學者。他們有心為台灣培養大專院校英美文學的師資，所以創辦外文研究所碩士班。朱立民主任對第一屆子弟兵特別愛護，在台大缺乏空間的情況下，朱主任在古老的文學院大樓二樓，闢一間窗明几淨的研究室給我們班專用，我們上課和自習都在那裡，大桌子可以圍坐十五、六人。那一年在外文所授課的有朱立民、顏元叔、張心滄、Fred Foley、蘇維熊等教授。

其實在台大那一年，我寂寥而不寂寞。天天有方瑜為伴。我們從十二歲初中一年級開始就是文學知己。中學我們在一起時時刻刻都在交換文學收穫，方瑜背古典詩一首給我聽，我就跟著背；我看了法國、英國、俄國的翻譯小說，感受深刻，方瑜也跟著看。在我們創作初期，我寫一篇小說、或一篇散文投稿以前，她已經看過；她寫一首古詩、或填一首詞，寫完就拿給我看。對於對方初試文筆的創作，全心地欣賞，視同己出，因為有對方的肯定，我們創作起步時滋生了自信。

一九六二年方瑜考進台大時，讀的不是中文系，因為她父母主張為謀得穩定工作，一定要讀圖書館系。但是她對圖書館學完全沒興趣，大學四年讀得痛苦。她常去心嚮往之的中文系選課、旁聽，而中文系的老師，像系主任臺靜農教授、王叔珉教授、葉嘉瑩教授，都很欣賞她詩詞創作的才華。每年中文系都收幾十個學生，能寫舊詩的人少，寫得好的更少。方瑜讀大學期間，教授們讀過她寫的詩、填的詞，怎能不愛才？這首她大學時期寫的〈無題〉，表現貫穿時空的深情：「夢裡銜杯且自斟，此心歷徧去來今。不辭碎骨還天地，萬壑風濤枕上聽。」下面一首是一九六七年六月方瑜致贈王叔珉教授的七絕：「素心久欲忘營營，筆起風雷弦自驚。拂席靈山滄海去，書窗夜夜一燈明。」

但是方瑜大四投考中文研究所時，由於訓詁學、聲韻學方面的科目失分，沒有考上，所以大學一畢業，中文系介紹她在大學圖書館善本書部門任館員，讓她在學校環境工作和用功。一年後果然中文研究所上榜，獲碩士後，在台大中文系任講師，升遷到教授。方瑜成為中國古典詩專家，也是散文作家。她是中文系的明星教授，開「李商隱詩」課時，大講堂擠滿三百人！除了選課的，還有旁聽的、校外的。她的學生楊邦尼描繪方瑜講中國古典詩課時的風采：「總能出入古今橫貫中西，從希臘神話到尼采到羅蘭巴特，從莊子到陶淵明到王國維，詩文在她口裡就是當代，她『復活』了死掉的文字以及人。」（〈想我大學的老師——方瑜先生〉，《明報月刊》，二〇一七年五月號）

我在台大那兩學期，中午下了課跟方瑜吃午餐，有時在大學餐廳，有時到校門前的小館子。那個年代國立大學的研究生人數少，教育部每個月發研究生助學金台幣六百元，因此手頭不緊。方瑜晚餐則跟男友歷史系研究生李永熾共進，他是台灣客家人，高瘦的個子，額頭和顴骨堅實。

星期天則三人行，那時我們還真能走，由台大到西門町看電影，或吃館子，常走路來回！不管是二人行還是三人行，我們會交換看文學作品的感受。李永熾的思想有深度，因為他大量閱讀西方哲學，又有歷史觀，還翻譯多本日本文學作品出書。在他的薰陶之下，方瑜的思想範疇拓寬了，我也受益。在我出國後，李永熾去日本留學，歸國後與方瑜成婚。生長女時，方瑜寫信告訴我，替她起了個詩意的名字，李衣雲，出自張先的詞：「昨日亂山昏，來時衣上雲。」因此一九七七年我寫《山中傳奇》電影劇本時，張艾嘉飾演美麗善良的女鬼，就起名叫依雲。二十一世紀初，台灣學界一門三傑，李永熾和方瑜任台大歷史系和中文系教授，李衣雲在政治大學台灣史研究所任教。

靜靜的日子令我理清幾件心事。我決定不申請美國的常春藤大學，它們太貴族氣，我喜歡平民化的、風氣自由的州立大學。我申請了

1967年三月和方瑜（左）在台大校園杜鵑花下。

三間：加州大學柏克萊校區、威士康辛大學麥迪生校區、西雅圖華盛頓大學。三校都獲得入學許可，而威士康辛大學條件優厚，除了獲免學費，外加六百美元獎學金，該校比較文學系的劉紹銘教授還替我申請到研究助理助學金（research assistantship）。所以一九六七年九月我離開台灣，中斷了台大外文研究所的學業，飛去威士康辛州的麥迪生城。

另外一條理清的思路是，我到美國讀研究所的大方向是什麼？有典範在眼前，朱立民、顏元叔教授都是獲得美國大學的英文系博士學位，我為什麼決定研究所讀比較文學學科，不讀英美文學呢？首先我得說服自己為什麼讀英美文學。我閱讀過的翻譯小說，包括法國、德國、英國、美國、俄國的作品，英美小說在氣勢的磅礡、浪漫的情懷、心理的深度上，不如其它國家的作品。我無法說服自己只因為英美這一個世紀國勢強，就去讀英文系。生為中國人，對自己的文化傳統應該有使命感。我願做橋梁，學習比較文學可以探討中國文化和西方文化的交流與融合。

張心滄教授由劍橋大學休假到台大來客座，我上他在外文研究所開的「比較文學」課後，決定將來不做他教的平行研究（parallel studies）方向；例如他把英國十六世紀作家Edmond Spenser的長詩“The Faerie Queene”跟中國十九世紀李汝珍的《鏡花緣》放在一起，比較它們的諷喻手法，以及比較“The Faerie Queene”中的禮節（courtesy）觀念，與《鏡花緣》中的儒家「禮」的觀念。上課的時候就覺得平行比較研究的根基不太堅實，憑什麼把文化傳統和時期差異那麼大的兩部作品放在一起並比？研究結果會有啟發性的發現嗎？因為不必說也知道，兩部作品的相異必然大於相同，闡述兩部作品的文化差異有什麼深層意義呢？但是在課堂上我沒有發表這些看法。

我決定將來學比較文學做跨國文學史研究，專注中美文學關係，而且方向是中學西漸，研究西方作家吸納的中國文化。想來決定這個方向是因為從小在美國勢力籠罩的台灣長大，多多少少是一種反抗強權的行為。我的碩士論文研究寒山及其詩歌在西方的接納史：“The Cold Mountain: Han Shan's Poetry and Its Reception in the West”。在一九六〇年代研究二十世紀的中美文學關係是新興的範疇，我出國的時候好像只有兩位做過這方面的研究：劉紹銘的在印第安那大學的博士論文寫曹禺如何吸納尤金・歐尼爾（Eugene O'Neill）的戲劇特色；以及葉維廉在普林斯頓大學的博士論文研究艾茲拉・龐德（Ezra Pound）如何英譯中國古典詩集*Cathay*。一九七〇年之後五十年來台灣學者的英美文學和比較文學研究，以引進美國學界的文學理論為主，我研究的中學西漸方向要到三十年後，二十世紀末，才在大陸學界興起。

1967年七月壯遊中橫，在燕子口（方瑜攝）。

在一九六七年二月二十五日收到威士康辛大學的入學許可通知以後，心底有一種渴望，越來越強烈。我們那一代的留學生都知道，出了國不知哪年哪月才能回台灣見爹娘。的確我是十一年以後才回台灣探親的。但是我出國前的渴望卻跟台灣大地有關，我想走一趟橫貫公路。在那個保守年代、女孩很少出門，登中橫大山是個奇怪的願望，況且我根本不屬運動型，當然沒有參加過什麼登山隊。只有兩次入山的經驗，讀台北大龍峒小學六年級全班去苗栗、新竹交界的獅頭山郊遊；讀高雄女中初中一年級全班到屏東縣的三地門郊遊。其實也沒有真正接近高山，小朋友只在山路上十多個人結伴步行二十分鐘而已。

我如何得知台灣橫貫公路上中央山脈的壯麗？橫貫公路於一九六〇年五月完工通車，高中和大學時代偶爾在報紙上看到有關橫貫公路的報導，看過幾張山景照片。我為什麼會嚮往台灣的高山？只能說是胎裡帶來的。另外，應該是受《蜀山劍俠傳》和唐朝山水詩的觸發，像是李白的〈蜀道難〉，杜甫的〈望岳〉，王維的〈過香積寺〉，讀了焉能不興登山之意？一九九〇年代我寫過一篇小說〈山之盟〉，就是從潛意識層的心理發展來寫，何以一個女孩進了大學突然狂熱地迷上登山。於是為了進入高山的懷抱，為了得到老家大地的祝福，在出國前一個多月，一九六七年七月，我拉著方瑜，兩個女孩由高雄到南投，穿越橫貫公路，到花蓮，再由東海岸回高雄，一路都是坐公路局車。

我膽子也夠大了，沒有預先訂旅館。我們鎖定入山兩夜住天祥救國團青年活動中心，在南投和花蓮就隨興之所至找小旅館住。方家和鍾家父母竟然放心讓我們兩個女孩自己外宿出遊，現在想來不可思議。大概他們覺得女兒大學都畢業了，就放她們飛一次。其實我任性之至，方瑜是硬被拖去的。到天祥救國團青年活動中心，時近黃昏，方瑜進了房間就躺在床上不肯出去，我一個人走到花園盡頭爬上一塊巨石，巨石下就是斷崖峽谷，在巨石上躺下來，仰望視野內有五座高聳的山峰圍住一小片藍色天空，我覺得五座山峰像五位巨人祖先關注地傾身向我。山越高、嶺越峻，我的心情就越舒暢。

方瑜的反應相反，入山越深，恐懼也越深。這趟高山之遊過程中，我發現她害怕龐大的、蠻荒的事物，也害怕黃昏。這些年來漸漸瞭解人的身體狀況多麼影響心境，方瑜走路腳板會不舒服，運動和爬山帶來不適，她會本能抗拒戶外活動；我也瞭解她天生具詩人的敏感，情緒容易受到外在自然環境的影響。

我要等到二十多年後，一九八九年才開始歡欣地為登山而登山，常常攀爬台灣、香港的山脈。當一九六七年八月二十六日，二十三歲的我離開台灣，在松山機場的海關閘口，回身跟送行的三十多位親友高高舉手揮動時，我的內心是充實的，他們的關愛給我力量，台灣的崇山峻嶺給了我祝福。前路遙遠，且煙霧迷濛，但是我已經知道以後的學術探索大概會走怎樣的途徑。

47·師徒緣——余光中老師

一九六七年我選了余光中（一九二八—二〇一七）老師的課，成為他的門生，這必然是很深的緣分。也因為這師徒緣分，二十二年後我辭去香港大學的教職，到台灣高雄的中山大學外文研究所專任，改變了我的人生路途。

我上余老師課那年，正在台灣大學外文研究所讀碩士班一年級，根據台大教務處的規定，我們除了選讀外文研究所開的課，還可以選外文系四年級的課；這是台大沿用美國大學碩博士班的學制，很慶幸早在一九六〇年代台大就有此規定，否則會錯過這師徒緣分。一九六六年尾探知任職師範大學英語系的余老師，第二學期會到台大外文系兼課，開「英美現代詩」。余老師、瘂弦、鄭愁予寫的現代詩，是那幾年方瑜和我的必讀經典。我高高興興地選到課。大課室裡坐了七十多個學生，不少旁聽生。

那年余老師三十九歲，但在我這個崇拜者眼中，他屬於遙不可及的另外一個時空。在〈奇異的光中〉這篇散文中，這麼描寫我在台大校園上課的路上，看見他的印象：「他端坐在三輪車上馳過，挺直的身軀，肅穆的面容，好像校園裡盛開的杜鵑花只不過是雲霧……他真像一座大理石雕像，飛行的雕像。」（《愛玉的人》，六十九頁）我的描寫誇大了他的嚴肅冷峻，其實老師望之儼然，即之也溫。

余老師上課時教學認真，分析每一首英美詩都深入淺出，清楚地闡釋詩人的生平和時代背景、詩的意象、巧喻、涵義，外加朗誦鏗鏘有聲、回響如男中音演唱的腔調，真引人入勝。因為他認真，因為他看來莊嚴而氣勢逼人，年輕的我富銳氣，起了挑戰之心。上課期間，我讀到老師發表在《現代文學》的詩歌新作〈火浴〉，就寫了一篇評論〈余光中的《火浴》〉，運用了顏元叔老師在研究所「文學批評」課堂上教我們的新批評法（new criticism），現學現用，分析〈火浴〉圓熟的形式、高曠的意境。但是也批評它只表現藝術家的選擇，缺乏靈魂的歷練過程。

我把這篇評論投去一文學雜誌，遭到退稿。心想雜誌不登，余老師本人看過就好。下了課我向講台走去，到他跟前低聲說：「這一篇是評論你詩歌的文章，給退稿了。請老師指教。」我有點怯怯的，因為文章中直接批評他的詩歌，怕他看了生氣。余老師的長臉上一貫地滿臉嚴肅，接過稿子。我旋即轉身快步走回教室後排的座位。

沒想到老師那麼愛護學生，那麼大度，把我這篇文章拿去給《現代文學》（三十二期，一九六七年八月）刊出。而且他接受我的批評，擴充改寫了〈火浴〉，發表在《現代文學》三十三期（一九六七年十一月）上。讀到《現代文學》三十三期上老師改寫的〈火浴〉時，我正在美國威士康辛大學圖書館苦讀，窗外寒風刺骨，大地積著層層白雪。老師改寫的〈火浴〉後面的附錄寫著：「這是一篇異常誠懇也極為犀利的批評文字……敢於冒著觸犯老師的危險，來從事嚴肅的文學批評，這種精神，是值得提倡的。曾經有過這樣的弟子，我感到極大的驕傲。」（黃維樑編，《火浴的鳳凰——余光中作品評論集》，純文學，一九七九，一七七頁）手執這本新上架的《現代文學》三十三期，我心中的火種燃燒起來，因為老師的包容和肯定，我受到鼓舞，走在創作和研究的路上，增添了自信。

要到十年以後在香港，跟余老師的過從才密集些。他是一九七四到一九八五年在香港中文大學中文系任教；我一九七七年跟胡金銓結婚，由美國搬到香港定居，所以余老師跟我在香港時空上有八年的重疊。余老師和金銓兩人在我遷香港之前就交情甚篤。早在一九七二年余老師由台灣去澳洲，在香港轉機需要過夜，金銓邀他入住九龍筆架山的金銓公司宿舍。老師的散文〈沙田七友記〉裡，金銓列於其中，他形容金銓為「儒導」：「這『儒』字，一方面指儒家的忠義之氣，一方面是指讀書人的儒雅之氣。金銓片裡的俠士都有這麼一點儒氣，而金銓自己……不但富於書卷氣，拍起片來，更是博覽史籍，遍查典章，饒有學者氣。」（余光中，《春來半島》，香江，一九八五，九十二頁）

所以我初次應邀到余老師位於中文大學教師宿舍第六苑二樓的家裡聚餐，是因為金銓的關係受邀。座上還有「七友」之中的陳之藩、劉國松、思果。劉國松住在鄰近一棟宿舍，陳之藩就住余家樓下，他們兩人一招即來。那次聚餐也是我跟余太太范我存初次見面，每次她都擺出一桌美味的晚餐。作為學生，我當然要招待余老師、余太太到我沙田世界花園的家裡聚餐，並請余老師的好友梁佳蘿、黃維樑作陪。這些聚會中老師放鬆而開心，他戲而不謔的幽默語，如落玉盤的珠子。他說劉國松唇上蓄一列黑鬍，卻連喝一滴的酒量也沒有，就笑他「虛張聲勢」。老師又拿我的姓名打趣，說：「叮咚叮咚，搖鈴敲鐘。」

進入一九八〇年代，老師招待文友，有時找我作陪。一次羅門來香港，老師約他晚上喝咖啡，陪客為詩友戴天和我。漸漸地戶外活動頻繁起來，他曾經帶我們登馬鞍山郊野公園的百花林山上，探訪孫中山母親楊太夫人墓。本來余老師就鍾情於山水大地，在大自然中他輕鬆自在，甚至時而興高采烈。他策畫登山路線，穿著皮鞋，帶頭攻上峰頂。我是隊伍尾巴的小兵。他帶隊遊歷新界的吐露港灣、馬鞍山郊野公園、西貢郊野公園。我一想到步行登峰就膽怯，到了飛鵝嶺山腳，我一副文弱女史模樣在石頭上一坐說：「等你們登峰凱旋歸來！」我存常陪我坐在山腳下，想來她也辛苦，在家要準備十多人的野餐。在香港新界曾隨老師登頂的包括梁佳蘿、黃國彬、黃維樑、朱立、劉述先等學者文友。

余老師應台灣高雄中山大學校長李煥的力邀，一九八五年九月離開香港中文大學，到中山大學任文學院院長兼外文研究所所長。九月初我在九龍一家日本鐵板燒店替余氏夫婦餞行，老師正在延攬外文研究所的師資，知道我一九八六／八七學年在香港大學會有一年學術休假，就邀我去中山大學客座。何以正中下懷呢？父母已年近七十，就住在高雄市壽山腳下的海軍眷村老家，我可以照看他們，不亦悅乎！金銓已於一九八四年遷往美國西岸洛杉磯，籌畫有關華工血淚史的電影，他希望我搬去美國，在那裡找教職。但是我真的不喜歡住在西方世界，香港、台灣的文化氛圍和生活氣息是我力量的根源，我想如果離開，人會枯萎。

在中山大學客座那年逍遙自在，研究所人事簡單，教授們在余老師帶領下和睦相處；他又常帶我們登山臨海，出遊中台灣、南台灣，暢快二字不足以形容。台灣客座期滿，回港大又教了兩

1980年代初余光中夫婦（左三、四）招待台北來香港的羅門（左二），戴天、我作陪。

年。一九八九年春余老師告知中山大學外文研究所有一職缺，鼓勵我申請。於是決定是年秋離開香港到中山大學專任。雖然港大待遇高，沙灣徑的宿舍簡直是豪宅，室內寬闊，落地窗框住壯觀的中國南海海景，但是人生路途有不同的考量。我決定選擇人事和諧、心情舒坦的工作，余老師寬厚仁慈的心營造文學院一小片樂土，光憑這一點，中山大學就是必選。另一個原因是父母已年過七十，弟弟遠在新竹清華大學任職，為了照顧父母，我能夠在高雄覓得教職已經太幸運了。

此外一九八五年五月中英兩國互換批准〈中英聯合聲明〉，香港將在一九九七年交還中國已成定局，這消息也令我心萌離意，一九八九年五月發生的天安門事件，更令我覺得離港決定下對了。政局的巨變動盪，總會令人心生畏懼。在中山大學十四年事事順利愉悅，無論是教學、行

1980年代初余老師帶我們訪馬鞍山郊野公園，西貢百花林山上、孫中山母親楊太夫人墓。

1985年一月余老師（左四）帶我們遊新界西貢龍蝦灣，左起，黃國彬、梁佳蘿、劉述先；我（坐地上），范我存（立高處）。

1985年九月我為余氏夫婦餞行，後排右起梁佳蘿、余光中、李元洛、黃維樑、黃德偉。前排右起梁太太、韓江寧、范我存。

政、親情、交遊、集玉、學道、學佛，所以真正感謝余老師。然而到了二〇〇三年，香港回歸後六年，局勢穩定，香港的文化和教育欣欣向榮，還有在台灣十四年，有幸照看父母，先後為他們送終，所以我又離開高雄，應聘到香港浸會大學任文學院院長，人生的旅程往復迂迴。世局的變化、命運的安排真是曲折莫測。

余老師是在二〇一七年十二月十四日在高雄逝世。如果他心中仍有掛念的文學界憾事，大概是陳映真（一九三七—二〇一六）不諒解他，陳映真早他一年過世。即使余老師在二〇〇四年公開登了道歉文章，一篇對自己一九七七年寫〈狼來了〉的道歉文章；陳映真並不接受道歉，依舊認為余老師給王昇寫了告密信，即使余老師已在道歉文章中否認。我在此不會陳述此事的詳情，而是嘗試考察余老師一九七七年寫〈狼來了〉之前的心理狀況。余老師寫〈狼來了〉的時候人不在台北，是在香港中文大學中文系任教。他在一九七四年八月離開台北政治大學，應聘到中文大學，那是文化大革命氣氛籠罩香港的時代。〈狼來了〉的寫作時間應該在一九七七年八月在《聯合報》副刊登出之前一、兩個月，當時雖然毛澤東已去世，四人幫被捕，但掌權的仍然是毛澤東點選的華國鋒，他身兼國務院總理、中共中央主席、中央軍委主席三個最重要的職位，華國鋒大抵延續文革時期的政策。

一九七五年余老師在香港《萬人週刊》四十期發表〈中國的陰影〉一文，寫他去聽漢學家李克曼在中文大學的演講，李克曼是研究中國美術史的比利時人，原名Pierre Ryckmans（一九三五—二〇一四），筆名Simon Leys，余老師文中也描寫跟大陸出來的陳若曦之相聚，文中提到李克曼在大陸看見歷史古蹟被破壞，書店買不到書，演出只有樣板戲，余老師文章題目

〈中國的陰影〉其實用了李克曼外文新書的名字，法文書名*Ombres chinoises*，英文書名*Chinese Shadows*。如果你在一九八〇年代以後提到文革對古蹟、對文化的破壞，是海內外普遍接受的事實，但一九七五年余光中在香港刊登的文章中出現這種批評，香港和大陸文壇當道的左傾文人絕對不能容忍這種他們眼中的誣衊。

陶傑說：「余光中在香港遭到以羅孚為首的紅左圍攻，加上中文大學有『火紅年代』的共黨滲透」（〈功過說余光中〉，阿波羅新聞網，二〇一七年十二月十七日）。一九七五年七月三日絲韋（《新晚報》總編輯羅孚的筆名）在《新晚報》發表〈詩人教授的陰影〉，抨擊余老師的〈中國的陰影〉一文。隨即香港《盤古》雜誌一九七五年八月一日八十四期，轉載絲韋《新晚報》這篇〈詩人教授的陰影〉和余光中的〈中國的陰影〉全文，而且《盤古》編者為此二文起了輯名「余光中是愛國詩人嗎？」在編者的話中諷刺余光中是「恨國詩人」。

我們只要看《盤古》登的文章就可以想見香港文壇和媒體對余老師攻擊，以及圍剿之猛烈，《盤古》一九七五年九月八十五期，及一九七五年十二月八十八期，共登了六篇抨擊余老師的文章，作者和篇名列於下：徐克的〈扯下余光中的愛國面紗〉、某學人的〈也是認真的遊戲——旅美學人給余光中的回信〉、明昏的〈給余光中之一及之二〉、顏不厚的〈向余光中教授學習自吹自擂術〉、周石城的〈余光中與李克曼的黑暗面〉、周昌華的〈也談余光中的「愛國」〉。

可以想見一九七五年七月起，余光中在左派勢力強大、文革擁護者眾多的香港，孤獨地承受香港文壇和媒體的凶猛攻擊，他應該處於壓力極大的憤慨、冤屈情緒裡，陷入敵我的交戰狀態。他一九七七年四月七日寫的詩〈半島上〉就有這樣的句子：「朝訝流言，夜驚夢魘」、「更可駭，是摧肝裂膽的預告／縱燃燒的火舌敢向你洩密／料你的驚耳也不敢接聽」（《春來半島》，十二頁）。

一九七七年他看到台灣鄉土文學興起，可能在驚慌之下把鄉土文學和文革提倡的工農兵文學聯想在一起，於是寫下〈狼來了〉一文。至於余老師有沒有給王昇寫告密陳映真的信？余老師屬戰將型的個性，舉凡有意見對立的情況，他一向正面迎戰，不會做背後陷害人的事。我認為余老師是不會寫告密信的。

48・玉緣——范我存和我

一九六七年我在台灣大學讀碩士班的時候，選了余光中老師的課。要到十年後才在香港認識余太太范我存，隨後幾年，或是我到他們家參加聚會，或是他們到我家聚餐，或是一夥人追隨余老師在新界遠足、登山。我存和我成為朋友。我存皮膚白潤，五官秀麗，待人溫暖，聰敏能幹，又嫉惡如仇。在一九八四年我們成志同道合之交前，發生一件不可思議的事。

我在香港大學教書，住在香港島西邊的港大宿舍，偶爾才搭地鐵過海去九龍。我存住新界馬料水的中文大學宿舍，很少出來到九龍、香港。我們二人在香港的住處一南一北，相隔很遠。你知道香港的地鐵系統蓋得非常密集，會車的大站往往有三、四層月台，上下的電動扶梯交錯像織毛線的織針。一九八四年一個夏天我在尖沙咀地鐵站裡搭電動扶梯，忽然看見我存站在對面的另一條電動扶梯上，我們兩人的電扶梯一上一下移動，乍見對方高興地彼此招手，兩秒鐘就失去對方蹤影。然後在地底下類似的偶遇竟然發生了三次！在電動扶梯上，一上一下遙遙相望，招手時的笑意越來越濃。而這三次竟然發生在一個月之內！

地鐵每天有成千上萬乘客在流動，偶遇一次都難得。我想一連發生三次的機率等於零，很不尋常，也許是命運向我們兩人播放某一種預告片。就在第三次地鐵偶遇後不久，我們在一次文友聚會中看見彼此胸前都掛了玉件，她把幾根玉管串在一起，我掛一個小玉環，我們各自從脖子取下，交換欣賞，嘖嘖讚歎，我告訴她，近來喜歡上古玉，古玉在漢朝和三代非常尊貴；她說她也喜歡古玉，玉件的雕工和色澤都非常美。於是我們相約那個週末到港島上環的摩羅街古董店去逛逛，看古玉。

果然，之後三十多年，直到二〇二一年的今天，我們兩人仍是一起尋寶、一起賞玉的古玉迷，也曾經是一起扛三腳架的風景攝影狂，我們拜出名的風景攝影師王慶華學習。余老師和王慶華帶我們去龍坑、風吹沙、田寮月世界的時候，余老師用五官吸收山水精髓，回去好沾筆寫文章；我存和我用相機攝山水的精魂，回去互相品評。余老師看見我們兩人拱著背望入相機的視窗，打趣說他看到兩隻鴕鳥。跟我存相交，體驗出要志趣相投，嗜好相同，朋友才交得深入、交得長久。

第一次相約時，我存和我在香港尋寶的時間只剩下一年，因為次年一九八五年余老師就要到高雄中山大學出任文學院院長。那一年我們每個週末都約了在樂古道和下摩羅街街口見面。兩人有志一同，既想買到價格不高的、到代的古玉，又想學會辨識古玉真假的本領。於是兩人很有默契地發展出一系列策略。例如初期我們規定一個限額，買玉不能超過某個款額，以免揮霍敗家。又例如我們在古董店買了一件玉器，轉眼到第二家就拿出來給老闆看，告訴他是隔壁買的；老闆一定會數說那件玉器有問題，是仿古玉，以推銷他自家的玉件。我們的算計是，由第二家老闆的數落言語中，可以學習什麼是偽玉的特徵。

又例如在店裡面我們採用暗號，如果一個人看出某件玉器是偽作，就說：「這件不錯。」以防另一個人行差踏錯。我們除了分享獲得獵物的喜悅，還常因奇計得逞，而得意洋洋。接下來是進階學習，我們翻看《考古》、《文物》雜誌上有關古玉出土的文章，或是古玉專家的玉器研究論文，好文章就影印給對方共研。幾十年後回頭審視一九八四到一九八五那一年購買的古玉，偽作不少，但也有貨真價實的小件美玉。逛了兩個月，中文大學教務處的高級主管胡玲達也加入，形成三人行，她買得比我們還凶。

一九八六／一九八七學年我到高雄中山大學客座，跟我存兩人依然故我，一同逛高雄的幾家古董店。我們已進階應邀至收藏家府上，鑒賞古玉。受益最多的是到台北跟林文月的先生郭豫倫學玉，他是畫家從商，有實力購買古董，鑒別的功力也深，我們兩人本來就是文月的朋友，所以豫倫對我們傾囊相授。我倆沉迷於古玉，有一次幾乎誤了大事，一九八六年十二月余老師和我應東海大學之邀，校方安排在一週末下午去演講「現代詩的發展及創作問題」，中午余氏夫婦和我在台中吃飯，我發現餐廳隔壁有間古董店，就跟我存進去看看，流連忘返，我還買了一件白玉帶扣。余老師衝進來把我倆拉上計程車，趕到東海一進教室就上台演講。

古玉的魅力，不僅因為新疆和闐玉的質地溫潤細密，不僅因為古代雕工的銳利奇巧，而且因為古玉把我們帶進古人的現實生活之中。南北朝以後玉器生活化了，皇家貴族以外的階級也可以擁有，一般富貴人士身上會佩玉墜子、男子女子髮髻上會插玉簪子、臥房的羅帳會吊掛玉製墜帳娃娃，如果你作一點研究，就知道那玉娃娃有早生貴子的寓意。新石器時代到漢朝三千年的玉器具有濃厚的宗教意義。我存和我研究越深入越著迷。

作為文壇巨擘的妻子，我存恪盡其責，帶大四個如花似玉的女兒，操持家庭的財務、家務，協助余老師的寫作，安排余老師的行程，優雅得體地陪余老師出席正式場合，樣樣表現都可圈可點。我存本身也具有才華，古玉收藏和鑒賞是其中一項。另外一項是打中國結，她的心思和雙手遠比我靈活巧捷，她學會打中國結，為古玉打的繩結顏色清雅、圖形悅目。她等孩子都大了才開始用心發展自己的才具，就是那一年我們開始在摩羅街尋玉。

我們在摩羅街尋玉十三年以後，沉溺的癖好竟然開花結果，一九九七年八月高雄市中正文化中心的雅軒舉辦了「范我存、鍾玲古玉收藏展」。開幕典禮時市長吳敦義、中山大學校長劉維琪、立委林宏宗都到場祝賀，現場水泄不通。余光中老師致辭時幽默地說：「我要祝賀兩位玉人，我自己喜歡大石頭，他們兩人喜歡小石頭。」

他的話博得哄堂大笑。「玉人」是雙關語，既是「美人」之意，又指我們兩個人愛玉。「大石頭」比喻高山峻嶺，「小石頭」指古玉。大詩人一出口就巧喻連生。

一九九七年中山大學文學院全院老師投票，我當選院長，開

1997年高雄市中正文化中心辦范我存和鍾玲收藏的古玉展。

1997年在范我存和鍾玲古玉展開幕典禮上，余光中致辭。

2018年五月「《玉石尚》——范我存設計收藏展及新書發表會」上。

始比較專注於學術行政工作，我存則繼續鑽研古玉研究和鑒別，她的程度已經超越我。余老師創作和學術著作等身，余太太也出書了，二〇一七年九歌出版社出版《玉石尚：范我存的收藏和設計》，圖文並茂地呈現了她的藏玉和中國結。可惜余老師在二〇一七年年底去世，來不及親見我存古玉收藏風風光光的成果，次年二〇一八年二月她捐出收藏的新石器時代齊家文化玉器二十多件，給香港中文大學文物館，我存展現她的大氣和慷慨。那時我在澳門大學任職，我搭船趕到香港，入新界參加中大文物館主辦的捐贈典禮。同年五月我存在高雄新思惟人文空間舉行「《玉石尚》——范我存設計收藏展及新書發表會」，觀眾人潮洶湧。我想余老師會說：「玉人如美酒，越久越香醇！」

49・文月姐和臺靜農老師

認識林文月姐姐，是方瑜介紹的。有機緣拜訪臺靜農（一九〇三－一九九〇）教授，則是文月姐引見的。這是我讀台灣大學外文研究所那一年，一九六六到一九六七學年，發生的兩樁美事。

方瑜在台大大學部讀圖書館系的時候，中文系的老師很欣賞她的詩才，很讚許她選修中文系課的優異成績，那時文月姐是中文系的年輕教師，方瑜跟她交了朋友。你如果上網查百科百度「林文月」詞條，就可以見到她的大學畢業照，和她跟郭豫倫先生的全身結婚照，真的，我看她的端麗和脫俗，遠遠超越大明星林黛、林青霞、王祖賢。據說文月姐念台大中文系的時候，許多男同學成為遠遠追隨她的「望月族」！此外她出身台南望族，外祖父為史學家連橫（一八七八－一九三六），副總統連戰是她表弟。然而文月姐性情溫和內斂，一點

2001年十一月台北，左起，方瑜、林文月、我，三十多年的好友。

也不驕矜張揚。不論在中國古典文學學術方面、日本古典文學經典的翻譯方面、散文創作方面，她都有卓越的成就，是她的文學才華、扎實的內容、非凡的毅力，有以致之。

一九六六年年底方瑜帶我到文學院大樓中文系教師用的第四研究室，介紹我認識文月姐。她比我們兩人大一輪，三人都屬雞，那麼溫婉的大姐姐，明麗照人的五官。我們三人很聊得來，幾十年來，有機會就在台北作三人小聚。文月姐和我們兩人的友誼，令我聯想到高雄女中的同班同學純，一樣是大美人、家世好、一樣是內向善良、聰慧敏感，為什麼她們二位美人都會接納方瑜和我為友呢？說到方瑜，是因為她純真善良的天性，心直口快的爽朗脾氣，令她們安心。為什麼文月姐很快接納我呢？可能因為我在東海曾經歷過虛華夢醒，我懂得出名的人面對別人心中的崇拜、欣羨、妒嫉、競爭引起的種種難處，由於我對她處境的理解，她跟我在一起也很自在。

有一天我們三人在中文系教師第四研究室聊天，她們兩人談到前幾天去臺靜農老師家探望，文月姐是臺老師教出來的入室弟子，方瑜是臺老師欣賞的年輕詩人，所以我只能滿臉羨慕地聽她們談我景仰的臺老師。忽然文月姐回過頭來問我：「鍾玲，妳能喝酒嗎？」我聽說過臺老師喜歡有弟子陪他小酌，趕忙說：「能喝，能喝。」

文月姐的酒量在文學界盛名遠播，傳說不論她喝多少，臉都不泛紅。方瑜完全不能喝，喝兩口就醉到哈哈連聲地笑。我則能喝一些。似乎對臺老師而言，小酌而醺然是他生活最愜意的事，也是最難割捨的事。

臺老師有多麼喜愛小酌呢？文月姐在〈傷逝〉一文中記下二十多年後一九九〇年，臺老師患食道癌，臥病在家，菸和酒都戒了，文月姐來探病，看見老師躺在臥室，老師的兒子、女兒

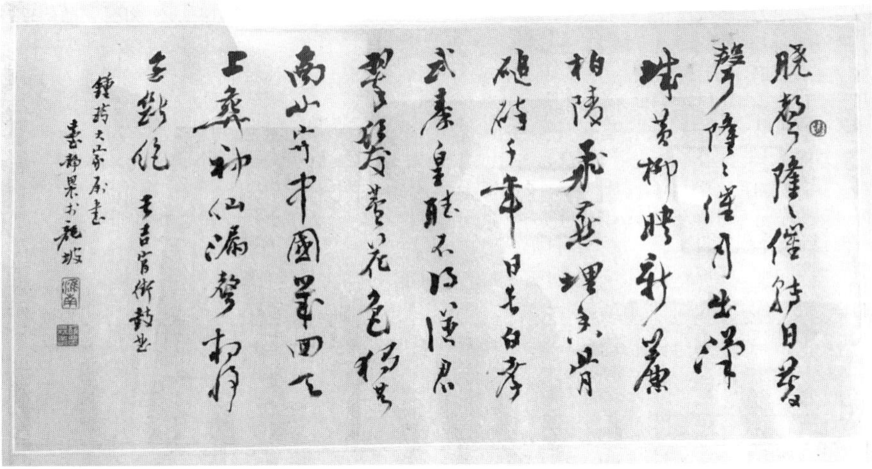

1967年初臺靜農老師寫的李賀詩〈官街鼓〉。

三個人在餐廳飲酒，原來是臺老師叫兒女那麼做的，見文月來了，叫文月加入他們，她飲了幾口酒，又到臥室探看斜臥床上的老師。他笑著說：「自己不喝，隔壁聽聽人家喝酒講話，也挺有意思。酒好，香氣果然遠聞。很好。」（林文月，《擬古》，洪範，一九九三，一八四—一八五頁）

文月姐帶方瑜和我來到溫州街、龍坡里十八巷六號，臺老師住的台大宿舍。日據時代的木構灰瓦房子，氣息跟我眷村的家有些像，但是海軍會進行眷村的裝修，我們家已經拆了木板地，修了水泥地，台大宿舍還是一九四五年以前的木地板，三十年的地板一層層塗上油漆，越塗顏色越深，深咖啡色。我們在玄關脫了鞋子，走上地板，吱吱微響。臺老師就坐在小書房裡書桌前的藤椅上，他放下手上的書，抬頭看我們。旁邊的小茶几上放了一瓶高粱，四個小玻璃杯，一碟花生米。我猜想文月姐給他打了電話，說會帶一個作家小酒友來，那時我已經在《文星》上發表了小說，在《中央日報》副刊上發表散文。

因為臺老師坐在那兒，那個房間就洋溢一種恬靜的儒雅氛圍，那年他六十四歲，略略發福的體型，黑邊的深度近視眼鏡，深色皮膚。就有人的智慧那麼高超，忍耐力那麼深沉，能把現實中的政治壓力、能把心底的鬱悶，化為百年無匹的書法藝術造詣。比臺老師大一歲的沈從文留在大陸，在政治壓力下，算是出了一本《中國古代服飾研究》。在轉化壓力為藝術的力道上，臺老師可以直追明朝宗室、大書畫家八大山人。

臺老師、文月姐和我三人對酌，看得出臺老師心情愉悅。我個性積極，不像文月姐和方瑜那麼恬淡，那麼替人著想，她們從不向老師為自己求字。我說：「臺老師，我可以向您求字嗎？」臺老師微笑著說：「妳要寫什麼？」我說：「請您寫李賀的詩〈官街鼓〉。」他微微一愣，好像在想，這個女學生怎麼會喜歡幽峭孤寒的李賀。

方瑜瞄了我一眼，她和我討論過余光中老師一九六四年在《文星》上發表論李賀詩的文章〈象牙塔到白玉樓〉，文中討論到〈官街鼓〉的時間觀和永恆觀。更深一層的是我十五歲就浸泡在還珠樓主的《蜀山劍俠傳》中，對李賀神話宇宙的時空觀自然會著迷。

之後文月姐和我，或台灣一南一北、或隔著台灣海峽、甚至隔著太平洋，如有機會就見見面。一九八一年胡金銓在台北龍門畫廊展出他的水墨畫，文月姐跟她先生郭豫倫一同來參觀，郭先生是五月畫會的創辦人之一，文月姐也畫工筆畫，金銓跟他們屬同行，交了朋友。一九八七年九月底、十月初文月姐應香港翻譯學會之邀來香港八天，那時我在香港大學中文系任教。翻譯學會除了頒發給她翻譯獎和榮譽會士，還請她參加國際翻譯會議和講學。因為我那幾天的陪伴，文月姐反客為主，請我在九龍一家上海館子吃大閘蟹，我們每人吃兩隻精選大閘蟹，非常鮮美，可是十隻手指頭都忙到疲乏了。她回台北告訴郭先生我們大啖大閘蟹，郭先生笑說兩隻算什麼大啖！

二○二一年的今天，我讀文月姐的文章〈香港八日草〉，才知道她那天中午跟我吃大閘蟹，晚上翻譯學會協會會長劉靖之請她到他家裡，又是吃大閘蟹。劉靖之認為大閘蟹不容易吃到，席上問她上次什麼時候吃大閘蟹？她為了不掃主人的興，反問說：「你要我坦白的答覆？還是美麗的謊言呢？」等大家都說，要坦白的答覆，她才說當天中午吃過。（《擬古》，三十—三十一頁）文月姐真是事事都為他人著想，由於她為人誠實，連好意的假話也不願意說，她反問「坦白的答覆或美麗的謊言」，真是機智而狡黠。

1987年七月文月獲香港翻譯學會獎，左起劉靖之、梁康藍、我、林文月、董橋。

郭豫倫先生婚後從商，對古玉產生了興趣，收藏甚豐，也作深入研究。余太太范我存跟我從一九八四年開始就迷上古玉。我一九八六到一九八七學年在中山大學客座，我們兩個玉迷一有機會就北上到他們台北獨棟洋房的家裡，向郭先生請教，他對我們兩人由淺入深，細細解釋，還在絨布墊的托盤上，擺出他的收藏品作為教材。我們兩個學習完玉器，接著品嘗文月姐燒的精緻小菜。太享受了！二○二一年，九十歲的我存告訴我，有一次我們在豫倫、文月家客廳的時候，郭先生當我們面把玉器取出來，他掀開沙發的背面的一個洞，伸手進去把玉器掏出來。郭先生的藏寶處真是意想不到，我存的記憶力的確驚人，我完全不記得他們家客廳沙發背後有藏寶暗格。

一九八○年代末文月姐和郭先生的兒子思蔚和女兒思敏，都到美國留學讀碩士，兒子後來在美國工作、成家、定居，所以他們夫婦在距離舊金山不遠的Oakland，買了一棟小洋房，夫婦很多時間都住美國，方便探望孩子。郭先生在房子裡設置一間畫室，在那裡重拾畫筆。一九九三年文月姐六十一歲就由台大退休，想是這樣可以有更多時間陪郭先生，他們度過七年神仙眷屬的歲月。二○○一年春驚聞郭先生在美國患肺癌去世，去世前經歷半年的化療，文月姐和思敏悉心照顧他。剛好那年七月我會到美國加州進行國科會計畫「多元東西文化之匯集：美國西岸的文學運動」，採訪十多位美國白人作家，他們有些信仰禪宗，有些創作裡吸納中國傳統文化。於是我在行程中騰出兩天去探望新寡的文月姐。

2005年到林文月加州的家中採訪，牆上是郭豫倫的自畫像。

二○○一年七月二十一日，我在舊金山以北Muir Beach的綠谷農場禪中心（Green Gulch Farm Zen Center）採訪詩人及前住持Norman Fischer，當晚住在這農場禪中心，次日一早開車到舊金山以東的Oakland文月姐的家。我在美國進行研究工作，都是下了飛機就租車，自己一個人開長途，是的，我很勇敢，那時還沒有衛星導航，出發前要看地圖，規畫高速公路路線。她住幽靜美麗的住宅區，在Wood Drive路上一排比鄰的精緻小洋樓之中，她家大門前有幾層開滿鮮花的磚砌花台。文月姐來開門，她著黑上衣、黑長褲，髮型跟以前一樣修整，臉上淡淡的哀戚，她帶我參觀複層的家，說這個家所有裝潢、每一盞燈、每一件家具都是豫倫設計的、挑選的。可以想像她在郭先生去世後，家中觸目都是他為兩人所用的心思。

她帶我到房子的底層工作室，牆上掛了郭先生的素描自畫像，他的畫桌工作檯上面的筆架吊滿他用過的毛筆，工作室另外一邊，有一張大書桌，她說：「這是他給我布置的書桌。」

郭先生為了兩人的退休，規畫在同一間工作室裡一個畫畫、一個寫作的甜美歲月，這不是五十多年前他們戀愛、結婚時的夢想嗎？文月姐非常體貼別人，一定會回報別人對她的好。她回想丈夫一生，應該是越回想，越發領悟到他生活大小事中深深的情意，他為兩人改變自己的人生軌道，他為身後周全地安排妻子兒女的生活所需；在美國這棟房子裡病重的他，心中一直掛念未來她一個人怎麼過，還有許多文月姐沒有跟我說的。

二〇〇一年年底她回台北跟方瑜和我的三人合照中，你看到她眼角的哀傷嗎？二〇〇五年我到美國再訪文月姐時兩人在郭豫倫自畫像下的合照中，你有沒有注意到她眉心的結？再訪她時我問：「妳怎麼不回台北住？那裡朋友多。」她說：「我捨不得丟下他。」

有些人的深情是我們要細細體會的。

50‧池塘到波濤大海——一九六〇年代

一九六〇年代那十年適逢我十六歲到二十五歲，正是成長蛻變的時期，橫跨高中、大學、研究所的歲月，那十年我的活動空間由南部的高雄女中，到台中的東海大學，然後到台灣大學外文研究所，最後到美國威士康辛大學比較文學系的碩、博士班。四地的環境越來越廣，人際來往的點和面越來越多，到後來世界海洋的波濤撞擊我。一尾小魚遂由池塘游到大海。

一、女子中學是伊甸園

我讀的高雄女子中學當然是全女班。在一九六〇年代初台灣南部風氣保守到你不能相信。我畢業二十多年後一九八五年開始，高雄女中居然聯合高雄中學每年在澄清湖畔舉辦大露營，對一九六〇年代的我們而言，真匪夷所思，因為我們是不跟男生說話的，班上有不少同學除了兄弟和親戚不跟男生互動，在有男生的場合，會冷著臉走開。童年時期我有幾個男孩玩伴，是通家之

當班長的我帶高中同學大掃除。

好，父親在黃埔海軍官校同班同桌方伯伯的三個兒子，從我六歲開始就一起玩耍。他們三人都上高雄中學，當其中一個跟我上了同一輛十九路公共汽車怎麼辦？我們假裝不認得，連招呼都不打。

雄中同學心目中的理想女友當然是雄女學生，我們那個年代也不例外。但是男女完全沒有認識機會，如何交流呢？十七、八歲的男孩子總會採取行動的。他們的行動就是盯梢，也大都止於盯梢。記得我們雄女女生是清早在體育場站下公共汽車，車站就在舊市政府（一九九八年成立高雄市立歷史博物館）對面，然後沿愛河邊走到高雄橋，過橋進女中。在體育場站旁邊，常常會站著一列十多個男學生，都瘦括括的，黃卡其布制服，他們目迎、目送某一位下車的女生。他們心知自己是盯哪位女同學的梢，但是女同學卻不知道馬路旁哪一位正盯著她。等他目送心儀的女同學在河邊的拐角消失，才趕忙搭公車去雄中。

偶爾有一兩個大膽的，會趨前攔截心儀的女同學，遞一封情書給她。女同學心中惴惴地，生怕給別的女同學看見自己收了情書，因為情史會傳遍全班，是的，在那個缺乏緋聞的年代，這就算是情史了。二〇二一年跟兩位高雄女中同班同學在高雄我家附近咖啡店相聚，我們很懷念女兒國的中學生活，我想是因為當年女同學的情誼純粹而甜美，在沒有男生的世界，像伊甸園，不會情迷心亂，也不會牽扯到占有欲的糾葛。

在台灣大家過著平穩而衣食足的日子，其實一九五九到一九六二年我讀高中的時候，大陸因為糧食不足而產生大饑荒，大饑荒餓死的人數，根據不同的統計，由一千六百萬到五千五百萬不等。如果取中位數，餓死的人數為三千五百五十萬，一九六〇年大陸人口估計六億五千萬，就是每二十個人有一個人活活餓死。為什麼六十年以後事過境遷二〇二一年的今天，我把台灣和大陸的社會狀況作並比呢？根據「蝴蝶效應」理論，一隻蝴蝶在巴西輕拍翅膀，可能導致一個月後德克薩斯州的一場龍捲風。中華民族在大陸上幾千萬人的死亡，難道跟我完全沒有任何關係嗎？至少可以去分析是什麼原因造成兩者命運的差異？大陸的在位者為了獲得絕對權力，發動浮誇成風的大躍進運動，殘酷地置無數人的生死不顧。我們有幸逃來台灣，以及有幸的台灣本省人，是哪些歷史因素、戰事因素、國際勢力因素、國民政府政策因素，導致我們的安穩保全呢？

二〇〇四年我認識一位香港企業家張先生，大饑荒時代他正在北京讀大學，他說在大學餐廳：「大米飯已經很久吃不到，就是窩窩頭……也不是經常有的了……一口高粱米粥入口之後你無論如何咀嚼，都不能將那層皮嚼爛……高粱米就是在東北農村也不是給人吃的而是專門做豬的飼料的……一斤糧食經過廚房的層層剋扣，到了同學嘴裡可能已不到八兩，再吐出四兩的皮，下肚的才四兩，又是低卡路里的食物……那不是一餐的餓，是幾天，幾個月，不知到什麼時候才能消除的餓。」（九皐，《活在毛澤東統治下》，紫羅蘭，二〇〇五，一二五頁）

台灣的報紙有登這些大陸大饑荒的消息，當時報紙限定出版三大張，審查很嚴，大家對政治新聞的報導半信半疑，多數人只看副刊和社會版。後來有一則消息衝擊我們全班同學。讀高三下學期的時候，級任老師程心敬教我們歷史，他雄辯滔滔，風度自在自得，是想像中五四運動的青年成長為教育家的樣子。一九六二年二月有一天程老師來上課，一開口就問我們：「你們今早看報紙了嗎？第一版頭條新聞是：胡適先生昨天傍晚過世了。他在院士會議後的酒會上，心臟病發作，後腦撞在桌緣上……」

程老師停下來，難過的樣子，說不下去。一聽這個消息，全班同學都呆住，我心中一排大浪般的悲哀襲來，聽見幾個同學的啜泣聲，還有一位嚎啕大哭，我用手擦去眼角的淚珠，回頭看，是一位崇拜胡適的同學，她研讀過《胡適文存》。那時我就納悶，為什麼胡適去世令全班同學這麼難過，我們知道他是大學者，中央研究院的院長；我們都讀過國文課本所收他論社會不朽、物資不滅的文章；我們也知道白話文是他在五四運動時期推動的。但是這些理由不足以讓全班垂淚，為什麼有這種反應？

到一九七〇年代我還在思索這個問題。我想那個時代的人心目中都有「國士」的形象，胡適一生尊重身為傳統女子的妻江冬秀，他默默資助過不少年輕學子，他為台灣的民主化盡力，支持和營救《自由中國》的雷震，所以他是大家心目中的國士。還有，對一九六二年在台灣的年輕人而言，胡適本身就代表歷史。五四運動時代到一九四九年共三十年，多少重要人物、多少重大事件，在台灣都噤口不能談，都化為空白。胡適在，我們好像還有過去；胡適歿，連接歷史的線就斷了。於是我寫出一篇小說〈灰濛濛的愛河〉，以中學生面對胡適去世為主題，收在一九八三年出版的小說集《輪迴》中。

二、純淨的大學校園

進了東海大學，同儕多了一半人：男同學。對來自南部的女同學，就面臨社交震撼了，那時我們並不知道自己經歷了震撼，只覺得有男生在場會不自然。我們外文系來自台北以外地區的女同學在同樂、郊遊活動中，都跟別的女生黏在一起，盡量不跟男同學交流。的確，台北來的女同學比較大方和自信。因為我那時個性外向活潑，認得的同學多，參加不少活動，自然認識不少男同學，所以不會害羞。但是一遇到所謂追求，因為沒有男女交往的經驗，還是一樣僵硬和尷尬。

在一九六〇年代東海大學是一個全校學生八百人的小社群。一有風吹草動，人盡皆知。如果某位男同學到女生宿舍的交誼廳，邀到一位女同學出去散步，十天內散步三次，大家就認定他們已經是固定男女朋友了，沒有過渡期。所以答應散步或約會，是非常嚴重的事。正因為男生艱辛地下決心追求某女生，某女生也慎重考慮才答應約會，所以結合的成功率還不低。到二年級我們的室友是自己選擇的，五個人一間房，我的室友全都是中南部的本省人，三位來自高雄，一位來自南投。她們四位中有兩位都是在校期間跟一位東海男同學交往，畢業後結婚，相守到老。

進了大學，老師成為深度思想的楷模，是我們求教的對象。外文系的老師中，教美國文學的Lawrence Buell（一九三九—）來系上任教的時候，正在寫普林斯頓大學的博士論文。後來成為世界聞名的環保文學研究權威，任教哈佛大學英文系。教我們法文的 Sheldon Severinghaus（一九四〇—二〇一五），中文名字謝孝同，康乃爾大學法國文學博士，後來任亞洲協會（Asia Foundation）台灣代表，以台灣鳥類的研究和保護聞名，也協助過年輕的黨外人士出國。教我們翻譯課的齊邦媛老師，後來成為台灣學術界和文壇的巨擘，寫出震撼人心的《巨流河》。

中文系的課我幾乎不是選修過，就是旁聽過。更常跟著中文系同學晚上在相思葉的絮語中，散步到徐復觀教授、蕭繼宗教授、梁容若教授家裡去喝茶，跟老師請教思想上的、學術上的問題。一九六四年大學二年級下學期的時候，中文系請熊式一（一九〇二—一九九一）教授由香港

1964年在梁容若教授（前左一）家門前與來訪的熊式一教授（前右一）及中、外文系同學合照。

來作客，他除了中譯英國戲劇，寫中文小說，還是國際知名的中國文學英譯翻譯家，王實甫《西廂記》的英譯者，而且他的英文創作在英美造成轟動，他的英文戲劇創作《王寶川》（*The Story of Lady Precious Stream*）（一九三四）在英美舞台多次公演，他的英文小說《天橋》（*The Bridge of Heaven*）（一九四三）在英國文壇獲得相當高的評價。中文系主任梁容若在宿舍家中為熊教授辦茶會，也邀請外文系學生，包括我結拜兄長寧生和我。熊教授個子矮小，著雪白的中式衫褲，腕上戴著一隻綠瑩瑩的翡翠鐲子，多年後我迷上古玉才知道，古代中國男子也戴手鐲的。

我們外文系大一中文課是由陳曉薔老師教，她的家更是我流連之處。我們在東海的老師家裡獲得沙龍式的思想啟發，也感受到家庭的溫暖。五十年以後我在澳門大學任鄭裕彤書院創院院長時，就努力再創東海大學這種散發溫馨和智慧之光的氛圍。每個月都會在我的院長宿舍裡舉辦文化沙龍，讓學生跟校外校內的學者學習，如李焯芬、熊秉真。跟校外請來的文學家、藝術家交流，如王安憶、閻連科、甘耀明、唐基明、劉澤光。

一九六三年我大學二年級的時候，台灣民間發生一件萬民轟動的大事，你會相信成千上萬中年、老年婦女迷上一位女扮男裝的演員，許多人看她的電影看一百遍，而且她個子不高、臉也不俊俏，就是電影《梁山伯與祝英台》中演梁山伯的凌波。高雄女中念高中時教方瑜國文的女老師看了一百多遍，我母親看了近百遍。她們一面看、一面感動、一面流淚。我只看了兩遍就不想再看了，只覺得其中「鬧學堂」和「十八相送」兩場戲很活潑生動。十五年以後金銓告訴我，李翰祥導演《梁山伯與祝英台》時，叫身為副導演的他，負責執導這兩場戲。台灣婦女如此著迷凌波，固然為了她悅耳動聽的黃梅調，為了她眉目間的款款深情，在心理層次上，她們患上集體戀愛症候群。重點是她們終於找到可以宣洩情感的戀愛對象了，她們可以大方公開地表達愛意，因為她們愛戀的是虛幻的銀幕人物，而且是位女子，連她們丈夫都無從置喙。

在我進入東海大學的那一刻，就已經進入深一層的美國勢力影響範圍。東海大學是美國紐約中國基督教大學聯合董事會（The United Board for Christian Colleges in China）創設的，辦學理念是美國式的，教授、教員之中的美國人比例很高，而且他們大部分是基督徒。台灣由一九五〇年六月韓戰開始，在軍事上受美國第七艦隊的保護和美政府的監控，在政治外交上由於美國撐腰，中華民國坐在聯合國安理會席位上，代表六億中國人。這種虛有其表令我很不安，做美國的類似附庸國更沒有安全感，不時就有一個國家承認中共。我大二一九六四年一月法國與大陸建交，跟國民政府斷交。雖然在東海四年我參加聖樂團、查經班，但是始終沒有信基督教。

大二的時候，一九六三年十一月二十二日，美國總統甘迺迪在德州達拉斯城被暗殺中槍身亡，東海所有美國老師，不分共和黨、民主黨，個個面現戚容，或紅腫著眼。我們外文系的學生，見到系上老師就趨前安慰：「I am so sorry that this tragedy happened.」那位老師就開始講甘迺迪如何是位好總統。有一位美國交換生，他是哈佛大學校長的兒子，有一張如希臘雕像的臉，他坐在圖書館外的水泥欄上抱頭痛哭，我們同情地望著他。其實美國正陷入更深的泥沼，捲入越戰越來越深。我大一上學期一九六二年年底在越南的美軍人數為一萬二千人。到一九六六年八月我畢業時，駐守越南的美軍官兵竟達四十二萬九千人！

三、台灣大學的沉潛歲月

一九六六年東海大學畢業，那年台灣大學招考第一屆外文研究所碩士班學生，其中錄取了三名東海外文系的畢業生，另外兩位是孫康宜和高我們一屆的謝源功。孫康宜是我在高雄女中六年的同屆同學，是我東海大學外文系同班同學，又是台灣大學研究所同班同學，十一年同窗，真是難得的緣分。她當年由高雄女中保送東海大學，我則是第一志願考進去，可以說我們兩人都是少數放棄台大的學子，但是當時候到了，我們又一同進了台大。孫康宜在國際學術界後勁越來越強，後來擔任耶魯大學東亞語文系講座教授，二〇一六年當選中央研究院院士。她是我們高雄女中前後期同學在學術界地位最高者。

1967年初跟孫康宜攝於台大文學院，玫瑰花是她未來丈夫張欽次送的。

1967年八月松山機場，左起，李永熾、方瑜、父親、我、陳素賢、母親。

一九六六年九月到次年六月在台大跟好友方瑜幾乎天天在一起。我跟著她旁聽中文系葉嘉瑩教授、葉慶炳教授的課。台大這一年可以認真地思考未來，認識自己，生活平實而安穩。年輕的我沒有察覺，隔一道海峽的對岸，同一時間千千萬萬知識分子被辱罵、被毆打、下跪、遊街。事隔多年，寫這本自述，才察覺到那些驚心動魄、甚至慘絕人寰的歷史事件，在同一時間，我們竟然不知不覺，在同一時間，我們沒有察覺自己的幸運，幸運是因為我們父母於一九四〇年代後期某一瞬間堅持決定南渡海峽，來到處於危境的台灣。台灣的本地人也是幸運的，如果國民政府沒有撤來台灣，可能在一九五〇年台灣就被中共攻下占領。

我搬進台大女生宿舍之前幾天，一九六六年八月二十四日，在北京老舍受不了紅衛兵的辱罵、罰跪、和毒打，投太平湖自殺。老舍是金銓最喜愛的作家，金銓在北京長大，老舍小說中的老北京人物、生動的京片子口語對話，令金銓傾心，老舍的自殺一定令他痛心。隨後金銓寫了一本《老舍和他的作品》，一九七七年由文化・生活出版社出書。就在我入台大讀研究所那個月初，一九六六年九月三日傅雷受不了紅衛兵的侮辱，抄家、批鬥、罰跪、戴高帽，夫妻二人在北京的家中自縊身亡。我中學期間讀過傅雷翻譯的法國小說：巴爾札克的《高老頭》和羅曼・羅蘭的《約翰・克里斯朵夫》。是傅雷流暢的中文譯筆令我吞下了殘酷的現實主義寫作，吞下高老頭被兩個自私的女兒利用完遺棄的遭遇。是傅雷流暢的中文譯筆令我讀完《約翰・克里斯朵夫》這大部頭的鉅作，體驗到二十世紀初氣魄宏大的藝術家靈魂。

因為文化大革命期間中共鎖國，國外是過了一段時間才知曉這些大師悲慘的命運。在位者為了獲得絕對權力，會殘酷地驅使群眾，傷害、逼死無數人，而且有一兩代人捲入怒潮，當了紅衛兵，心裡帶著扭曲的道德觀過一輩子，他們使用暴力和威權後，一生會在罪惡感和自圓其說之間糾結。紅衛兵在二〇二一年的現在，年齡大約五十出頭到七十出頭，不少還在權位上。一九六六年毒打老舍、毒打傅雷的紅衛兵，當年應該是十八、九歲的大學生，二〇二一年應該七十出頭，想來五十多年來對外一直隱瞞是自己逼死大文學家的事實，心底應該會審判自己，在犯罪和共同犯罪之間擺盪。我想大陸的政府在二〇一〇年代可以走向緊縮和高壓，跟這些在權位上當年紅衛兵的心態有關，就是肯定極權和否定極權模稜兩可的心態。

讀台大研究所期間，我申請了幾間美國設有比較文學碩博士班的州立大學。因為威士康辛大學麥迪生校區給獎學金，在一九六七年九月我順利出國留學，真是幸運至極。理工科出國留學，有些拿獎學金幫教授做實驗，東海大學理工科學生不少就這樣順利取得博士學位。但是很多人要端盤子洗碗賺生活費，才辛苦取得博士；運氣不好的，像是考不過學科考，或得不到論文指導教授的認可，博士學位無望，其中有些因為怕自己沒面子，擔心父母失望、也不敢回台灣，一直在唐人街餐館工作下去。

在一九六〇年代出國留學是一件大事。到松山機場來為我送別的有家人、親友，包括黃埔海校跟父親交情深的方家、陳家、謝家兩代共有五位。多位長輩包括陳慶堃伯母，方富捌伯伯，謝炳烈伯母、及胡熾昌叔叔的母親、母親的好友三姑媽，即陳慶堃伯伯的三姐。還有方瑜和男友李永熾，東海大學同學八人和其他好友等。浩浩蕩蕩三十多人的送別團，在登機大堂，我忙著跟不同組合的人拍照。

在我們留學生心中有易水瀟瀟一去不復返的意味。都因為父母是一九四九年渡海來台的一代，他們前半輩子在逃亡的驚恐中度過，逃完對日抗戰，逃國共內戰，一路逃到台灣，最擔憂的是中共打台灣，再逃就只有跳海了。要是下一代能出國留學，在海外安身立命，是令他們最安心的出路。這種外省父母的夢魘一直持續到二十世紀末他們在這海島上凋零。有些本省籍中上階層的父母也擔心時局，所以送孩子出國留學。一九六〇年代和一九七〇年代美國各重要大學的外國留學生，以台灣來的為大宗。這種台灣出國留學潮造就一個世代苦讀有成的國際學術界精英。到一九八〇年代台灣經濟繁榮，出國苦讀的留學生變少了。

四、光怪陸離的美國激進校園

一踏上美國土地，我進入一個動盪的國際場域。對我而言是震撼教育。一九六五年在東海大學讀大四的我參加美國國務院辦的「多地區學生領袖教育旅行計畫」時，是當一位旁觀的考察者；一九六七年我到美國中西部做留學生，本人卻變成當地人中間的少數族裔（minority）。那時美國正因為越南戰爭陷入極大困境，由一九六一年派遣一百名美軍特種作戰部隊去越南，到一九六六年駐守越南的美軍官兵超過四十二萬人，打了五年依舊打不贏這亞洲小國裡的越共。美國人之中，以年輕男子反越戰最激烈，不僅因為他們不願意當兵送死，而且他們不認為自己應該遠赴亞洲去替越南政府打越共。

就在我到達威士康辛州一個月後，一九六七年十月二十一日，十萬名學生和民眾在首都華盛頓發起「向五角大樓進軍」（The March on the Pentagon）運動，五角大樓即美國國防部，示威者衝到五角大樓前的草坪上，扯下旗杆上的星條國旗，示威者與警方發生大規模衝突。威士康辛大學麥迪生校區是全美國最激進的校園之一。我在威大的第一年，校園內常常舉行反越戰遊行，還有黑人覺醒運動、婦女平權運動也如火如荼。學生們課也不上了，一星期有幾天都上街遊行。我們比較文學系在學的研究生約五十人，一半是美國人，一半外國學生，同班碩士生二十人，其中外國學生很多來自歐洲，只有我和一位泰國女生是亞洲人，大家倒是拚功課，用心上課。但下了課，我也會去看熱鬧。

告訴你一則我的笑話，在威士康辛大學第一個星期上研究所的課Research Methodology，下課時一位美國同學問我：「Are you going to the strike?」我所理解的strike是打擊的意思，所以我問他：「strike what?（打擊什麼）」他答：「The Anti-war Strike.（反戰罷課遊行）」我忽然省悟他說的strike是指罷課、罷工、抗議遊行，因為台灣在戒嚴法下，這些活動在現實中幾乎沒有出現過，所以我剛才沒有想到這個定義，差點出糗。

一九六七年秋我到達美國的時候，學生抗議運動不只已經遍及北美，而且開始遍及全球，一九六八年巴黎及法國全境爆發大規模遊行示威，連共產國家波蘭、南斯拉夫都發生學生運動。這些動亂的源頭應該就是中國大陸的紅衛兵活動，一九六六年六月以後，紅衛兵開始用暴力手段「破四舊」，對黑五類分子及家屬施加暴力，甚至殺害，進而鬥倒、逼死所謂反革命分子，包括在位的當權官員，不同派的紅衛兵又彼此武鬥。一九六七年五月文化大革命風潮蔓延至香港。左派工會在新蒲崗工廠發動暴動，香港遍地真假手榴彈，市民人心惶惶。暴力像瘟疫會傳染、蔓延。但是大陸的紅衛兵活動跟全球的學生運動在本質上不同，紅衛兵活動是掌權者毛澤東發動的、指揮的，主要目的是剷除異己。全球學生運動則是學生主導，反抗當權者。

1968年威大女生宿舍的同學為我慶生。

1968年攝於愛荷華城的公園，右三聶華苓、右二鄭愁予、左二我。

此外，美國的青年活動有自己的源頭，自己的來龍去脈。青年的逆向文化運動（Counter-Culture Movements）已經持續十六、七年了，由一九五〇年代末的疲憊求解脫一代（The Beat Generation），經歷一九六〇年代中期的花孩運動（Flower Children），我到美國的時候在一九六〇年代後期已經進入嬉皮（Hippie）時代。那時男生女生都披長髮，迷幻藥很流行，第一年我住在大學學生宿舍還算清靜。第二年住進學生經營的國際舍（International House），常常有大麻的味道由同學房間飄出。性濫交也流行，在國際舍我的黑人女室友會帶男友進房過夜。我向她抗議才沒有再犯舍規。在美國頭兩年我經歷到太多的文化震撼，第三年我在外租房，那棟房子裡面住的全是女生，大多數是台灣來的，來自台灣南部女子高中的我終於找到能夠安心過日子的住所。

即使是最激進、最開放的校園，種族歧視依然存在。我在威士康辛大學的第一年住大學女生宿舍，在頂樓第十二層，住的都是女研究生，有外州來的美國人，也有國際學生，兩人一間房。我分派的室友是一位讀英文系的博士生，三十多歲的美國黑人，她人非常好，待我像妹妹。其實其他白人女同學也非常友善，我生日那天晚上有人敲門，六個人湧進來，除了兩位南亞學生，其他四位都是美國白種人同學，她們買了蛋糕來為我過生日。美國白人同學們對外國學生很關愛，但是學校當初分配一位黑人跟我做室友，就明明是種族歧視之舉，這種歧視暗藏在大學學生事務部門的制度裡。

美國的聖誕節晚餐就像我們吃除夕團圓飯一樣隆重。我在美國的第一個聖誕節不算寂寞，女生宿舍的同學瑪麗．溫（Mary Wing）請我到她在愛荷華州一個小城的家裡去過聖誕節，她家在派拉城（Pella），父親在該城的中央學院任教授。瑪麗由威士康辛大學開車穿越雪地，帶我去他們家住兩天。他們一家包括父母，和讀研究所的哥哥。在他們暖和的兩層樓白色洋房裡，房子外面覆蓋無際的白雪，我穿上母親幫我做的正式橙色洋裝，跟他們一家人吃豐盛的聖誕大餐，主菜為填餡火雞配深綠透明的薄荷凍，高腳酒杯裡盛著紅葡萄酒，整套真銀的刀叉餐具。

瑪麗的父親是大學教授，不像中西部社區民眾那般把美國當全世界，溫文的他問我：「你們的舊曆年（Chinese New Year）怎麼過？」他們一家四口個子都高大，瑪麗最矮一七五公分，我一五五公分，我像置身大人國。聖誕節第三天，瑪麗和她哥哥開車送我上灰狗車，去附近愛荷華城探訪聶華苓。東海大學二年級時，旁聽過聶華苓在中文系開的文學創作課，所以她邀我去家裡住幾天。

在一九六七到一九七〇年間，我去聶華苓家住過三次，剛巧遇到往來愛荷華大學參加國際作家計畫的港台詩人鄭愁予、溫健騮、瘂弦。也認識了在愛荷華大學英文系Writer's Workshop念藝術碩士的林懷民。他們竟然都認得我，原來作家們是透過作品相認彼此的。那時我已經在《文星》、《中央日報》副刊、《純文學》、《現代文學》發表過評論、小說、散文、現代詩了。從那時起，我找到珍貴的同溫層，華人作家圈成為我一輩子精神上的家園，一道道溫潤的泉水在我們寫作者之間流動。

引文書目

九皐，《活在毛澤東統治下》，香港：紫羅蘭，二〇〇五。
王應文，〈一江山戰役五十六週年——懷念父親王生明將軍〉，《榮光雙周刊》（國軍退除役官兵輔導委員會編），二二五四期，二〇一一年一月十九日。
余光中，《春來半島》，香港：香江，一九八五。
余光中，《紫荊賦》，台北：洪範，一九八六。
余光中，《焚鶴人》，台北：純文學，一九七二。
林文月，《擬古》，台北：洪範，一九九三。
秋水仙，〈你在那裡？〉，《東風》，第二卷第十期，三十三頁。
香港浸會大學文學院，《賈平凹〈秦腔〉得獎專輯》，香港：天地，二〇〇八。
張力，〈王業鈞先生訪問記〉，《海軍人物訪問紀錄》，中央研究院近代史研究所口述歷史叢書七十一，台北：中研院近史所，一九九八。
張愛玲，《傾城之戀——張愛玲短篇小說集之一》，台北：皇冠，一九九六。

海軍艦隊司令部，《老戰役的故事》，高雄：海軍總司令部，二〇〇二。
陶傑，〈功過說余光中〉，二〇一七年十二月十七日，阿波羅新聞網（aboluowang.com）。
陳慶堃，《海的洗鍊》，手稿資料（一九七四年獲海軍學術著作金錨獎）。
黃維樑編，《火浴的鳳凰——余光中作品評論集》，台北：純文學，一九七九。
葉珊，《花季》，台北：藍星，一九六三。
瘂弦口述，辛上邪記錄，《瘂弦回憶錄》，台北：洪範書店，二〇二二。
楊邦尼，〈想我大學的老師——方瑜先生〉，《明報月刊》，二〇一七年五月號。
鄧肯，《鄧肯自傳》，沈佩秋翻譯，高雄：啟明書局，一九三九年。
鍾玲，《赤足在草地上》，台北：志文，一九七〇。
鍾玲，《芬芳的海》，台北：大地，一九八八。
鍾玲，《深山一口井》，台北：九歌，二〇一九。
鍾玲，《群山呼喚我》，台北：遠景，一九八一。
鍾玲，《愛玉的人》，台北：聯經，一九九一。
鍾玲，《霧在登山》，香港：滙智，二〇一〇。
鍾堅，《怒海逆風島嶼行：台海戰亂世代的故事》，台北：燎原，二〇二一。
鍾堅，《驚濤駭浪中備戰航行：海軍艦艇誌》，台北：麥田，二〇〇三。

鍾漢波，《四海同心話黃埔：海軍軍官抗日箚記》，台北：麥田，一九九九。
鍾漢波，《海峽動盪的年代：一位海軍軍官服勤筆記》，台北：麥田，二〇〇〇年。
鍾漢波，《駐外武官的使命：一位海軍軍官的回憶》，台北：麥田，一九九八。
龍應台，《大江大海一九四九》，香港：天地，二〇〇九。
聶華苓，《三生三世》，天津：百花文藝，二〇〇四。

九 歌 文 庫 1388

我的青芽歲月

國家圖書館出版品預行編目（CIP）資料

我的青芽歲月／鍾玲著．-- 初版．-- 臺北市：九歌，2022.09
面； 公分．--（九歌文庫；1388）
ISBN 978-986-450-472-5(平裝)
1.CST: 鍾玲 2.CST: 作家 3.CST: 自傳 4.CST: 臺灣
783.3886 111011308

作　　者——鍾玲
責任編輯——李心柔
創 辦 人——蔡文甫
發 行 人——蔡澤玉
出　　版——九歌出版社有限公司
台北市 105 八德路 3 段 12 巷 57 弄 40 號
電話／02-25776564・傳真／02-25789205
郵政劃撥／0112295-1

九歌文學網 www.chiuko.com.tw

印　　刷——晨捷印製股份有限公司
法律顧問——龍躍天律師・蕭雄淋律師・董安丹律師
初　　版——2022 年 9 月
定　　價——420 元
書　　號——F1388
I S B N——978-986-450-472-5
9789864504831（PDF）